Hilde Lermann

Die Braut des Märchenkönigs

Hilde Lermann

Die Braut des Märchenkönigs

Sophie von Wittelsbach

Biographischer Roman

Ehrenwirth

Die Deutsche Bibliothek – CIP-Einheitsaufnahme

Lermann, Hilde:
Die Braut des Märchenkönigs: biographischer Roman / Hilde Lermann. –
München: Ehrenwirth, 1995
ISBN 3-431-03419-5

ISBN 3-431-03419-5

Schutzumschlag: Atelier Kontraste, München
Satz: ew print & medien service gmbh, Würzburg

1

»Halt! Halt! Bleib doch stehen« ruft Sophie ihm nach. Doch da ist er schon ins Gebüsch gerannt und zwischen den Moortümpeln verschwunden.
Sie ruft in die graue Dämmerung hinein: »Ich wollte dir doch nur was schenken! Brauchst nicht gleich davonzulaufen!«
Doch es bleibt still. Da qualmt plötzlich unter ihrem Tritt eine Hornissenwolke auf, daß sie um sich schlagend davonrennt und durch das Geschwirr hechelnd nach Luft japst. Am Seeufer atmet sie lauernd auf. Gott sei Dank, sie haben ihre Spur verloren! Alles ist still. Hinten liegt Schloß Berg, vor ihr der See, über dem Wasser der blasse Mond, die Wolken, ein Stern. Es war natürlich gelogen. Natürlich hat sie nichts zum Schenken. Ludwig kennt sie doch sehr genau.
»Sophie!« ruft die Amme vom Kahn her. »Sophie, jetzt komm endlich!«
Sophie horcht mit angehaltenem Atem – Guru guru, wiegt sich eine Waldtaube in den Schlaf. Da kichert's plötzlich hell und faunisch aus dem Moos, und Prinz Otto kommt auf sie zugesprungen.
»Hab' ich dich!« ruft Sophie und schlägt ihn ab. »Wo ist denn Ludwig? Im Moor hinten? Oder wie? Oder wo?«
»Nein, er ist im Schloß. Ins Bett gegangen. Er mag nicht mehr.«
»Dann mag ich auch nicht mehr. Gott, seid ihr alle blöd!« Und sie läuft zum Kahn in der kleinen Mole, in dem der Ruderer und die Amme warten, und ab geht's über den See nach Possenhofen.
»Du solltest dich doch nur noch bedanken? Was war denn los?« schimpft die Amme und schlägt mit bäuerlicher Geschicklichkeit nach einer Fliege, die sie schon längere Zeit stört. Und als die Kleine schweigt: »Wie war's denn?«
»Schön«, kommt es lakonisch.
»Und wie war's noch? Jetzt sag doch was!«

»Nochmal schön.«
Sophie ist fünf. Im Moment kann sie sich nicht vorstellen jemals so groß zu werden wie die Großen. Doch gesetzt den Fall, würde sie diese unwahrscheinliche Gnade viel mehr nutzen und nicht nur dafür sorgen, daß es täglich sechs Mahlzeiten gibt. Nein, sie würde sich mit Ludwig zusammentun und mit ihm ein ganz eigenes berauschendes Leben führen. Sie würde eine Hülle aus himmelblauer Seide um sie beide spannen, und darin mit ihm spielen, Märchen erzählen und ihrer ganz geheimen Lust nachgehen. Natürlich muß Ludwig noch lernen, daß es eine hohe Ehre ist, mit ihr Räuber und Schandi zu spielen. Da kann er sich nicht einfach zurückziehen und sich um die Chance bringen, mit der höchst vortrefflichen, schönsten aller Prinzessinnen zusammen zu sein. »Denn ich bin ja wirklich eine wunderbare Prinzessin, und bildschön und herzensgut«, murmelt sie sich zärtlich zu und ihre rechte Hand streichelt heimlich die linke.
Drüben in Possenhofen zündet man die Petroleumlampen an. Sie sieht die dunklen Lichter in der Halle aufleuchten. Also versammelt sich die Familie zum Abendessen. Der Gong hat schon geschlagen. Die Amme feuert den Fischer an: »Hat denn so ein Kahn nicht noch zwei Ruder?« ruft sie verzweifelt und sieht unter den Bänken nach. Auch Sophie rutscht unruhig auf ihrem Platz. An schönen Sommerabenden gibt's immer rote Grütze von den Johannisbeeren aus dem Garten. Nicht daß die Großen alles wegessen! Schließlich hat sie mitgesammelt.

2

Als Sophie sieben ist, beschäftigt sich Mutter Ludovika nur noch mit ihrem Jüngsten, Max Emanuel alias Mapperl, ihrem Hätschelbuben und »Herzibopperl«. Und in Vater Max steckt längst keine Kraft mehr. Er spielt nicht mehr Zither, höchstens Schafkopf, vernachlässigt seinen Zirkus, und während er vor zehn Jahren noch seine Töchter Nene und Sisi zu Kunstreiterinnen ausbildete, zu den gewagtesten Sprüngen und Parforceritten antrieb, ist er jetzt übertrieben vorsichtig geworden, und um Sophie kümmert er sich nicht. Die kann sich ersatzweise damit begnügen, an bestimmten Abenden durch die dunklen Gänge zu schleichen und durchs Schlüsselloch Maxens punschselige Artusrunde zu belauschen.
Begonnen wird die Weihehandlung mit einem opulenten Mahl, das weiß Sophie schon: Suppen, Salate, Pasteten, das sind die Präliminarien, schön gewürzt mit dem neuesten Münchner Tratsch. Zum Beispiel, daß der Verleger X seine schöne Frau Y aus dem Haus gejagt hat! Sie darf ihre drei Kinder nie mehr sehen und wohnt jetzt beim Silberschmied Z in Garmisch. Jetzt ist die Frau nicht mehr gesellschaftsfähig, der Verleger X nicht mehr satisfaktionsfähig und der Silberschmied Z nicht mehr zahlungsfähig. Die drei armen Kinder werden geschaßt, der Vater muß sie von der Schule nehmen – tja, ach ja, das Leben ...
Oder: der Besitzer der »Vier Jahreszeiten« hat sich einen Spazierstock machen lassen. Wenn er durch die Münchner Gassen geht, hebt er ihn blitzschnell an den Mund – und dann zuckt in einiger Entfernung ein Mann oder eine Frau zusammen, greift sich an Hinterkopf, Hals oder Schläfe und blickt sich zornig um. Wer ahnt schon, daß das elegante Stöckchen mit dem Silberknauf, auf dem er ältlich gemessen einherschreitet, ein Blasrohr ist? Max ist begeistert: »Den Stock möcht' ich auch. Wo hat er ihn machen lassen? Wo?« – »Paß lieber auf, daß er ned dein' Schädel trifft!« – »Was?! Dem

würd' ich ja so eine schmieren, aber schon so eine – daß er nimmer weiß, wo er sein' Schädel hat!«
Zum Hauptgang, heute Rehrücken mit Preiselbeeren, wird politisiert. Da hecken die Möchtegern-Lancelots und Gawein-Hallodris neue Staatsformen aus, nach denen sie die Verfügungsgewalt über alle Güter und hübschen Mädchen des Landes bekommen. Darauf wird Punsch getrunken, um sich über die Vergeblichkeit der Träume zu trösten. Heute wird er nach Pickwickier-Manier bereitet: Zitrone und Arrak – Max probiert zu gerne neue Rezepte aus. Ach ja ... Der alte Hanfstaengl hebt seufzend eine große Blechschachtel aus dem Schrank, nimmt einen Karton mit Glasbildern aus der mitgebrachten Schweinsledertasche, entzündet eine Ölfunzel in der Blechschachtel, alle Kerzen im Raum werden gelöscht, man rückt zusammen. Stille.
Hanfstaengl schiebt seine Bilder in den Kasten, und auf der atlasbespannten leeren Wand zwischen den nächtlich dunklen Fenstern grinsen plötzlich unheimliche Gesichter auf, fremdartige Menschen, tätowiert, mit dicken schwarzen Lippen, da blühen Palmen und wachsen Rosen, erscheint das Tal von Giseh in wohlbemessenen Ausschnitten. Das ist der kulturelle Teil, um den rasenden Bildungshunger der Ritter zu stillen. Manche halten ihr Nickerchen, Sophie hört es genau – und ganz in der Ferne hört sie den Nachtwächter singen, der mit seinem Horn und seinem Hund durch die dunklen Münchner Gassen zieht.
Durch das Schlüsselloch sieht Sophie die Sphinx im Dunkeln flackern, die Cheops-Pyramide, dann ein paar Fellachen, die am Nilufer sitzen und verlegen grinsen. Sie mußten dreißig Minuten lang unentwegt gegrinst haben, denn so lange dauert die Belichtungszeit. Da hatte es die Sphinx schon leichter.
Nach einigen Marokko- und Tunisbildern schubst Pocci Hanfstaengl beiseite, er möchte nun seine Larifaribilder zeigen. Alle räuspern sich und rücken ihre Stühle zurecht, als wären sie nichts als Aug' und Ohr. Dabei denken sie nur ans Maronieis, das bald serviert werden wird. Auch Sophie überlegt, ob sie jetzt noch die Zeit nutzt und rein prophylaktisch aufs Klo geht, aber dann bleibt sie doch an Poccis Entwürfen

hängen, am Kasperl, an der Grete, am Schnackerputz alias Skaramuz.

»Der darf ja nie fehlen, dieser Pocci-Schnorrer!« empört sich Ludovika immer, wenn Max nicht da ist. Früher hat sie's ihm ins Gesicht gesagt, alles, was sie dachte, meinte und was sie störte, hat sie ihm ins Gesicht gesagt. Das unterläßt sie jetzt lieber. »Die Aufregung lohnt nicht. Max versteht ja doch nichts. Er schreit nur.« Dasselbe behauptet Max von Ludovika, und das ist die einzige Gemeinsamkeit zwischen den beiden.

»Der Pocci will ja nicht nur das Essen und den Punsch, der will auch euer Geld ...«

»Na klar.«

»... und eure Titel!«

»Wie das?«

»Weißt du nicht, daß er von meinem Bruder Rang und Namen eines ›Grafen von Andechs‹ haben wollte?«

»Schön blöd von ihm. Jeder kennt den Grafen Pocci, aber wer den Grafen Andechs?«

»Bloß weil die Andechser seit sechshundert Jahren tot sind, glaubt er, er könnte... grad er! – Aber Ludwig hat glänzend pariert: Den ›Grafen Andechs‹ hätt' er zwar nicht vakant, aber der ›Graf Podechs‹ wär' noch frei. Hahahaha ...«

Sophie preßt das Ohr ans Schlüsselloch. Max fragt den Pocci, ob er sich nicht auch so ein Gräblein zulegen will wie der Cheops oder die Ramsesse. Pocci kramt in seinen Glasbildern – »Ja, wennst mir das Grundstück dazu schenkst, fang' i morgen 's Bauen an.«

Jetzt hat er gefunden, was er sucht, sieht sich sichernd nach allen Seiten um, streift auch die Tür mit seinem stechenden Blick und zieht – endlich – die Glasbilder seiner berühmten nackten Frauen vor. Darauf haben sie ja alle nur gewartet, auch Sophie hinterm Schlüsselloch. Poccis nackte Göttinnen sind der krönende Abschluß jeder Tafelrunde und gehören dazu wie das Amen zum Gebet. Eine Nackte sitzt zwischen Oleanderbüschen, die andere hüpft über ein Bächlein, die dritte schreitet weit aus, die vierte hat einen Schleier um den Kopf und sieht sich über die Schulter, ob ihr dicker Hintern

noch dranhängt. Die Männer grölen, und Sophie hält sich die Hose. Ja, jetzt muß sie, typisch!
Da bringt ein Artusbruder den Uraltwitz von den drei »besuchtesten« Münchner Weibern – der Resi Denz, der Anna Tomie, der Pina Kothek. Max gähnt. Der Pocci aber beginnt zu lachen, lacht und lacht über diesen genialen Witz und kann sich gar nicht mehr beruhigen, und wenn er eine Atempause einlegt, dann nur, um gleich wieder loszuprusten.
Dem armen Artusbruder wird ganz blümerant zumut. Sophie hat Mitleid mit ihm. Ach ja, zum nächsten Treffen wird er bestimmt nicht mehr gebeten. Doch dann lacht er anbiedernd mit und aus ist's mit Sophies Sympathie.
Plötzlich spürt sie einen stechenden Schmerz. Eine kräftige Hand hat ihren Kopf gegen die Klinke geschlagen. Natürlich, die französische Gouvernante ist ihr nachgeschlichen. Dieses kleine schwächliche Frauchen, das von einer Ohnmacht in die andere fällt, scheint enorme Kraftreserven zu haben. Jetzt will sie Sophie packen und schlagen, aber die reißt sich los, hält sich die brennende Stirn, läuft verwirrt und zornglühend davon. Am liebsten hätte sie zurückgeschlagen, sie angeschrien – »Können Sie nicht normal gehen wie andere Menschen auch, statt immer nur zu schleichen?! Pfui Teufel!« Doch diese Gans versteht ja kein Deutsch, und bis sich's Sophie ins Französische übersetzt, ist die Wut verflogen. Das ist ja der Sinn des Französischparlierens, das hat Sophie längst durchschaut.
Das Männergegröle verfolgt sie durch tiefdunkle Gänge. Jetzt hängt die Bonne am Schlüsselloch, bestimmt.
Vorsichtig tappt Sophie vorwärts, denn nicht in allen Winkeln des Münchner Palais stehen Lampen, und nicht alle werden entzündet. Jetzt rutscht sie dennoch aus, trotz aller Vorsicht. Natürlich ein Bleisoldat! Ein Deserteur aus Mapperls heißgeliebtem Ulanenregiment. Sie rappelt sich vom Boden auf, geht weiter, tastet sich rechts und links die Wände entlang.
Da hat man sieben Geschwister und ist immer allein.
Wozu haben die Eltern sie eigentlich bekommen? War doch vollkommen unnötig! Sechs Kinder genügen doch. Einmal hat Sophie ihren ganzen Mut zusammengenommen und nach

den Gründen gefragt. Ludovika saß gerade beim Nähen wie Schneewittchens Mutter, und auch sonst war die Stunde günstig.
»Weißt, Kinderl, mir ham uns so gestritten ... so gestritten ... der Max is' ja so ... manchmal so ... so furchtbar ... dieser ... autsch!« Da hat sie sich in den Finger gestochen, und schnell saugt sie nach und ist nur noch mit Saugen beschäftigt, obwohl gar kein Blut mehr kommt. Das war's. Präziser konnte Ludovika Ursachen und Gründe von Sophies Existenz nicht erklären. Ihrer Tochter nicht und auch sich selbst nicht. Seltsam, denkt Sophie, immer bei solchen und ähnlichen Fragen bekommt Mutter Schluckauf oder einen Herzanfall oder sticht sich in den Finger. Einmal sind ihr sogar die Füße eingeschlafen, so daß es Sophie allmählich unheimlich wird. Sie wird nicht mehr fragen – sie kann doch nicht riskieren, daß Mutter tot umfällt.
Aber eines Tages wird Gott noch Herrliches, Wunderbares mit ihr vorhaben! Manchmal ist Sophie so glücklich übers künftige Glück, daß sie zittern muß. Sisi ist Kaiserin geworden, Marie segelt gerade übers Meer ins ferne Neapel, um dort Königin zu werden und diesen sonderbaren Franz mit seinem abgeflachten Kinn zu heiraten. Max hat Marie gleich die Daguerrotypie aus der Hand gerissen und betrachtet. »Das ist ja eine ganz und gar degenerierte Unterpartie!« hat er fast bewundernd ausgerufen und Franz ans Kerzenlicht gehalten. »Ein Prachtexemplar von verbrauchter Knochenmasse! Hoffentlich is' noch a bisserl Hirnmasse da!«
Dann rätselte die Familie, wie Augen und Nase von Maries Zukünftigem wohl beschaffen sein möchten, so dick lag Retusche drauf. Alle haben gelacht und Marie geweint.
Ich werde mir meinen Mann vorher anschauen. Und er muß mindestens so schön sein wie ich selber! Das schwöre ich beim großen Manitou, denkt sich Sophie, denn sie liest gerade eine Kinderausgabe des *Letzten Mohikaner.*
Marie hat ihre zwei Puppen mit auf die Reise genommen, die eine, die gehen kann, wenn man sie führt, und die andere, ohne die sie nicht einschlafen kann.
Was wird aus ihr werden? Manchmal faltet Sophie aufseuf-

zend ihre kleinen Hände und sieht wie Raffaels Putten gedankenschwer zum Himmel hinauf ... ach ja ... ach ja ...
»Du wirst Königin der Hottentotten, und jeden Tag gibts Blut- und Leberwürscht!« prophezeit ihr Gackel, der ältere Bruder Karl Theodor – ein Essen, das Sophie haßt wie Kutteln und Metzelsupp'.
Nein, nein, nein, sie wird etwas ganz Besonderes, eine Frau mit großen, edlen, schönen Gefühlen. Die Jüngste zieht immer das große Los. Die Letzten werden die Ersten sein. Und wenn man auch zuvor leiden muß, wird schließlich ein Glanz um sie sein, eine Verklärung, eine Herrlichkeit, ein rauschhaftes Lebensfest – ach ... Sophie atmet tief durch. »In einem fernen Land lebte einst ein Herrscher, der hatte viele schöne Töchter. Die Jüngste aber war so schön und gut, daß selbst die Sonne sich vor ihr verneigte ...«

3

Wie zu jedem Weihnachten seit den Lola-Montez-Tagen fährt die Familie mit Schlitten und Wagen hochbepackt auf ihr Possenhofener Schloß, sonst ihr Sommerdomizil. Damals hatte sie die Angst vor dem Münchner Pöbel mitten in der Weihnachtszeit aufs Land getrieben. Jetzt finden sie es hier so gemütlich, daß Weihnachten in Possenhofen zum festen Brauch geworden ist. Und nebenbei entkommt man dem Hofzeremoniell in der Allerheiligenkirche, ein nicht zu unterschätzender, natürlich nicht offen vor den Kindern zu preisender Nebeneffekt.
Mit Schellengeklingel fahren sie in den Schloßhof ein. Sophie purzelt als erste aus dem Schlitten, breitet weit die Arme aus und dreht sich im Kreis, erst langsam, dann schneller, immer schneller, daß ihre langen blonden Zöpfe fliegen. Ringsum das Schloß, die schneebedeckten Wälder, der winterliche See – das Schloß, die Wälder, der See ...
Es ist der Tag vor dem Heiligen Abend. Die Familie sitzt in der Halle mit den starken Kreuz- und Querbalken, die Decke und Wände zusammenhalten. Karl Theodor zielt mit Fichtenzapfen auf den Kamin. Er langweilt sich entsetzlich mit seinem Geschichtsbuch auf dem Schoß, das er mit all seinen römischen Kaisern und leidenden Christen bis Neujahr durchgeackert haben soll. Dann muß er eine Arbeit darüber schreiben, aber diesmal nicht nur privat bei seinem Lehrer, sondern in einem Münchner Gymnasium. Nicht, daß es ihm geht wie dem Vetter Adalbert, der in einer staatlichen Anstalt sein Abitur ablegte und bei der anschließenden Feier folgendes öffentliches Lob über sich ergehen lassen mußte: »... und von den drei Externen, die an den Prüfungen unseres Wilhelms-Gymnasiums teilnahmen, waren Sie einer der besten, mein Prinz!«
Manche Zapfen landen im Feuer, manche treffen die Kacheln um den Kamin oder das Bild der zweiten Frau von Max Ema-

nuel, der schönen Polin, die einst mit einem kleinen Knäblein aus ihrer Venediger Verbannung kam und behauptete, sie hätte den Balg in einer Gondel gefunden. »Wie der ihr Bild nach Possenhofen kommt, ist mir ein Schleier«, rätselt Herzog Max, »mir san weder verwandt, noch ham mir gemeinsame Leichen im Schrank, und überhaupt wenig Konnex mit dem Osten.«

Der kleine Mapperl tut es seinem großen Bruder nach. Seine Zapfen treffen noch weniger, sind zu kurz gezielt. Das macht Ludovikas Hunde nervös, die wie ein Hirtenteppich, Rücken an Rücken, zu ihren Füßen liegen. Sie kläffen kurz auf, schnappen nach den Zapfen oder dem Werfer. Dann ist es wieder still. Ludovika stichelt an einer höchst diffizilen Filetarbeit, eines ihrer vielen Weihnachtsgeschenke für Max, mit denen er nichts anzufangen weiß. Hin und wieder läßt sie ihre Rechte zur Entspannung über die Lehne gleiten. Dann springen die Hunde hoch, seimen und sabbern um Liebe buhlend die Hand voll – bis Ludovika wieder weiterstickt.

Die Gouvernante und Sophies Amme helfen dem Personal beim Aufstellen der großen Dürerkrippe. Die Holzscheite knistern im Feuer, die nassen Zapfen krachen und platzen. Vor dem Fenster fallen die Flocken.

»Du mußt immer erst nach Spinnen und Kerbtieren suchen!« Sophie nimmt Mapperl besorgt den Zapfen ab. »Die verstecken sich nämlich unter den Schuppen, verkriechen sich zum Winterschlaf. Es ist doch furchtbar, wenn so ein Ohrenhöhler vor Hitze aufwacht und merkt, er verbrennt. Stell dir vor, du schläfst, und plötzlich wachst du auf, weil du überall brennst. Die Nase brennt, die Haare brennen, die Augen platzen ...«

»'s langt!« unterbricht Ludovika scharf.

Karl Theodor lacht: »Es gibt Schlimmeres!«

Sophie schüttelt tiefernst den Kopf: »Bestimmt nicht.«

»Doch! Zum Beispiel, wenn du sitzen bleibst und eine alte Jungfer wirst!«

Jetzt schüttelt Ludovika den Kopf: »Nur über meine Leiche.«

»Oder wenn du mit einem pomadisierten Lackaffen von Künstler durchbrennst.«

Ludovika fährt wild hoch: »Wehe!!«

Mapperl fragt mit großen Augen: »Brennt sie dann auch, wenn sie durchbrennt?«
Karl Theodor lacht: »Und wie!« Er zielt mit dem Zapfen auf Sophie. »Oder wenn sie weiter so dumm bleibt, wie Gott sie leider nun mal geschaffen hat.« Der Zapfen prallt an Sophies Kopf ab und landet in ihrem Schoß.
Mit Wutgeheul stürzt sie sich auf den Bruder: »Du Depp! Du blöder Uhu! Du Gescheitlhuber! Du idiotischer Arschkrie...«
»Assez! Assez!« tönt es von der Gouvernante.
»Assez! Ja, jetzt plötzlich assez! Selber assez!« Sophie will sich auch auf die Bonne stürzen, doch Karl Theodor hält sie lachend zurück: »Na, dann zeig doch, wie gescheit du bist! Wie heißt die Hauptstadt von Manila? – Ja?«
Sophie will ihn beißen, doch er hält sie weit von sich ab.
Mapperl hüpft in Ekstase um sie herum: »Kitzel sie! Kitzel sie! Kitzel sie!« Die Hunde schnappen nach ihm, Ludovika tritt nach den Hunden.
Und nun kitzeln die beiden Sophie, daß sie trotz ihrer Wut lachen muß, und sie lacht und lacht, und ihr Zorn wird immer rasender.
»Oder – « Karl Theodor schüttelt sie hin und her. »Ist ein Wolpertinger von anorganischer oder organischer Substanz ... oder nur einfach weiblich?«
Jetzt endlich fährt die Mutter dazwischen: »Laß das Kind in Ruh! Das kann's ja noch gar nicht wissen. Sie is' doch erst zehn!« Und als Karl Theodor jetzt sogar die Mutter auslacht, schreit Sophie schrill auf vor Wut und beißt ihn in die Hand, daß er vor Schmerz aufheult und sie loslassen muß. Sophie rennt durch die Halle, durch denVorraum – oben beugt sich Max über die Brüstung, um nach dem Lärm zu schauen – durchs Tor hinaus, die Hunde kläffen hinterher, ins Freie – Luft – Gott sei Dank!
Auf den Zweigen der kahlen Eschen hocken reglos die Krähen und plustern ihr schwarzes Gefieder gegen den Wind. Das gefrorene Laub der Eichen rauscht und bebt, doch es will sich nicht von den Zweigen lösen. Nach Seeshaupt hin dehnt sich endlos der See. Er könnte eine Meerbucht sein, ein norwegischer Fjord. Alles ist weiß und grau.

Das Eis hatte sich schon am zweiten Advent gebildet und wurde von Tag zu Tag dicker – »Und wenn es ganz dick wird, springt es«, hat ihr die Amme erzählt. Heute nacht zum Beispiel ist Sophie aufgeschreckt. Es klang wie der Böllerschuß nach Mapperls Geburt. Dann splitterte es, und das Eis ächzte eine Zeitlang leise vor sich hin, wie ein Kind, das Schmerzen hat. So also klingt das, wenn eine Eisplatte bricht? Sophie ist unters Plumeau zurückgekrochen und hat sich schaudernd vorgestellt, wie das eisige Wasser jetzt aus der Tiefe in die Bruchstelle quillt und nach rechts und links wie schwarze Blutlachen ausschliert.
Vorsichtig setzt sie einen Fuß auf den See, dann den zweiten. Gestern in den Schneeschuhen ist sie gleich ausgerutscht. Vielleicht geben die Hausschuhe festeren Halt? Es geht! Sie geht! Und wie sie so mit vorsichtigem Hahnentritt und ausgebreiteten Flügelarmen auf den See hinauswankt, gerade an die Fische denkt, die unter ihr träumen, sieht sie im weißen Dunst zwei ähnlich unbeholfene Gestalten sich langsam auf sie zubewegen.
»Holla!« ruft sie erschrocken, denn es wäre ja absurd, den Park vom Tor her zu bewachen, und dann betreten ihn zwei Fremde seelenruhig vom See aus. »Hallo!« ruft sie atemlos. »Gehen Sie sofort zur Wache am Tor!«
Ein leises Prusten und Lachen, dann antwortet eine tiefe weibliche Stimme, die zur großen dicken Figur gehört: »Sophie! Das ist ja die kleine – !«
Doch Kronprinz Ludwig, denn er ist's, der neben der Dicken einherschlittert, fällt ihr gleich ins Wort: »Ist's wirklich und wahrhaftig wahr? Ist das Prinzessin Sophie, von Gottes Gnaden?!«
Der Ludwig und die Meilhaus! Ludwig und seine fette Erzieherin! Das muß sie doch gleich den Eltern melden! Wie schön, wie schön! Der Tag ist gerettet! Sophie wendet sich um – vorsichtig, vorsichtig, Balance halten – und schwankt zum Festland zurück. Nur nicht hinfallen, nicht vor Ludwig fallen!
»Prenez garde! Ne tombez pas!« schrillt es durch den Park. Die Gouvernante und Karl Theodor sind aus dem Haus gelaufen, Sophies Mantel und Galoschen überm Arm.

»Attention! Ne tombez pas!« ruft sie noch einmal, und Karl Theodor äfft sie um eine Oktave höher und schriller nach: »Attention, Sopherl! Ne tombe pas!«
Bauz, liegt Sophie auf dem Eis, so mußte sie lachen. Im Nu ist Ludwig bei ihr.
Ob er weiß, daß seine Augen schön sind, unendlich schön und dunkelblau? Nein, grau, stahlgrau, tief und fern! Wahrscheinlich weiß er's, denn manchmal blicken sie so fremd und ausdruckslos, als wären sie einfach nur zufrieden, von schwarzen Wimpern umgeben zu sein. »Er ist sicher kurzsichtig«, hat Ludovika einmal gemutmaßt. »Glaub mir, Kind, er ist kurzsichtig. Nur Kurzsichtige haben so einen fernen Blick, als kämen's vom Himmel oder aus dem Mustopf.«
»Sind Sie wohlauf, Tante?« Ludwig hat ihr aufgeholfen und ihr den Schnee vom Kleid geklopft.
Sophie kichert verlegen, »Merci bien, mon brave neveu. Je vous suis tres obligée.«
Dieses Tante-und-Neffe-Genecke ist ein altes Spiel zwischen ihnen. Ludwig hat es aufgebracht. Schließlich ist Sophies Großvater Ludwigs Urgroßvater. Also sind sie nach Adam Riese – und auch nach dem Gotha – Tante und Neffe.
Sie sollte doch mehr Respekt einfordern. Da läuft er einfach mit Karl Theodor ins Haus und läßt sie mit den beiden Gouvernanten hinterherstapfen. Sie kann sich Unterhaltsameres vorstellen.
Als sie alle in die Halle kommen, steckt Ludovika die Nadel in die Stickerei und reicht Ludwig lässig die Hand zum Kuß. Sophie kichert. Soll sie ihm von Hundegeschleime berichten? Lieber nicht – vor Grausen würde er sich auf Ludovikas Hand erbrechen. Er ist so empfindlich, so etepetete. Er kratzt sich nicht, Nasebohren lehnt er entschieden ab. Er wäscht sich nach jedem Händedruck die Hand, weil er voraussetzt, daß der andere sich kratzt und in der Nase bohrt.
Max drückt Ludwig in einen Fauteuil. Ludwig schätzt Sophies Vater. Seinen eigenen hält er für ziemlich begrenzt – nicht beschränkt, aber begrenzt. Des Königs Vorstellungen von Zucht und Ordnung haben etwas Bourgeoises, das Zeremoniell um den Thron etwas von übersteigertem und zugleich mangeln-

dem Selbstwertgefühl. Herzog Max lacht: »Die Spanier san nix dagegen! Is' ja weit schwerer, am Münchner Hof vorgelassen zu werden, wie in Berlin!«

Da ist der ganze Kult feierlicher Abwehr: die obersten Hofchargen, die Kronbeamten, der Obersthofmeister, Oberststallmeister, Oberstzeremonienmeister, der Generalkapitän der königlichen Leibgarde, die General- und Flügeladjutanten, die Kämmerer, Kammerjunker, Kammerfouriere, Hartschiere. König Max will keinen Posten missen. Ist es da ein Wunder, daß Herzog Max, und nicht nur er, darüber lachen und daß Ludwig den Traum vom dynastischen Gottesgnadentum mit der Ammenmilch eingesogen hat, obwohl er gar nicht an Gott glaubt? König Max ist redlich, fromm, ehrlich, soweit es sein Amt zuläßt, rechtschaffen, und erwartet dasselbe von Gott. Humorlos ist er auch. *Tristram Shandy,* ein Lieblingsbuch von Herzog Max, würde er ratlos beiseite legen. Den *Glöckner von Notre Dame* will er auf den Index setzen.

Deshalb ist's Ludwig immer, als öffneten sich Türen hinaus ins Leben, wenn er in Herzog Maxens chaotische Familienidylle gerät. Und daß eine seiner fünf Töchter Kaiserin ist, macht ihn ihm fast ebenbürtig.

Karl Theodor liest laut vor von Neros Greueltaten an den Christen, schiebt den Zeigefinger von Wort zu Wort: »... er war ein blutgieriger, wahnsinniger Potentat, der grausamste Herrscher aller Zeiten. Punkt.« Max lacht: »Glaub ned ois! Nero wäre erbleicht vor den Greueltaten der Christen!« Ludwig reibt sich die Hände und lacht entzückt. Das ist's, was ihn nach Possenhofen zieht. Die Bratäpfel platzen auf den Kacheln, und draußen beginnt es wieder zu schneien. Ludovika zetert: »Und was soll der arme Bub jetzt lernen?! Kannst du mir das sagen, bitte schön?!«

»No vielleicht, daß die Christen ihren Geschichtsschmieranten mehr Geld und Gotteslohn versprochen haben wie der knickrige Nero. Der hat wahrscheinlich denkt, er hat's ned nötig.« Ludwig atmet tief durch und hört Sophie nur mit halbem Ohr, die gerade erzählt, daß sie morgen mit Max in die Christmette darf – »aber nicht in der Schloßkapelle, sondern im Dorf oben. Magst mitkommen?« fragt sie Ludwig, obwohl

sie natürlich weiß, daß Ludwig nicht darf, selbst wenn er mag. Ludovika schüttelt sich: Keine zehn Pferde brächten sie in die Dorfkirche, sagt sie. Max mustert sie: »Geh, so dick bist auch wieder ned«, und zu Sophie meint er: »Um Zehne müssma los, damit mir noch an Platz derwischen. I hab keine Lust, mir die Füß in den Bauch zu stehen.«
Grimmig murmelt Ludovika etwas von Attentatsgefahr in ihre Handarbeit hinein.
»A geh, Attentat! Wer kennt uns schon? Niemand! Ich mach mir zwei Zahnlucken oben und unten und geh in den Lumpen von unserm Kostgänger, der sich mit meinem Anzug verdünnisiert hat. Da san no echte Flöhe drin ...« – Ludovika kreischt auf – »... und 's Sopherl zieht ihr Faschingsgwandl an, wos einen armen Waisenjungen gespielt hat. Als Bub kanns' auch neben mir hocken und muß ned zu de Weiber nüber. Des wird a Gaudi!«
»Du glaubst immer, die Leute mögen dich. Aber weißt du noch? In der Montez-Affäre? Wie's dir einen Stein draufgeschmissen haben? Die mögen dich? Pure Einbildung!« Sie lacht.
»Ich bitt' dich, die Lola ist längst verdorben und vielleicht schon gestorben!«
Karl Theodor hält sich die Ohren zu, um sich konzentrieren zu können. Mapperl wirft wieder mit Zapfen nach dem Feuer.
Max grinst. »Auf die Gesichter der Dimpfis freu' ich mich jetzt schon, wenn ich armer Schlucker und zerrissener Taglöhner an Goldbatzen in ihren Klingelbeutel stopf. Da passen s' nämlich auf wie die Haftlmacher!«
»Aber 's Kind laßt mir da, das bitt' ich mir aus.«
»Mei, die Sophie will doch auch den toten Pfarrer sehn, damits' was zum Fürchten hat. Den hams' ja so schön hergerichtet, mit Silberdisteln und Tannen und Zeug, daß alle zum toten Pfaffen hinlaufen und ned zur Krippen. Muß ein furchtbarer Todeskampf gewesen sein, ein grauenhafter, hat mir die Hochwürdige erzählt. Von wegen ›dem Frommen wird alles leicht‹! Hoffentlich findet er jetzt alles so vor, wie er sich's vorgestellt hat. Ich würd's ihm gönnen.«

Ludwig knabbert an seinem Kletzenbrot, schlürft hastig den heißen Tee, daß er sich fast verbrennt. Ja, es gibt noch andere Lebens- und Denkmuster, sein Onkel führt sie ihm vor. Er ist wirklich der Intelligenteste seiner Verwandten. Er hat Kunstverstand und nicht nur, wie die übrigen Wittelsbacher, Jagdverstand. Und den glauben die auch nur zu haben, weil sie rechtzeitig abdrücken, wenn ihnen der Hirsch vor die Flinte geschoben wird. Ludwig überlegt: Ob sie das Wild zuvor mit Morphium traktieren, damit es zum Schießen stillhält? Schließlich kriegt das Pferd des Königs vor jeder Parade eine Morphiuminjektion, damit es den König nicht abwirft, wenn die Böllerschüsse krachen oder Majestät zu winken geruhen. Solche Prozedur wird Ludwig sich später aufs energischste verbitten.

Sophie zieht ihn zu sich an den Kamin: »Und?« flüstert sie. »Hast du wieder böse Träume gehabt?« Denn sie erzählen sich immer solche Dinge, Träume, Geheimnisse, Weissagungen. Ludwig ist verschwiegen wie ein Grab, und Sophie bemüht sich um diese Tugend, obwohl's ihr schwerfällt. Es wäre gar zu schön, coram publico und besonders Carolo Theodoro und Konsorten zu prahlen: »A propos, unser Kronprinz träumte gestern nacht ... ratet mal ... ihr ahnt es nicht ... aber ich weiß es!« Und wenn alle sie anflehen, doch zu erzählen, wird sie sich erweichen lassen. »Also gut, weil ihr es seid: Er liegt im Bett und schläft. Neben dem Bett hinter der Wand hämmert es leise. So fängt es an. Er zuckt zusammen – was war das? Stille. Hat das Hämmern aufgehört? Nein, im Gegenteil, es fängt wieder an, und viel lauter, schlimmer, als ob eine große Spitzhacke dicht neben ihm hinter der Mauer in seine Schläfe hineinschlägt. Ludwig liegt da wie tot. Sein Herz hämmert zum Zerreißen. Jetzt bröckeln Steine aus der Mauer auf sein Bett, der Mörtel rieselt ihm ins Gesicht, aber er kann's nicht wegwischen, die Hand nicht bewegen. Das mächtige Bild über seinem Bett schwankt und hebt sich, und aus der Öffnung zwischen Bild und Mauer weht ein eisiger Todeshauch auf ihn herab ...« – »... und ich höre einen Atem gehen ... Einatmen, Ausatmen ... Einatmen, Ausatmen ... immer schneller ... das bin ich! Ich selber in meiner Angst«,

schloß Ludwig seine Traumerzählung.
»Ja, und? Wie ist es weitergegangen?«
»Gar nicht. Schluß. Aus. Amen.«
»A geh, da war doch jemand hinterm Bild. Wer?«
»Ich.«
Sophie war enttäuscht, als hätte er die Pointe verpatzt.
Um sie zu trösten, erzählt er, wie er im Traum die Orlamünde sah, die unheimliche Weiße Frau der Plassenburg. »Ich weiß jetzt, wie sie aussieht. Ich hab' sie genau gesehen. Sie ist in ihrem langen weißen Nachtkleid, eine Kerze in der Hand, ins Kinderzimmer geschlichen. Ihre beiden Kinder schlafen. Sie zündet zwei Kerzen auf einem zweiarmigen Leuchter an. Dann stellt sie ihre Kerze neben dem Leuchter ab, hebt die Arme zum Kopf, daß die weiten offenen Ärmel von den nackten Armen rutschen, zieht ihre goldene Haarnadel aus dem aufgesteckten Haar, daß die Haare bis zur Taille wallen, und dann setzt sie sorgfältig die Nadel mit der Spitze am inneren Augenwinkel eines Kindes an und stößt sie hinein, tief ins Gehirn, und zieht sie wieder heraus, und sie ist voll Blut und Hirn. Dann geht sie zum anderen Kind, das aufgewacht ist und die Mutter sprachlos vor Grauen anstarrt, und sie sticht ihm wahllos in die Augen, und wie es wegläuft, jagt sie hinterher und sticht es nieder, daß es schreiend stirbt.« Ludwig hat gezittert, als er es erzählte. Er hat ihr so leid getan. Im Traum ist man so allein. Hoffentlich träumt sie jetzt nicht dasselbe.
Ihren Alptraum wagt sie niemandem zu erzählen, so grauenhaft ist er. Sie träumt ihn jede zweite Nacht. Kein Wunder, daß sie lieber durch die Gänge geistert und die Artusbruderschaft belauscht. Der Traum beginnt damit, daß sie in eine Röhre kriecht. Jemand hat es ihr befohlen – oder tut sie es, um jemanden zu retten? Sie vergißt immer die Gründe. Da wird die Röhre enger und enger, sie muß sich immer mühsamer vorarbeiten, bis sie zuletzt nicht mehr weiterkann. Ihr Kopf stößt gegen einen Widerstand, der Gang ist versperrt. Sie will sich umdrehen und zurückschauen, doch das ist unmöglich, die Röhre zu eng. So versucht sie sich durch kleine Zehen- und Fingerbewegungen zurückzuschieben. Da spürt

sie einen Widerstand. Dicht hinter den Füßen wird die Röhre geschlossen – und da nützt kein Schreien und kein Weinen, sie ist lebendig eingesargt, die Arme und Beine eng an den Körper gepreßt ohne Luft, die Nase flachgedrückt. Könnte sie nur gleich sterben oder wenigstens ohnmächtig werden. Nein. Sie schreit tagelang und nächtelang. Sie wird wahnsinnig. Sie kann Kopf und Beine nicht bewegen und wird wahnsinnig. Da jagd ein Feuer durch die Röhre, erfaßt ihre Kleider und sie verbrennt mit Haut und Haar. Manchmal wacht sie schreiend auf, so daß Ludovika herbeieilt und sie tröstet: »Weißt Kind, irgendwann müssen wir alle sterben.« – »Du früher wie ich.« – »Als ich, als ich! Du mußt endlich gescheites Deutsch lernen.«
Dann gibt es noch den Schlangentraum, von giftigen Schlangen und Würgeschlangen, Nattern, Kobras, Totenottern, schwarzen Mambas, die plötzlich aus allen Ecken und Enden des Zimmers auf sie zutoben, sie beißen, würgen und töten. Jeden Abend vor dem Schlafengehen sieht Sophie unters Bett, hinter die Vorhänge, unter die Schränke, doch das Licht der Petroleumlampe reicht nicht in die letzten Winkel der Dunkelheit, und gerade dort pflegen sich Schlangen mit Vorliebe zu verkriechen, wie die Amme weiß.
Von Schlangen hat Ludwig auch schon geträumt. »Jetzt natürlich, nach dieser Eispartie, kommt sicher das Ertrinken an die Reihe«, flüstert er. »Ich weiß es jetzt schon. Das hab' ich meiner lieben dummen Meilhaus zu verdanken«, und laut an deren Adresse gerichtet: »Das war wirklich ein gefährlicher Ausflug, meine Liebe! Hätten Sie mich nicht besser gefragt, als einfach drauflos zu stapfen?« Er wendet sich an Sophie: »Sie murmelte etwas von ›Luftschnappen‹.« Die anderen lachen. »Haben Sie nicht auch das Gurgeln und Krachen gehört, als das Wasser gegen die Eisdecke schlug?«
Die Meilhaus schüttelt den Kopf: »Krachen? Ich habe nichts gehört. Krachen? Nein, nein, es war kein bißchen gefährlich – ich schwör's – «
Herzog Max lacht: »Lieber nicht! Denn wenn Sie mit Ihrem Zweizentnergewicht auf eine nicht ganz stabile Stelle – «
»Ich hätte es nie so auszudrücken gewagt.« Ludwig lächelt.

»Aber ich glaube, es trifft den Kern. Wir haben enormes Glück gehabt – und nun folgendes Problem: Während ich eine Todesangst hatte zu ertrinken, hat nun die gute Meilhaus eine Todesangst, meine Eltern könnten von diesem Exkurs erfahren. Also bitte, lieber Onkel, liebe Tante, Gackel, Sophie, Mapperl, weist euer Personal an zu schweigen wie ein Grab«, – er lacht – »ein Massengrab. Aber ich habe einfach keine Lust, mein Schicksal noch mal herauszufordern und auf dem Rückweg einzubrechen. Sie, liebe Meilhaus, können es halten, wie Sie wollen – eine Droschke mieten, zu Fuß laufen, auf den Knien nach Andechs rutschen und Gott danken, daß wir noch leben. Aber ich, lieber Onkel, darf um ein Pferd bitten. Danke.«

Sophie steht bewundernd mit offenem Mund. Da ist er, erst zwölf, zwei Jahre älter als sie, und spricht wie ein zukünftiger König – »Doch ich darf um ein Pferd bitten. Ja? Bitte? Danke.« Knapp, selbstbewußt und freundlich. Ach, hätte sie ihn nur zum Bruder!

»Ja, und außerdem heißt's, der See gibt seine Opfer nicht mehr her.« Sophie mußte es anbringen, gegen Karl Theodors spöttischen Blick. Die Amme im Hintergrund nickt sehr energisch dazu.

»Woher hast denn den Schmarren?« Karl Theodor wirft lachend einen Zapfen auf Ludovikas Lieblingsspitz. Der Hund jault erschrocken auf. »Aber für die Seemitte stimmt's sicher. Da soll's ja zweihundert Meter tief sein.«

Sophie reißt den Mund auf: »Zweimal die Domtürme aufeinander! – Das muß man sich mal vorstellen, wenn man da hinuntersinkt – immer tiefer – immer tiefer trudelt. Da ist's erst dunkel, dann schwarz – pechschwarz – dein Atem geht aus – du wirst erdrückt – und trotzdem geht's tiefer und immer ...«

»'s langt!« ruft Ludovika scharf.

Die Amme und die Mädchen haben sich tuschelnd in den Alkoven zurückgezogen. Da schmücken sie jetzt die Bäume. Jedes Kind bekommt einen. Weil diesmal fünf fehlen, gibt's heuer nur drei Kinderchristbäume mit Äpfeln, Silbernüssen und vielen Geschenken dran.

Die Frauen flüstern von Ertrunkenen, deren Lage auf dem

Seegrund nur Wahrsager ausmachen können oder Hellseher, und von anderen seltsamen Erscheinungen. Sie sind da weiß Gott kompetenter als die Herrschaften. Die sehen ja nicht einmal den kopflosen schwarzen Reiter, der in bestimmten Nächten quer über den See zur Roseninsel galoppiert, aber nie dort ankommt. Jede von ihnen hat ihn schon erblickt. Doch die Herrschaften heben ihr Lorgnon an die Nasenspitze, wenden sich in der Kutsche um, soweit es ihr Rheuma zuläßt, viel zu langsam und womöglich in die falsche Richtung, und sehen nichts. Nichts.

Die schwere Eichentüre öffnet sich, die Hunde schlagen Alarm, und zwei Bauernkinder schleppen einen Korb mit frischgesammelten Zapfen herein.

Als sie wieder fort sind, kläffen die Hunde ihnen lange nach. Sophie beugt sich näher zu Ludwig, schreit: »Was hast du gesagt?!« Ludwig schüttelt den Kopf, hebt die Hände: »Nichts.« Mapperl und Gackel bombardieren die Hunde mit frischen Zapfen, und als Ludovika protestiert, beteiligt sich auch Max daran. Ein Spitz hält die Zapfen für Apportiergut, bringt sie alle schön brav zum Frauchen, stützt seine Vorderpfoten auf ihre Knie und läßt die Zapfen, naß von Schnee und Hundespeichel, auf ihre Filetstickerei fallen.

Ludovika kreischt gellend, Ludwig lacht. So gefällt ihm die Familie, und er wirft sich kichernd vor Freude die braunen Haare aus der Stirn. Da greift auch Sophie zu den Zapfen, damit er noch mehr lacht.

»So eine Sauerei! Schleich dich!« zetert Ludovika, die strikt darauf achtet, daß ihre Kinder keine ordinäre Ausdrucksweise lernen und deshalb jeden Umgang mit »gewöhnlichen Kindern« verbietet. »Saubär, dreckada!« und tritt mit den Füßen wild um sich. Die Hunde kläffen, Max hält sich die Ohren zu. »Mein Gott, wenn man nicht mal sein eigenes Wort ... in seinen eigenen vier Wänden ...« Ludovika klatscht in die Hände, schreit: »Ruhe! Kusch! Pfui! Seids staad!« Und Karl Theodor schreit lauter: »Ruhe Mama! Kusch! Sei staad!«, daß man überhaupt nichts mehr versteht im Getöse.

Später, nach dem Abendessen, steht Sophie am Fenster und sieht, wie Ludwig sich aufs Pferd schwingt. Max hat ihm seine »Lady« geliehen. Ein alter Knecht hält die Laterne. Ach, denkt sie niedergeschlagen, ach, meine Familie ist ordinär, ich bin ungebildet und dumm und werde wohl auch nichts lernen. Heute hat er mich kaum angeschaut. Manchmal ist sie schon so mutlos wie eine alte Frau. Er reitet den Weg hinauf. Vielleicht dreht er sich noch einmal um? Vielleicht winkt er mir zu? Nein. Jetzt biegt er nach rechts in den Wald. Oder hab' ich's nicht gesehen? Ja sicher! Schließlich ist Nacht!

Sophie drückt die heiße Stirn gegen die Scheibe: »Ich möcht' einmal richtig todkrank sein.« Ihr Kinn zittert, und das Mitleid mit sich überwältigt sie.

»Das möchten wir alle mal«, sagt Ludovika leichthin und ergreift den Leuchter. Denn die Hunde müssen noch einmal in den Park.

4

Es ist eine frostige mondblaue Nacht. Die Glocken haben eben noch geläutet und klingen in der Stille nach. Jetzt sind sie auch im Kopf verstummt, und Sophie hört nur noch ihre und Maxens knirschende Schritte im kristallharten Schnee.

Sie friert, weil der Waisenkindmantel und die löchrigen Hosen so lebensecht dünn sind. Max meint, das mache sich gut für ihre Rolle – und als Sophie hustet, lacht er: »Und's Husten auch.«

Er selbst sieht in seinem Taglöhnerhabit so verlaust aus, daß Sophie lieber gar nicht zu ihm hinaufschaut, so muß sie lachen und sich schämen zugleich.

Zuerst betrachten sie die Leiche des alten Pfarrers, der mit spitznasigem Wachsgesicht zwischen Tannenzweigen und Silberdisteln liegt. Sophie schaudert. Der erste Tote ihres Lebens. Vor wenigen Monaten noch war sie bei dieser Leiche zur Beichte.

»Ich habe manchmal Gott gelästert.«

»Soso, weiter – «

»Ich habe manchmal Vater und Mutter nicht geehrt.«

Und er hinter dem Gitterfenster: »Weiter – «

»Ich habe mich manchmal ... unkeusch ...«

»Wie oft? ›Manchmal‹ sagt gar nichts!«

»Ja, so mit Stellen halt ...«

»Stellen?«

Sophie versuchte zu erklären: »Stellen aus Büchern halt. Zum Beispiel, wenn in ›Soll und Haben‹ die Leonore ins Wasser springt und sich ihr ... äh ... Busen unter dem dünnen Kleid abzeichnet und der Bernhard Ehrental, der Sohn vom alten Hirsch, ihren ... äh ... Busen sieht und kann an nichts anderes mehr denken als an ihren ... äh ... Busen und ich auch nicht.«

»Pfui. Pfui. Pfui. Das gibt einen schmerzhaften Rosenkranz!«

Sophie war erschrocken: »Einen ganzen?! Ich hab' morgen Französisch und Geographie!«
Kommentarlos erteilte er Absolution und Segen, und Sophie knallte die Beichtstuhltür hinter sich zu.
Tags darauf wurde ihre Tür aufgerissen, und wie die Wilde Jagd stürmte Ludovika mit ihrer Hundemeute herein, die Gouvernante und Mapperl hinterher. Ludovika fiel über Sophie her, die an ihrem kleinen Steinweg-Klavier verbissen den *Gradus ad Parnassum* zu erklimmen versuchte. »Wo ist es?! Wo ist es?!«
Und Mapperl jauchzte kreischend: »Wo ist es?! Wo ist es?!«, warf sich zu Boden und kroch suchend unter Sophies Bett herum. Die Gouvernante hatte inzwischen ein Buch aus dem Bett gezogen und es stumm, mit geschlossenen Augen, Ludovika gereicht.
Goethes Briefwechsel mit einem Kinde. Empört wiegt Ludovika das Buch in der Rechten. »Dieses ›Kind‹ kenn' ich! Dreißig Jahre war's damals alt! Und jetzt bringt sie als uralte Urschel noch den armen Pückler-Muskau in Verruf! Und der Goethe – ja mei, der is' ja nie gscheit worden, der oide Bock!« Das Buch fliegt klatschend in eine Ecke. »Wo kommen wir denn hin, wenn meine Tochter ...«
Und die Gouvernante trumpft still auf – sogar in Deutsch, denn allmählich kann sie's: »Gestern mußte ich den ›Clavigo‹ konfiszieren.«
»Was'n das?!« Ludovika blickt ratlos nach rechts und nach links.
Da hüpft Mapperl jauchzend mit den Hunden auf Sophies Bett herum: »Die Mama! Die Mama! Das weiß sogar ich!« und wühlt sich triumphierend in die Kissen.
Die Gouvernante säuselt leidend: »Und vor ein paar Tagen entdeckte ich ›Nathan der Weise‹ hinterm Pot de chambre. Das Stück propagiert eine elende Gleichmacherei. Das Judentum wäre ebensogut wie das Christentum.«
Da erschrickt Ludovika bis ins Mark, daß Sophie sie hätte umarmen wollen, wenn die Situation es zugelassen hätte. »Kind!« ruft sie beschwörend. »Des mußt vergessen, sonst wirst noch so ein Tropf wie dein Vater, dem auch nix heilig is' und dann

kriegst nie an Mann!« Sie öffnet den Schrank, wühlt die wenigen Bücher durch. »Hier, wennst dich langweilst, dann lies ... lies ...«, doch so lange sie auch sucht, nichts ist ihr recht. »Da ... hier ... ›Die Jugend der großen Katharina‹. Die war auch nur a windige Prinzessin ... hätt' sich im Traum ned denkt, daß sie amal Zarin wird!« Sie drückt ihrer Tochter das Buch in die Hand – »So was mußt lesen ... sie hat auch Sophie geheißen!« –, und versetzt Sophie einen Stoß in den Rücken, daß die beinahe vornüberfällt. »Und grad halten! Das is' das Wichtigste!« Sophie schlägt das Buch auf und liest laut, während sie mit der Rechten auf den Tasten präludiert: »... um fünf Uhr verrichtete sie ihr Morgengebet, von sechs bis sieben kleidete sie sich an, von sieben bis halb acht legte sie ihren kostbaren Schmuck an, von halb acht bis ...«

Ludovika nickt: »Ja, genau! Disziplin! Genau!« – sie jagt die Hunde vom Bett – »Disziplin ist das halbe Leben! Was sag' ich – das ganze!«

Sophie überfliegt die letzte Seite, aus alter Gewohnheit, sie liest immer gern sub specie finis: »... Katharina begann bald die wichtige Rolle des Ehemanns vorsichtig mit einigen Vertrauten aus ihrer näheren Umgebung zu besetzen ...« – Sophie präludiert schneller: endlich ein Buch, das ihr zusagt! Dafür pfeift sie doch auf *Nathan* und *Clavigo*! – »... und Katharina befaßte sich immer intensiver mit der großen Politik, wodurch ihre Schönheit allmählich zu leiden begann.« Punkt. Jaja, so ist das Leben ...

Gott möge dem spitznasigen Pfarrer verzeihen, daß er's mit dem Beichtgeheimnis nicht so genau genommen hat. Sophie tritt von der Leiche zurück. So wird Papa einmal aussehen, und die Mama. An ihren eigenen Tod wagt sie nur im Traum zu denken, niemals im Wachsein. Sie wird nicht sterben.

5

Die kleine Dorfkirche füllt sich. Sophie und Max ergattern gerade noch zwei passable Plätze und beobachten die hereindrängenden Menschen. Bauern mit Bärten und Gamsbärten und – »Pratzen hängen ihnen aus den Ärmeln, aus denen ein vernünftiger Gott gut und gern vier Hände gemacht hätte«, sagt Max laut zu Sophie und lacht. Wenn er nur seine Stimme dämpfen würde, denkt Sophie und schämt sich sehr, daß sich alle nach Max umdrehen. Manche Bäuerinnen haben Kröpfe – groß wie ihre Köpfe, wie Max natürlich laut kommentiert. Die Kinder sind rachitisch, o-beinig und husten, aber ihre Augen strahlen, als hätten sie heute wirklich das Christkind gesehen. Alle entzünden ihre Kerzen. Die Kirche wird heller.

Es gibt nur zwei schöne Kinder im Raum. Sophie – und dann ist da noch ein Mädchen, etwas älter als sie. Vorhin durchzuckte es Sophie wie ein Schrecken, denn das Mädchen sieht aus wie Sisi, hat dieselben schmalen gehetzten Augen wie Max neben ihr. Manchmal sieht das Mädchen mit flackerndem Blick zu ihnen her und gleich wieder fort. Auch die Mutter des Mädchens betrachtet den Tagelöhner in der Ecke, als würde sie an jemanden erinnert, an den sie sich partout nicht erinnert will. Jetzt steht sie auf, weil alle aufstehen, hält die Kerze ans Gesangbuch und singt, weil alle singen. Auch Sophie sieht in ihr Buch mit dem schwarzen Saffianeinband und dem goldgestanzten Kreuz. »Was liest denn?« fragt Max laut und nimmt ihr das Buch ab. »Ah, ›Soll und Haben‹...« Er blättert darin – »Ja, verstehst denn des schon? Versteck's vor der Mama, denn die versteht's bestimmt ned« – und gibt es ihr wieder zurück. Solche sinnvolle Zeitnutzung hat ihr Marie beigebracht, und die hat's von Max. »Aber lest was Gescheites, ›Lederstrumpf‹ oder die ›Germanischen Sagen‹, ned ›Mimili‹ und so Weiberschwachsinn, sonst werdet ihr noch wie die Mama, und die langt für fünf.«

Max singt »lalala« oder »plimplamplum« und liest in seinem

Rinaldo Rinaldini in einem für einen Tagelöhner verdächtig kostbaren Gesangbucheinband.
Das ist kein vornehmer Gesang wie in der Possenhofener Hauskapelle oder gar in der Allerheiligenkirche, wenn der Hof, das diplomatische Korps und die höchsten Regierungsvertreter es für unter ihrer Würde halten, das Lied zu kennen, und den Mund nicht aufkriegen. Nein, hier wird gesungen, was das Zeug hält. Die Magd überkreischt die Bäuerin, die Bäuerin den Bauern, ein Wettgeschrei vor Gott.
»Dem mögen die Ohren klingeln!«. Max setzt seine Mütze wieder auf und zieht sie tief über beiden Ohren. Sophie öffnet den Mund und atmet scharf ein. So blockiert man das Hörvermögen und auch den Geruchssinn, ein höchst willkommener Nebeneffekt. Sicher, auch zu Weihnachten müssen die Ställe gemistet werden. Das Lied hat fünfzehn Strophen.
Ein Sturm ist aufgekommen, und wenn zwischen den Gesängen der Wind an den altersschwachen Scheiben rüttelt, die Kerzen zu flackern beginnen und manche erlöscht, durchdringt Sophie plötzlich ein starkes religiöses Gefühl und eine hohe Freudigkeit. »O Christkind, laß mein Leben schön werden. Heilige Muttergottes, laß es eine endlose Lust und Freude sein. Wende alles zum Schönen, bitte.«
»Weißt du, warum die Maria keinen Jesusknaben auf dem Schoß sitzen hat?“ fragt Max mit halblauter Stimme, die er wohl für einen gedämpften Kirchenton hält, und die Bauern zischen, er soll den Mund halten. Max achtet nicht darauf, Sophie schüttelt abweisend den Kopf, will es gar nicht wissen, er soll lieber still sein.
»Das hat ihr ein altes Weiblein weggenommen und nie mehr wiedergebracht – hat es mit Hammer und Meißel einfach vom Schoß der Muttergottes geschlagen.«
»Ja, aber warum denn?« Jetzt ist Sophie doch neugierig.
»Die Alte hat ihren Sohn im Krieg verloren, und da wollte sie der Jungfrau auch ihr Kind wegnehmen, damit die merkt, wie so was tut: ›Wannst mir mein' Buam wiederbringst, kriegst dein' aa wieder.‹« Sophie kichert krampfhaft. Das Lied ist zu Ende. Alles setzt sich zur Predigt.

Als Max sich mit einem »Na endlich« niederläßt, kommt er auf dem dürren Schoß eines alten Weibes zu sitzen, das sich während des Lieds klammheimlich hinter ihm in die Bank geschoben hat und jetzt Zeter und Mordio schreit über den ungehobelten Kerl da auf ihrem Schoß – er wolle sich wohl auf diese Weise einen Platz erzwingen, aber so nicht, nicht mir ihr!

Sophie kichert gleich weiter über den Anblick ihres Vaters, wie er mit verdutztem Gesicht auf dem alten Weib sitzt. Entsetzt springt Max hoch, lacht grimmig auf, so daß Sophie seine mit schwarzem Wachs verklebten Zähne sieht. Die Bauern murren. Es klingt bedrohlich.

»Komm, Sopherl, mir gehn! Sollen die Deppen ihr Spaßvergnügen haben!« ruft Max laut und steigt ungeniert über die Leute aus der Bank. Sophie folgt ihm mit hochrotem Kopf. Die Bäuerin mit dem hübschen Kind sieht noch einmal trübe an ihnen vorbei, und bevor der neue Pfarrer den Mund zu seinem »Es geschah aber in dieser Nacht ...« öffnen kann, ist Max mit festem Tritt durch den Gang geschritten und hat mit zornigem Schwung die Bohlentüre ins Schloß fallen lassen.

»Das war der Herzog«, murmelt die Bäuerin leise vor sich hin. Und mit plötzlichem Erschrecken haben ihn nachträglich alle erkannt. Ja, natürlich, das war er! Wie peinlich!

Morgen werden sie ihren Bürgermeister mit hundert Entschuldigungen und ein paar gerupften Gänsen ins Schloß schicken, obwohl Max sicher hundert Gänse und ein paar Entschuldigungen lieber wären.

Unter schallendem Gelächter wandert er zum See hinunter. »diese Bauernfünfer! Jetzt ham sie sich um meinen Obolus gebracht! Um den Goldbatzen! Geschieht ihnen recht!« Sophie trottet nebenher. Nach einer Weile beginnt er von neuem: »Solcherne Hiasl! Die Mama hat ganz recht ... des erzähl' ma ihr aber nicht, sonst kriegt's wieder so a Oberwasser, daß mir alle dersaufen.«

Sophie nickt. Die Mama dominiert sowieso schon genug. Aber im Geheimen spürt sie, daß Maxens Autorität einen Stoß erhalten hat. Die Mama hat doch recht, mehr als er glaubt.

Wie zwei Schulbuben, die Strafe erwarten, schleichen sie in

den Schloßpark, als sie einen reitenden Boten melden hören: »Vom Kronprinzen! Ich soll's der königlichen Hoheit persönlich überreichen!«
Und aus dem erleuchteten Haus hören sie Ludovika lachen und übertrieben hoheitsvoll fragen: »Welcher königlicher Hoheit?! Genügt auch meine Wenigkeit?!«
Während sich Max und Sophie durch den Dienstboteneingang drücken, nimmt Ludovika zwei große, blaue, gebauschte Hüllen im Empfang. Sophie hört den Reiter nur noch davonpreschen, so schnell wird sie von der Amme ins Haus gezogen und ins Schlafzimmer bugsiert.
»So a Dummheit, so a Saudummheit! Den Tod kannst dir holen ...« Schimpfend und murrend reißt sie ihr die Lumpen vom Leib. »Und i derf des Madl wochenlang pflegen, bloß damit er eine Stund' lang sei' Gaudi hat.« Sie zieht ihr das Nachthemd über, die Wolljacke und die Haube, legt zwei Scheite Holz nach und stapft in die Küche, um den heißen Ziegelstein zu holen. Sofort huscht Sophie die Treppe hinunter.
Die Halle ist rundum mit Silberzapfen geschmückt, und auf dem großen Christbaum brennen mindestens hundert Kerzen. Auf Sophies Platz blüht ein riesiger Christrosenstrauß, so groß, als hätte man alle Märchenwälder geplündert, und ein ebenso gewaltiger Strauß steht auf Ludovikas Nähtischchen.
Max, schon in seinem Hausmantel aus braunem Samt und die Haube mit der Kordel auf dem Kopf, schenkt sich Punsch ein, weist mit dem schwappenden Glas in der Hand auf die Blumen: »Von Ludwig! Ausdrücklich für die Damen des Hauses! An uns arme Männer hat er natürlich ned denkt! Prost!« Er setzt das Glas an den Mund. Ludovika nimmt es ihm ab und trinkt: »Hätt' er wirklich nicht machen sollen, der arme Bub, daß er soviel Geld zum Fenster nausschmeißt. Muß doch ned sein. Welken doch eh bloß.«
Max nimmt ihr das Glas wieder aus der Hand. »Warum trinkst dann jetzt meinen Punsch? Muß doch ned sein. Stirbst doch eh bloß.«
Ludovika überhört ihn: »Er kriegt sowenig Taschengeld und viel zuwenig zu essen – hat mir die Meilhaus erzählt. Und dabei wächst er wie nicht gescheit. Hast ja gestern gesehen! Soll

er sich lieber Essen kaufen. Vor ein paar Tagen hat ihm der Max den Teller mitten unterm Essen weggezogen – weiß ich von der Meilhaus –, und wie Ludwig den Teller wiederhaben wollte, hat der Max gesagt: ›Immer wenn's am besten ist, soll man aufhören.‹«

»Aber selber hat er weitergfressen? Was?«

»Da hat der Ludwig gesagt – hat die Meilhaus erzählt – ›Woher soll ich denn wissen, ob's jetzt am besten war, wo ich schon aufhören muß?‹«

Max lacht: »Gut! Ich sag' dir, dieser Ludwig wird ein Glückstreffer für Bayern. Zwölf Jahr isser und jetzt schon klüger wie sein Stockfisch von Vater, jetzt schon geschickter wie sein ewig taktloser Großvater. Und dann sieht er aus wie ein Prinz aus dem Märchenbuch, wie's personifizierte Königtum. Der Max is' doch bloß neidisch.«

»Soll lieber aufpassen auf sein Buam, daß ihn die Weiber ned ruinieren.«

»Hoffentlich hängen's ihm nix an. – Ja, was machst denn du noch hier?!« fährt Max Sophie empört an. »Marsch ab ins Bett!«

Schnell hebt Sophie Ludwigs Strauß aus der Vase und läuft mit den tropfenden Blumen hinauf in ihr Zimmer. Als sie die Nase in den Blütenduft steckt, tiefer und immer tiefer – denn die Christrosen riechen wirklich nach Treibhaus und Hyazinthen –, stößt sie auf etwas Hartes. Neugierig ertastet sie's – eine steife blaue Briefkarte. Auf das Deckblatt ist eine silberne Rose gestanzt und darunter steht in silberner Bodoni Antiqua:

»Still leuchtete der Sterne Pracht / Auf Erden lag die Mitternacht«. Ludwigs Weihnachtsspruch für das Jahr 1857.

Auf die Innenseite der Karte hat er mit seiner schnörkeligen Tintenschrift geschrieben:

»Liebe Tante, willst Du meine Schwester sein? Immer und ewig Dein Ludwig.«

Die Bäume ächzen und knacken im Park, als brächte der Wind Tauwetter. In der Ferne hört sie die streitenden Eltern – diese hilflosen Anschuldigungen, das wütende Gebelfer – wie ein ewiges uraltes Wiegenlied ... »Hehehe! ... Mein Bru-

der war nie taktlos ... nur weil er dir die ›Königliche Hoheit‹ ned hat geben wollen, is' er noch lang nicht taktlos! – »Hast es nicht gehört, was er beim Weihnachtsempfang beim Kaiser Napoleon losgelassen hat?« – »Was denn, was denn?« – »Die Spatzen pfeifen's von den Dächern ...« – »Sag schon, was war denn?« – »Mitten im Sektempfang soll er zum Kaiser gesagt haben: ›Mir hat eine Spanierin Unglück gebracht – mal schauen, was Ihnen Ihre Spanierin bringt.‹« »Na und?« – Die Kaiserin Eugénie mit der Lola Montez zu vergleichen ist schon ein starker Tobak ... ein starkes Stück. Soll auch alles ganz still geworden sein.« – »Senil isser! Ein Depp! Völlig plemplem ... laßt die kostbaren Grabplatten aus der Lorenzkirche einschmelzen ... Silberschmiedekunst aus dem Frühmittelalter ... Verkauft's pure Silber für sei' depperte Walhalla! ... Verjagt den Heine, holt den Geibel! Hält sich den Stieler! Ein Schwachkopf ...«
Sophie kuschelt sich tief ins Bett hinein. Der Christrosenstrauß steht auf dem Nachtkasten vor ihrer Nase. Sie ist so wunderbar von Leinen und Daunenfedern eingehüllt, das Plumeau so weich und schwer, der Ziegelstein noch heiß. Allmählich werden die Füße warm. Aber auch der harzige Kaminrauch umhüllt sie warm und fürsorglich. Alle zwei Stunden wird ein Dienstmädchen kommen und Scheite nachlegen und Sophie wahrscheinlich jedesmal wecken. Wie schön. Dann kann sie wieder auf die Blumen sehen und an Ludwig denken ... »Und dein Vater?!« Ludovikas Stimme bebt vor unterdrücktem Zorn. »Dein Vater! Zündet sein Haus an, und fragt alle Leut', wer dort wohnt ...!«
Ach Ludwig, flüstert Sophie und sieht zu den unheimlich leuchtenden Blumen hinüber, weißt du eigentlich nicht, daß man keine weißen Blumen schenkt? Helene wär' in Ohnmacht gefallen vor Angst und Aberglauben. Gut, gut! Da gibt's also Sachen, die ich dir beibringen kann: das mit den weißen Blumen – und nie über die rechte Schulter spucken – schwarze Katzen meiden – Eier nicht mit Silberlöffeln essen ... Und im Sommer werden wir ein Baumhaus bauen, drüben in Berg in die Krone der mächtigen Eberesche, und prachtvoll zwischen den roten Perlenbüscheln hocken. Als Bruder und

Schwester, Hand in Hand, werden wir ins Land hineinschauen, über den See nach Possenhofen, nach Andechs, zum Ammersee, und weit, weit hinaus – bis nach Frankreich hinüber wird unser geistiges Auge gehen – Ludwigs Traumland – Märchenland – Orplid. Und Sophie stellt sich ins Bett gekuschelt vor, wie in Frankreich andere Kinder in ihren Baumhäusern sitzen und sich rückwärts herübersehnen.

6

Es hat den ganzen Tag geregnet, die ganze Nacht und wieder einen Tag, so daß sich der Karolinenplatz rund um den Obelisken in einen See verwandelt hat, auf dem nun die Hausenten des englischen Gesandten schwimmen. Auch in den grasgesäumten Gräben vor den Häusern steht das Wasser. Sophie und Karl Theodor turnen auf den schmalen, glitschigen Brettern, die über die Wassergräben zu den Haustüren führen, herüber und hinüber. Eine gelbe Kutsche mit Rädern, die bis ans Dach reichen, schlittert an ihnen vorbei. Sophie ist schnell zur Seite gesprungen, denn sie hat ihr schönstes Kleid an. Karl Theodor, weniger reaktionsschnell, steht am Straßenrand wie ein begossener Pudel. Ein Trost und Gaudium, daß die rotierenden Riesenräder den Schmutz ebenso auf die Insassen wie auf die Passanten schleudern, denn alle Münchner Droschkenfenster sind defekt und lassen sich nicht schließen. Sophie kichert in sich hinein bei dem Gedanken an die Fahrgäste, die sich eng unter die Fenster ducken, fluchen und schimpfen und die Kotspritzer über sich ergehen lassen müssen.

Nun sind sie am Ziel ihres Spaziergangs angelangt, dem geheimnisvollen unterirdischen Pferdestall, dem berühmten Sesam-öffne-dich, dem ersten Weltwunder Münchens. Da stehen auch schon andere und warten. Die Falltür öffnet sich, man hört es im Keller rumoren – Karl Theodor drückt fest Sophies Hand. Jetzt klappen und trappen die unterirdischen Pferde auf einem hölzernen Bohlensteg bis zur Erdoberfläche am Wittelsbacherplatz hinauf. Ein Ponywagen saust um die Ecke, bremst scharf vor den herantrabenden Pferden. Ludwig lenkt den Wagen, Königin Marie sitzt im Phaethon. Ihre rosa Hutschleifen flattern im Wind. »Brrrr! Halt!« Nun hängen die Schleifen wohlgeordnet vom Kinn in den Schoß.

Ludwig will seiner Mutter diese unterirdische Remise zeigen. Ob das nicht eine nachahmenswerte Idee für Schloß Berg und

Hohenschwangau wäre? Dann würden die häßlichen Ställe vom Erdboden verschwinden, und man hätte endlich den ungestörten Blick auf die reinen Schloßkunstwerke, die pure Schönheit ohne verschandelnde Nutzbauten. Marie ist von vornherein dagegen, weil ihr Mann dagegen ist. »Viel zu teuer, Junge, viel zu teuer«, murmelt sie und wiegt den Kopf, als würde sie sich, hin und her überlegend, soeben eine Meinung bilden.

»Ah, wen sehe ich da!« Ludwig entdeckt die Geschwister, die vor Marie einen tiefen Knicks beziehungsweise Diener vollführen. »Prinzessin Sophie von Gottes Gnaden!« Und Karl Theodor fällt gleich ein: »Mit zwei Elefantenwaden!« Sophie schlägt nach ihm, aber er fährt fort: »Die vor Fettsucht schmaucht und dampft und zwei Dutzend Weißwürscht mampft!«

Ludwig lacht. »Wie hältst du's nur aus mit so einem Bruder?«

Sophie seufzt: »Keine Sinekure!«

Ludwig springt vom Bock: »Komm, Sophie, steig ein! Mama, du erlaubst doch?«

Marie sieht fasziniert weitere Pferde aus dem Orkus traben – »Viel zu teuer, leider« – sie schüttelt bedauernd den Kopf – »nein, nein« –, dann nickt sie eifrig: »Jaja, natürlich! Komm, Sophie!«, und rückt zur Seite.

Eigentlich will er mit Karl Theodor fahren, warum tut er's nicht? denkt Sophie und wundert sich, daß sie das denkt. Den hätt' er viel lieber eingeladen. »Is' ja ganz natürlich«, würde Ludovika sagen, »Buben interessieren sich für Buben... und Mädel für Mädel.«

Aber wie um Karl Theodor oder sich und seinen Wunsch zu bestrafen, beachtet ihn Ludwig nicht, sieht an ihm vorbei. Es ist fast beleidigend, wie er ihm den Rücken kehrt. Jetzt hebt er Sophie in den Wagen, und ab geht es ohne Gruß. »Ade!« ruft Sophie zurück und kichert in sich hinein. Geschieht ihm ganz recht, dem Intelligenzhuber, jetzt schaut er dumm! Endlich! Es gibt doch eine Gerechtigkeit. Und Königin Marie nimmt ihre Hand und tätschelt sie.

»Es ist wirklich ganz ganz reizend, daß ich mitfahren darf«, sagt sie zu Marie, und Ludwig auf dem Kutschbock ruft sie zu:

»Welchem Umstand verdanke ich denn diese Ehre?«, denn sie hat schon viel dazugelernt an Schliff, Koketterie und sonstigem Rüstzeug für eine dreizehnjährige Prinzessin.
»Meiner Faulheit!« gibt Ludwig lakonisch zurück, »denn wenn ich dich mitbringe, erläßt man mir den Unterricht heute abend!«
Der Wagen saust durch die Briennerstraße. Doch als Ludwig ihn nach rechts dirigieren will, reagieren die Pferde nicht, er springt vom Kutschbock nach vorn auf einen Pferderücken – Marie schreit auf – und zwingt die rasenden Tiere in die gewünschte Richtung.
Sophie beugt sich vor, hält sich am Bügel fest. O Gott, das Zaumzeug schleift flatternd über den Boden, die Zügel sind gerissen, die Pferde gehen durch. Sie will schreien vor Angst, sich aber nicht undisziplinierter zeigen als Ludwig und so hasenfüßig wie Marie. Hastig schlägt sie das Kreuz und flüstert Gebete. So rast der Wagen durch die Gassen und rattert kaum noch, denn die Schnelligkeit gleicht die Unebenheiten des Kopfsteinpflasters aus. Vielleicht sprühen schon die Funken? Sophie beugt sich hinaus, sieht ihren Rock knatternd gegen die Kutschenwand schlagen. Es fehlen nur noch ein paar Zentimeter, und die Räder werden den Rock in sich hineinschlingen und Sophie mit einem Ruck zu sich hinunterreißen. Schnell rafft sie ihre Krinoline in den Wagen und wird auf einmal vornüber geschleudert. Ludwig hat sich vorgebeugt und beide Pferde an den Nasen gepackt und mit kräftiger Faust pariert.
Der Wagen steht. Die Pferde zittern. Ludwig springt auf die Straße und öffnet den totenblassen Damen den Wagenschlag. Voilà. Sie stehen schwankend vor der Residenz, dem Ziel ihrer Fahrt. Ludwig lacht: »Ein armseliges Königshaus! Nicht einmal anständiges Zaumzeug hat es! – Das war wohl ein mißglückter Attentatsversuch?« fährt er den herbeieilenden Stallmeister an. Helle Empörung. Sofort wird der letzte Stallbursche als der Schuldige ausgemacht. Der winselt und weint und weiß gar nicht, wie ihm geschieht. Ludwig läßt ihm einen Taler schenken, damit er sich wieder beruhigt.

7

Sophie steigt hinter Königin Marie die Treppen hinauf, ein subalterner Vornehmer macht die Vorhut. Sie sieht verstohlen zur Seite in die Spiegel. Leider behindert ihr Schutenhut die volle Sicht, doch mit dieser zierlich einherschreitenden Person kann sie vollauf zufrieden sein. Als hätte sie geahnt, daß sie Ludwig treffen wird, trägt sie ihr schönes Geblümtes mit den Hammelkeulen – so nennt man die pompösen Bauschärmel, die mehr Stoff brauchen als das übrige Kleid. Und auf der Stirn trägt sie eine Ferronnière – der Bayer nennts eine Da-schaug-her. Das ist ein dünnes Goldkettchen mit einer Perle exakt auf der Mitte der Stirn – der letzte Schrei, Mutter hat sie ihr aus Paris mitgebracht. Der Hofjuwelier hätte sie natürlich auch gehabt. Sophie geht und freut sich – Hacke, Spitze, Hacke, Spitze, eins, zwei, drei und hüpf einmal! Der Schlamm hat zwar ihr Kleid verdorben, doch nicht den Gesamteindruck ihrer Schönheit. Erst gestern hat Onkel Karl gesagt, sie habe wunderbare Augen – Schlangenaugen, Aquamarinaugen. So hellblau irisierende Augen habe er noch nie gesehen.

»Ja, Gott sei Dank is' sie kein Albino worden!« war Ludovikas trockener Kommentar.

Sophie schrie entsetzt: »Aber Mama! Allein der Gedanke – !«

»Na, schau doch deine Haare an! Sind die blond? Oder weiß?«

»Sie wird kolossal Furore machen!«

»So ist's recht. Setzt ihr nur Flausen in den Kopf! Wunderbar!«

»Die wird alle ihre Schwestern überflügeln!«

Da lachte Ludovika gemütlich auf: »Wie soll denn das gehn? Mehr als Kaiserin kann sie nicht werden.«

Ludwigs Erzieher, Graf de la Rosée, tritt herein und stört den gemütlichen Tee. Gerade hat Marie vom Wetter gesprochen und wollte das Thema noch vertiefen. De la Rosée will Lud-

wig zum Unterricht holen. Doch der nimmt ruhig ein Petit-four: »Sie sehen noch, ich habe Besuch, mein Lieber.«
Königin Marie spürt den Machtkampf zwischen dem Grafen und ihrem Sohn, erhebt sich sacht mit ihrer Hofdame Redwitz und verläßt lächelnd den Raum. Sie haßt Zwist, Entscheidungen, Stellungnahmen.
Ludwig nimmt Sophie bei der Hand: »Komm, ich möchte dir was zeigen.«
De la Rosée lächelt böse: »Wie Sie wollen. Aber ich muß es Ihrem Vater melden.«
»Melden Sie, melden Sie. Er wird mich zu keiner Unhöflichkeit zwingen.«
»Ihr pflichtbewußter Vater läßt sich durch nichts und niemanden an seiner Arbeit hindern.«
Ludwig lacht und küßt galant Sophies Hand. »Außerdem, was kann ich dafür, wenn mich meine Cousine à tout prix förmlich überfällt?« Seine Stimmbruchstimme sinkt plötzlich sehr tief. Sophie kichert.
»Kümmern Sie sich lieber um meinen Bruder, mein lieber Rosée. Otto hat von Staatskunde nämlich keinen blassen Schimmer! Vor kurzem erzählte er mir, Ludwig der Vierzehnte habe den Liberalismus eingeführt und Napoleon stamme von den Merowingern ab.«
»Aber Sie werden König, nicht Prinz Otto!«
»Wer weiß?« Ludwig legt Sophies Hand auf seinen Arm. »Vielleicht schenk' ich ihm mein Königreich. Jeder wird dann fragen: Wer hat denn diesen Schwachkopf erzogen? Dann schaun Sie aber dumm aus der Wäsche.« Er lacht, und sein Stimmbruchlachen hallt in den Gängen wider, durch die sie wandern.
Ludwig sieht zu den Fresken hinauf. Die Taten Karls des Großen und des Kaisers Rotbart wandern mit ihnen mit. »Hier bin ich viel lieber als in Nymphenburg. Hier begleiten mich die großen Männer der deutschen Geschichte, während ich dort tagtäglich durch diese Galerie der Schandweiber laufen muß.«
»Schandweiber? Diese exquisiten Schönheiten? Eine ist doch deine Mama!«

Ludwig schüttelt sich vor Ekel. »Eine meiner ersten Amtshandlungen wird sein, diese spanische Hure von der Wand zu reißen, die meinen Großvater zum Trottel machte.«
»Nein, laß sie da! Papa sagt immer: ›Wenn man sie ansieht, versteht man den Alten wenigstens. Ihre Schönheit ist eine Entschuldigung.‹ Aber wenn man sie nimmer sieht ...«
Sie sind in seinem Zimmer angelangt. Seltsamkeiten aller Art, wie man sie nur bei Kindern und Alten antrifft. Auf dem Schreibtsich griffbereit *Die Französische Revolution* und der *Principe* von Machiavelli. Sie war schon oft hier, allerdings noch nie mit Ludwig allein. Immer war de la Rosée dabei, ihre Bonne oder die Geschwister. Das ist jetzt gewiß kein Zufall. Ludwig hat es so inszeniert, daß die Mutter den Tisch verließ, daß sich de la Rosée beleidigt zurückzog. Was will Ludwig von ihr? Sophie sieht sich aufgeregt um. Natürlich kennt sie seinen blauen Salon mit den Empiremöbeln, dem Käfig mit dem armen, nie zur Ruhe kommenden Eichhörnchen in der Ecke und den zwei künstlichen Händen auf dem Schreibtisch, die daliegen, um einen einbrechenden Dieb und neugierig Stöbernden gleich zu fassen. Eine typische Ludwigidee! Sophie muß wieder lachen.
Im Bücherschrank sieht sie in Schweinsleder und Rautenmuster Schillers *Wilhelm Tell*, Walter Scotts *Quentin Durward* und *Die Vision von Beethoven* vor der ersten Buchreihe stehen, also immer noch seine drei Lieblingsbücher.
Irgend etwas ist neu – aber was? Ja, die Noten! Seit wann liest Ludwig Partituren? Und darüber liegt, wie um die Noten zu verdecken, ein aufgeschlagenes Buch. *Das Kunstwerk der Zukunft* steht da in Gold auf schwärzlichroten Schlieren. Und dort, wo früher die Sanduhr lag – Ludwig hat sie gehaßt und immer flach hingelegt –, steht nun ein Marmording, eine Statuette von seltsam länglich-runder Form. *Plus jamais* ist in den Marmor geritzt, und als Sophie die Statue wendet, steht da wieder *Plus jamais.*
»Was ist das? wundert sie sich und hält es Ludwig hin. Der wird rot, dann weiß, winkt ab: »Nichts.« Er lacht, »Plus jamais halt. Hab' ich auf der Dult ergattert.« Dann zieht er die Noten unter dem Buch hervor. »Kennst du den ›Tannhäuser‹?«

»Ja, sicher. Wir haben ihn in Possenhofen hängen. Der Mann mit der Harfe im Treppenhaus überm Kamin soll der Tannhäuser sein. Sisi hat ihm mit roter Tusche die Nasenlöcher und Tränensäcke ausgemalt, daß er aussieht, als müßte er Rotz und Wasser heulen.« Sie kichert. »Das ist jetzt sechs Jahre her, und die Eltern haben's immer noch nicht gemerkt. Gehen täglich dran vorbei ...«
»Oder kennst du ›Lohengrin‹?« fragt er weiter. »Von einem Herrn Wagner. Kennst du ihn?«
»Wen?« Sie betont irritiert jedes Wort: »Den Herrn Wagner?«
Ludwig nickt.
»Ist er denn hoffähig?« Sie kichert.
»Lohengrin – Tannhäuser – eine Musik zum Sterben ...«
Sofort verstummt Sophies Kichern. Sie blickt sehr ernst und ratlos, dann blasiert: »Und warum kenne ich ihn dann nicht?«
»Bis der Durchschnittsbürger das Genie erkennt«, kommt es schneidend ironisch, »dauert es mindestens fünfzig Jahre.« Dann sagt er etwas milder: »Weißt du, Sophie, du bist die einzige im mir erlaubten, erlauchten Kreis, die Klavier spielen kann.« Jetzt wechselt der Ton ins Flehentliche: »Bitte bitte versuch's!« Er drückt ihr die Noten in die Hand. »Vielleicht kannst du's spielen. Ich weiß, es ist schwer. Manche Noten sind im höchsten Diskant, manche im tiefsten Baß. Dann laß sie einfach weg. Bitte.« Und er schiebt sie zum Klavier in der Ecke.

Also deshalb hat er sie mitgenommen und ganz für sich allein haben wollen? Er hat doch sie gemeint und nicht Karl Theodor, der allenfalls Schach spielen kann, und selbst das nicht gut. Sie wollte er haben, Sophie, sie ganz persönlich! Ach nein, eigentlich doch nicht! Soll sie sich jetzt freuen oder ärgern, denkt sie, läßt sich nieder, legt den Rock zurecht, schiebt die Hammelkeulen hoch. »Danke, Sophie, du bist ein Engel!« Er nimmt ihre Rechte, die schon auf den Tasten liegt, und küßt sie. Sophie erschauert bis ins Mark.
Und so erklingt zum ersten Mal in diesem düsterblauen Raum die Gralserzählung, zuerst mit einem vorsichtigen Finger, dann mit zweien, schließlich mit vollem zehnfingrigem Klavierklang.

Ludwig läßt sich an seinem Schreibtisch nieder, stützt den Kopf in beide Hände.
Als Sophie eine Pause macht, um sich die Noten für »Wer nun dem Gral zu dienen ist erkoren« im Kopf und auf den Tasten zusammenzusuchen, und Ludwig fest die Augen schließt, wie um seine Konzentration auf Sophie zu übertragen, kommt von nebenan Ottos matte Stimme: »Spiel weiter, Sophie – spiel ruhig weiter. Ich habe zwar schreckliches Kopfweh – mein Kopf zerspringt – zerspringt ... aber so zerspringt er wenigstens mit Sang und Klang ... und Klang und Sang ...«
Als Sophie am Abend in die Kutsche steigt, um die kurze Strecke von der Residenz zu Maxens Leuchtenbergpalais zurückzulegen, laden Forstleute im Hof einen erlegten Hirsch ab. Seine Läufe sind zusammengebunden, die Todeswunde schweißt noch, aber die Augen, die großen offenen Augen sind gebrochen. Da greift ihr der Schauder des Sterbens mitten ins Herz, daß es mit harten Schlägen antwortet. Außer sich wirft sie sich in den Wagen und treibt den Fahrer zur Eile an. Sie will zur Mutter. Sie leidet und weiß sich keinen Rat als – sie will zur Mutter.
Doch als sie zu Ludovikas Zimmer kommt, ist die Tür verriegelt. Ach Gott, sie haben wieder gestritten. Es ist immer dasselbe, banal und dumm.
»Mama!« Sophie rüttelt an der Tür, flüstert: »Mama – ?« Doch Ludovika öffnet nicht, denkt, es ist ein Trick von Max, der diabolisch grinsend hinter seiner Tochter lauert.
»Mama, ich bin so furchtbar traurig.«
»Das mußt dir abgewöhnen. Das führt zu nix!« tönt es resolut aus Ludovikas Zimmer.
»Was soll ich denn tun?« Sophie drückt schüchtern die Klinke.
»Geh schlafen! Das ist das beste! Gut' Nacht!« Ludovika leckt an ihrem Zeigefinger und blättert um. Jetzt liest sie *Die Kameliendame* zum vierten Mal und muß jedesmal von neuem weinen.
Später kriecht Sophie zur Amme ins Bett. »Müssen wir wirklich alle so sterben wie dieser Hirsch? Du und Papi und die Mama und die Nene ... der Gackel? Sehen wir uns dann wirk-

lich im Himmel wieder, genauso wie hier? Und wird dann auch der arme Hirsch da sein und wieder im Wald springen können?«

»Bei Tieren weiß ich's nicht. Aber dei' Mama siagst bestimmt wieder.«

»Nicht den Hirsch?!« schreit Sophie auf.

»Den ham's ja scho' gessen.«

Sophie weint. Und da sie sowieso nicht schlafen kann, fällt ihr Otto wieder ein. Wie Ludwig und sie ihn zu beruhigen versuchten und Ludwig zuletzt auch Kopfschmerzen hatte und Sophie nicht mehr spielen durfte, weil Otto sofort aufschrie, wenn sie auch nur eine Taste anschlug. »Ach, bin ich traurig«, murmelt Sophie. »Warum sind nur alle so traurig?«

Die Amme nickt: »Im Februar besonders. Da hat niemand mehr Kraft vom langen Winter, und der Sommer is' no' so weit. Jaja, Sopherl, Freude lernst viel schwerer wie Schmerz. Schmerz lernst von ganz allein.«

Da muß Sophie lachen, weil es so dumm klingt und doch stimmt.

»Siagst, jetzt lachst wieder. Jetzt bist gscheit.«

Sofort fällt ihr der Hirsch wieder ein, sein offenes Maul, seine glasigen Augen. Und wie sich ihre Trauer weder steigern noch lindern läßt, muß sie wieder an Otto denken. Und so geht es hin und her, die ganze Nacht.

8

Es ist so wunderbar, wenn Max seine Anfälle von Jugend und Übermut bekommt, dann vibriert das ganze Haus.
Ein markerschütternder Pfiff schrillt durch den Hof: Max kann wie ein Fuhrmann pfeifen.
Sophie springt von ihrer Französischarbeit auf und aufgeregt ans Fenster.
Max war vorgestern im Hoftheater, im *Giselle*-Gastspiel der berühmten Lucile Grahn. Und wie es in der Oper so wundervoll duftete und im Lauf des Abends der Tannengeruch immer betörender wurde, da ging es ihm plötzlich durch den Kopf: Das sind ja echte Bäume! Der Wald der gestorbenen Bräute ist wie Duncans Wald auf die Bühne gewandert. Und genau das macht diese Aufführung so exzeptionell, diese Mischung aus Echtheit und Kunst, daß die Bühne nach Tanne und Kleister riecht. Das ist Kühnheit! Das ist Kunst! Die Willis tanzen im echten deutschen Tannenwald!
Und heute früh, als es noch dunkel war, fuhr er mit ein paar Holzfällern und seinen Artusbrüdern hinaus in den Forstenrieder Park.
Jetzt laden sie die erlegten Tannen und Fichten ab, und durch das Hoftor kommt Maxens großer Pschorrwagen gefahren, den er sich für seine Faschingsgaudis vom alten Pschorr hat schenken lassen. Einmal war auf dem Wagen eine Riesensphinx aus Pappmaché aufgebaut, die mit der Nase wackeln konnte; einmal war er nur mit Freibier beladen, was den Münchnern sicher am besten gefiel.
Die Männer werfen die Bäume auf den Faschingswagen. Die größten und schönsten aber stellen sie auf. Schön sieht es aus, wie der Wald auf dem Wagen an den Küchenfenstern und Kellergittern vorbeischwankt.
Max und seine Kumpane sind im Haus verschwunden. Sophie läuft mit wehendem Haar die Treppe hinunter, immer zwei Stufen auf einmal. Ihr Nachmittagsunterricht beginnt erst um

fünf, und das hier riecht nach Raus aus dem Alltag und Schulfrei!
Sophie ist jetzt zwar schon sechzehn, hat aber immer noch die Mentalität eines kleinen Mädchens. Die Tage sind streng reglementiert. Alles ist ihr verboten. So kann sie auch nicht erkennen, was notwendigerweise, was anstandshalber, was prinzipienhalber verboten ist. Im Heimlichtun hat sie's zu größter Fertigkeit gebracht. Es passiert nur noch selten, daß sie sagt, was sie meint, und glaubt, was sie sagt. Mit zehn war ich schon viel weiter, als Mensch und moralisches Wesen und überhaupt, denkt Sophie.
Sie läßt sich vom Kutscher auf den Wagen heben. Der Februarwind reißt in die fliehenden Wolken am Himmel. Da steht sie nun unter den rauschen Bäumen wie Robin in seinem Sherwood Forest, und unten grinsen die Holzfäller, alle »such outlaws like her and her Daddy«. Zur Zeit muß sie mit ihrer Miss die Sherwood-Saga durchackern. Als könnte diese vertrocknete Jungfer dieses wunderbare Märchen verstehen! Die kann doch nur Englisch, und riecht aus dem Mund.
Der Himmel blüht plötzlich in allen Farben auf, und die westliche Schloßhofwand leuchtet rosig. Sophie winkt in das Schattenbild hinein, als sich die Hoftüre öffnet und Max, halbnackt, nur mit Lendenschurz und goldenen Sandalen an den Füßen, in die kalte Februarsonne hinaustritt. Hinter ihm trippeln acht junge Frauenzimmer mit langen Haaren und wehenden Schleiern. Die Fenster im Palais öffnen sich halb und verstohlen, und die Stubenmädchen und Kammerkätzchen kichern und prusten in den Hof hinunter. Die jungen Frauen in Maxens Gefolge setzen ihr süßestes Lächeln auf, winken kokett zurück und lassen sich vom Kutscher auf den Wagen heben. Der wischt sich den Schweiß von der Stirn.
»Weg da, Kamerad, ich fahre!« Max schiebt ihn beiseite, schwingt sich auf den Bock und ruft, daß es von den Wänden widerhallt: »Ich bin Endymion, der Rosselenker! Und das sind meine Nymphen und Dryaden!« O Gott, wieviel Sherries hat er wohl heute gekippt?« denkt Sophie, und die Unternehmung gefällt ihr nur noch halb so gut. Die Nymphen lagern

sich trippelnd um Sophie herum, die sich in Erwartung des Anfahrtsrucks an zwei Bäumen festklammert.
»Ah, Sophie, du bist natürlich die Göttin Diana! Du bist Diana mit ihren Gespielinnen!« grölt Max nach hinten. »Hast du kein besseres Gwandl?! Bissel was Freieres? Legereres?«
Da kommen auch schon die Kammerkätzchen aus dem Haus gelaufen und reichen Sophie kichernd einen gewaltigen weißen Rock hoch, Ludovikas abgelegten Festtagsunterrock. Und mit Pfeifen, Lachen, Johlen und Klatschen von den unteren Rängen, den Kellerfenstern des Küchenpersonals, bis zur Galerie hinauf, den Dienstbotenfenstern unterm Dach, setzt sich der Wagen langsam in Bewegung. Die Bäume schwanken.
Als Ludovika mit ihren Hofdamen und der Gouvernante eine Stunde später aus der Nachmittagsandacht kommt, sieht sie ihren Mann, nackt bis auf den Lendenschurz und die goldenen Sandalen, einen schweren fichtenbewachsenen Brauereiwagen im Karree rund um den Hof kutschieren. Ihre sechzehnjährige Tochter steht darauf, halbnackt und in dramatischer Pose, umgeben von ordinären Frauen, die bestimmt nicht hoffähig oder ihr vorgestellt worden sind. Hinter dem Fliegengitter der Küchenfenster, an allen Fenstern, auf dem Hof, überall glotzt, feixt, kichert, prustet das Personal.
Erst will sie in Ohnmacht sinken wie die Gouvernante neben ihr, doch bei Max wirkt das nicht, und so stößt sie einen hohen schrillen Schrei aus. Der Wagen hält.
»Zieh dir sofort was an!«
»Aber Mama«, lacht Sophie, »Papa ist der Wagenlenker Endymion, ich die Göttin Diana, und wir proben für den Faschingszug!«
Max verbeugt sich ironisch vom Bock herab: »Ist's gestattet?«
Ludovika schreit verzweifelt: »Du bis kein Endymion, sondern ein gschpinnerter Uhu! Und das Kind laß mir in Ruh!«
Da setzt Max das Jagdhorn an den Mund und bläst ein Halali, und die lieblichen Jungfrauen öffnen ihre Mäuler zu einem grölenden Männergesang: »Der Jäger aus Kurpfalz, der Jäger aus Kurpfalz, der reitet durch den grünen Wald und schießt das Wild einher, grad wie es ihm gefällt ...«
Die Leute im Hof und an den Fenstern lachen und klatschen

wie wild. Ein paar livrierte Diener hüsteln vornehm, sehen zwischen Max und Ludovika hin und her, versuchen ihm amüsiert, ihr anerkennend zuzulächeln, einen Januskopf müßte man haben. Schließlich klatschen sie vorsichtig in ihre Handschuhe.

»Mein Gott, mein Gott, ich bin in einem Narrenhaus!« Ludovika eilt zum Tor. Da springt Max, seinen Kameraden zufeixend, vom Bock und folgt ihr pflichtschuldigst. Auch Sophie hüpft schnell vom Wagen und reißt dabei einen spannenlangen Triangel in den Staatsunterrock. Sie läuft den Eltern nach. Die wiedererwachte Gouvernante und die Hofdamen überholen sie.

Die Hundemeute stürzt aus dem Palais, umkläfft ihre entgegeneilende Herrin. Ludovika hat Tränen in den Augen. »Wir sitzen in der Kirchen – ich geh' in die Kirche – und derweil – «

Max versucht sie zu besänftigen: »Kein Mensch zwingt dich, in die Kirche zu gehen ...«

Die Gouvernante warnt: »Assez ... assez, les domestiques!« und legt den Finger an den Mund.

Ludovika, eine Spur lauter: »... und derweil verlustiert sich mein Herr Gemahl ...«

Max unterbricht sie: »Ja, was willst jetzt? Daß ich mir was anzieh'? – Oder was?«

Sie hat das erste Stockwerk erreicht, keucht: »... und derweil verlustiert sich mein Herr Gemahl mit seinem Gschpusi und seinen zwei Bankerten!«

Max hebt drei Finger: »Drei Bankerten!«

»Füttert die Wildschweine! Mit diesen Menschen! Im Forstenrieder Park! Am hellichten Tag!« Ludovika weint.

»Hättst es lieber in der Nacht?«

»Assez, assez ... les enfants!« ruft die Gouvernante erschrocken. Karl Theodor und der kleine Mapperl kommen die Treppe heruntergerannt.

Ludovika: »Wer bist du schon?! Einmal im Monat! Darauf kann ich auch verzichten!«

»Voulez-vous parler ad usum delphini!« Die Gouvernante hebt beschwörend die Hände.

»Ich schon längst! Ich schon längst!« schreit Max grimmig

zurück und versucht Ludovikas Pelerine zu packen. Doch sie ist schneller, hat das zweite Stockwerk erreicht, eilt in ihr Zimmer, wirft die Tür zu und schließt sich ein. Max rüttelt an der Klinke und wirft sich, immer noch im lächerlichen Lendenschurz, gegen das Holz, daß die Fugen zittern.
Die Gouvernante ist in die Arme der hurtig herbeieilenden Hofdamen gesunken. Karl Theodor schiebt Sophie, Mapperl und die Damen samt Gouvernante schnell in ein Zimmer und scheucht die Dienerschaft in die Küchenregion zurück.
Max wirft sich mit Getöse gegen die Tür.
»Hör auf, hör auf!« kreischt Ludovika. »Der Kalk löst sich von den Wänden.«
Und Max antwortet, jedes Wort bedeutungsschwer betonend: »Ja, ja, der Kalk rieselt schon!« während sein Körper die Tür rammt, daß die Bohlen krachen.
Karl Theodor hebt die kühle Stimme der Vernunft und Ironie: »Könntet ihr euch nicht mal vertragen? Zur Abwechslung?«
Und Sophie ruft weinend: »Schließlich sind wir doch eine Familie!«
»Wie die Atriden!« ruft Karl Theodor lachend. Er kann seine Eltern einfach nicht mehr ernst nehmen.
Nicht alle Hunde haben Ludovikas Zimmer erreicht, zwei kratzen noch an ihrer Tür, verlangen winselnd Einlaß. Sonst ist es still geworden. Eine ferne Standuhr schlägt, die Turmuhr der Ludwigskirche hallt hinterher. Sophie hört Ludovika vorsichtig die Tür öffnen und leise die Hunde locken – sie hätte sie warnen wollen, doch da gellt auch schon Maxens Triumphgeschrei durchs Haus. Er ist in ihr Zimmer eingedrungen.
Die Szene beginnt von neuem. Ein Scharmützel aus Wörtern, die ewig klagen und treiben in ihrer kleinen Hölle, bis sie, Mann und Frau, Frau und Mann, eines Tages verstummen und keiner mehr den anderen eines Wortes würdigen wird. Noch ist es nicht soweit.
»Nun sattelt mir mein Pferd, nun sattelt mir mein Pferd und legt mir drauf den Mantelsack allhier auf grüner Heid, allhier auf grüner Heid ...« grölt es vom Hof herauf, und Sophie läuft hinaus in den Gang, in ihr Zimmer hinüber, wirft sich aufs

Bett, drückt das Gesicht ins Kissen und hält sich die Ohren zu. Dunkelheit. Stille.
Wenn nur Sisi käme! Sisi mit ihrem Hofstaat! Da ändern sich die Eltern immer schlagartig, denn das Haus wimmelt von Zeugen. Da wagen sie keinen Streit. Nach außen sind sie immer comme il faut.
Papa hat recht, Mama hat recht, beide haben unrecht.
Und dann sagt er, sie habe gesagt, daß er gesagt habe, aber das hat er bestimmt nicht gesagt, und wenn sie das noch einmal sagt, dann ... Es ist ein Gezänk von dämonischer Banalität. Jetzt kommt wieder ihre Hochzeitsnacht aufs Tapet, in der Ludovika Max in die Heizungsräume des Tegernseer Schlosses führte, ihn mit naivem Augenaufschlag fragte, wie wohl diese Öfen funktionierten, und während er dem süßen Dummerle Heizungstechnik zu erklären versuchte, sie fix die schwere Tür zuwarf und von außen verriegelte. Sophie kennt die Geschichte auswendig, kann sie herbeten. Für Ludovika war es ein hilfloser Scherz, mit dem sie noch einmal gegen diese Ehe protestierte, für ihn eine Blamage, die ihn ins Herz und noch tiefer traf, denn es blieb ja nicht geheim. Nicht sie hat ihn am Morgen befreit, sondern das kichernde Schloßpersonal. – Und Ludovika zählt gebetsmühlenhaft seine Seitensprünge auf ... in München ... in Pöcking ... in Ägypten ... aber in Spanien: tausendunddrei! Tausendunddrei! Sie können einfach nicht zur Ruhe finden.
Ludwig wäre anders. Nie würde sie wagen, ihn einzusperren. Aber er hätte auch keine Liäsonen, nein, bestimmt nicht! Er hat glühende Leidenschaften – für alles Große, Edle, Schöne – und auch für die Politik! Wie oft hat er sie schon gelangweilt, wenn er raffinierte Szenarien einer bescheidenen bayerischen Gebietserweiterung oder Machtvermehrung entwarf, die funktionieren könnten, wenn die Mitspieler ebenso intelligent und friedliebend agierten wie er. Er hat in leidenschaftlichen Philippiken gegen die päpstliche Politik und die bayerischen Ultramontanen gewettert, aber daß er irgendwann einmal ein Mädchen erwähnte? Eine Frau? Sophie erinnert sich nicht. Ja, sicher, er spricht viel von Sisi, aber mehr von ihrem hohen, edlen Rang und ihrer Würde. Er kennt sie ja kaum.

Also entweder heiratet sie Ludwig ... doch was ist, wenn er sie gar nicht will? Ein gräßlicher Gedanke! Dann muß sie den Erzherzog Viktor nehmen, das verzogene Bürscherl, oder den Herzog von Württemberg, von dem Sisi so abrät. Oder sie geht ins Kloster! Warum eigentlich nicht? Als Äbtissin könnte sie regieren, nicht nur in die Klosterpolitik eingreifen! Hildegard von Bingen, Roswitha von Gandersheim – Sophie von Bernried! Voilà! Hat nicht die Äbtissin von Kloster Elbing einen Volksaufstand zuwege gebracht, als das katholisch-polnische Elbing protestantisch-preußisch werden sollte, nur weil der bockshörnige August wieder einmal Geld für eine Mätresse brauchte und Elbing an den Preußenkönig verschacherte? Oder war der da noch Kurfürst? Egal! »Als Nonne muß dir das Herz nicht brechen«, hat ihr Ludovika mal ins Ohr geflüstert, als sie die Englischen Fräulein besuchten, »der himmlische Bräutigam bleibt dir treu bis in den Tod! Den ertappst ned in flagranti!«
Als er jünger war, hat sich Ludwig oft als Nonne verkleidet. »Das mußt du auch probieren, Sophie! Unbedingt! Nie bist du so inkognito! Vor einer Nonne zeigen sie Respekt und keine Neugier. Beim Kronprinzen ist's genau umgekehrt. Jedes Pack glaubt mich kritisieren zu dürfen. Vor einer Nonne knien sie nieder, und wenn's die dümmste Gans wär. Ich war in der Tracht der Vinzentinerinnen und konnte mit der Flügelhaube nur seitlich durch die Domtür. Die hat mir ein kleiner Hausel ehrerbietig aufgehalten, weiß du, so ein Spießbürger mit dazugehöriger Spießbürgerin. Sie hat ihn angerempelt, er soll mal ausnahmsweise Kavalier sein. Dann hat sie mir ehrerbietig zugemurmelt, ich wär' ein gscheits Madl, denn ›Schönheit vergeht, Tugend besteht‹.«
Sie haben unmäßig gelacht damals. Sophie kichert bei dem Gedanken daran ins Kissen. Wie Ludwig unbedingt zur Nachahmung riet: »Deine wunderschönen blauen Augen würden in der Nonnentracht leuchten, Sophie.«
»Und dich hätt' ich gern gesehen, mit deinen dunkelblauen Augen – «
Doch da protestiert er sehr energisch: »Meine Augen sind grau, stahlgrau! Blaue Augen würden mein Gesicht versüßli-

chen, verweichlichen, verweiblichen! Pfui! Grau ist herb, grau ist nüchtern, Gott sei Dank.«
Wie es ihm wohl geht? Und Otto? Sie hat die beiden lang nicht mehr gesehen. König Max soll krank sein. Was fehlt ihm? Man weiß es nicht. Lungensucht. Dann wieder Gallensucht. Rheumatisches Fieber. Jeden Tag ein neues Bulletin, eine unheilvolle Diagnose. »Ich weiß, daß ich nichts weiß«, sollte die Standeslosung der Ärzteschaft sein.
»Heihi, heiho. Gar lustig ist die Jägerei. Allhier, allhier auf grüner Heid ...!« so grölt es und trabt es die Treppe herauf. Sofort ist Sophie hellwach. Ah, Max hat seine Kumpane zum Abendessen gebeten, sucht Beistand gegen seine Frau! Unter diesen Umständen könnte man sich sogar herunterwagen und am Mahl beteiligen. Sie muß nicht verzweifelt nach Konversationsstoff suchend zwischen den eisig schweigenden Kombattanten sitzen. Sie bewundert Karl Theodor, dem diese schreckliche Stimmung bei Tisch nichts ausmacht. Er ißt und liest währenddessen in dem Buch auf seinen Knien, blättert seelenruhig die Seiten um – er muß studieren, jeder sieht das ein. Und wenn von Ludovikas Tischende ein ironisch schrilles Gelächter kommt, sieht er gedankenverloren heiter nach links zu ihr hin. Wenn dann Max mit einem sardonischen Wiehern antwortet, blickt Karl Theodor geistesabwesend, belästigt, als verböte er sich den Lärm, nach rechts zum Vater hinüber. Dann wieder haßgeladenes Schweigen. Die Gouvernante flüstert hysterisch kichernd: »La civilisation est en marche«, und Mapperl rutscht auf dem Stuhl hin und her und fragt, wann er endlich wieder zu seinen Bleisoldaten darf.
Nein, Sophie will nicht zum Essen kommen, trotz Maxens netter Freunde. Sie legt den Kopf auf das Kissen, zieht die Decke über sich. Wenn nur Sisi käme mit ihrem Hofstaat ... Sophie gähnt – und dämmert hinüber in Traum und Vergessen. Vor dem Fenster leuchtet ein leichengrüner Mond. Das bedeutet Regen. – Ludwig und Otto haben es gut. Deren Eltern streiten nie. Die sind sich so sicher in allem und einig, ein Herz und eine Seele; sogar in der Kindererziehung: Zimmerarrest, Essensentzug, Prügel. In den Berchtesgadener Sommerferien wurde Ludwig einmal so schlimm bestraft, daß er

Berchtesgaden seither meidet und bestimmt nie mehr freiwillig dorthin fahren wird.
Niemals würde Max zulassen, daß Ludovika sie schlägt. Niemals würde Ludovika zulassen, daß Max sie schlägt. Was ist nun vorzuziehen? Eltern wie Pech und Schwefel oder wie Hund und Katz? Sophie denkt jetzt schon, mit sechzehn, voll Wehmut an ihre Kindheit zurück. Das würde Ludwig selbst als alter Mann nicht tun.
Acht Monate war er alt, als seine Amme am Nervenfieber starb. Ludwig wurde todkrank. Seine Eltern waren in Berlin und wollten sich den Säugling nachschicken lassen. Fünf Tage dauerte so eine Rüttel- und Schüttelreise von München nach Berlin. Ludwig I. hat es verhindert: »Ich kann doch meinen Enkel nicht ermorden lassen, auch nicht von seinen eigenen Eltern!«
Mit vier erkrankte Ludwig an rheumatischem Fieber und hatte furchtbare Schmerzen. Er spricht nicht darüber, auch nicht davon, daß sein Vater seine heißgeliebte Schildkröte hat töten lassen, weil sie ihn nach Meinung eines Lehrers vom Lernen abhielt. – Vom Damenstift erzählt er gern! Als er mit Mutter und Bruder all die Pensionsmädchen besuchte und mit Otto und den Mädchen kochen, backen und mit den Reibeisen, Mörsern und Modeln der Puppenküche hantieren durfte. Das war ein schöner Moment für Ludwig ... auch die Besteigung der edelweißübersäten, sommerbunten Fischunkel ... Sophie gähnt, die Läden vor dem Fenster klappen. Ein Sturm kommt auf. Sie läuft zum Fenster, will die Läden verriegeln. Da sieht sie die Wolken über den Mond jagen und den See zu ihm hinaufglitzern. Ach, ist sie jetzt in Possenhofen? Manchmal wird sie ganz wirr, und nichts mehr ist sicher in dieser Welt. Der Regen klatscht gegen die Scheiben, und der Sturm heult durch den Regen. Sie sieht das Wasser steigen und steigen. Der See schwillt an. Die Fensterläden schlagen ihr entgegen. Als sie sich knarrend wieder öffnen und das Bild freigeben, ist der See zum Meer geworden. Ein großes Schiff taucht aus der Dunkelheit auf und steuert auf Sophie zu. Es legt am Fenster an. Sophie steigt schlafwandlerisch auf die Fensterbrüstung und balanciert über ein glitschiges Holzbrett zum Schiff hinü-

ber. Lichter schwimmen im Wasser, und mit einem Schritt, so scheint es, ist sie vom Schiffsrand im Nichts. Musik weht von ferne her. So könnten die Sphären klingen, denkt sie, Ciceros Sphärenklänge, so silbern, so süß – eine Musik zum Sterben –. Das Schiff fährt auf die See hinaus. Sophie steht an der Reling und schaut ins Wasser. Da sieht sie unter den Wellen ein einsames Mädchen mit einem goldenen Reif im wehenden Haar unverwandt zu ihr heraufblicken. Sophie beugt sich weiter über das Geländer, um es besser sehen zu können. Da sind mittelalterlich gekleidete Menschen, und tief unten vom Grund des Sees taucht ein Schwan zu ihr empor. Er schwimmt auf sie zu, und hinter ihm in einem kleinen Nachen steht ein Ritter in silbernen Rüstung ...

9

Ein leises Kichern neben ihr, und Ludovika flüstert: »Mei, san des Texte ... is' ja grauenhaft.« Und Max, der hinter seiner Frau in der Loge sitzt, spricht-singt halblaut mit, jedes Wort bedeutsam hervorhebend: »Nie sollst du mich befragen noch Wissens Sorge tragen, woher ich kam der Fahrt, noch wie mein Nam' und Art ... Ja, da legst di nieder! Der Wagner is' sein eigener Schikaneder!«
Sophie sitzt mit ihren Eltern im Opernhaus in der Familienloge. Vorn auf der Bühne steht Elsa von Brabant, das Mädchen mit dem Goldreif im Haar. Doch jetzt ist sie ein zentnerschweres Weib geworden, mit hochrotem Gesicht und einem kleinen gelben Haarknödel auf dem Kopf, eine Sängerin halt. König Heinrich und das Volk umringen sie. Der Schwan ist herangeschwommen, Lohengrin dem Nachen entstiegen und singt: »... woher ich kam der Fahrt, noch wie mein Nam' und Art.« Herzog Max neben ihr schießt mit Hilfe eines Gummis ein Zettelchen in die Loge eines Artusbruders, dicht an der Königsloge vorbei. Indigniert sehen das Königspaar und Prinz Otto zu Herzog Max hinüber. Nur Ludwig läßt sich nicht stören. Er lauscht gebannt.
König Max murmelt zwischen den Zähnen: »Mein Gott, die arme Ludovika. Mit so einem Hanswurst zum Mann.« Daraufhin nickt Königin Marie freundlich zu Ludovika hinüber. Ludovika verbeugt sich devot zurück, vor sich hin flüsternd: »Mein Gott, der arme Max. Mit so einer faden Nocken zur Frau.«
Herzog Max, in seinem lauten Flüsterton: »Warum? Die passen doch zsamm! Er ist fromm, sie frömmer. Er ist dumm, sie dümmer.« Ludovika kichert.
Sophie versteht durch das Hin- und Hergewispere den Text nicht, flüstert aufgeregt: »Fragt sie jetzt?... Bricht sie jetzt ihr Versprechen?... Hat sie schon gefragt? ...« Die Eltern wissen es auch nicht. Die Gouvernante, die Max am liebsten zurechtge-

wiesen hätte, es aber natürlich nicht wagt, stürzt sich um so wütender auf Sophie: »Psssssst! Psssssst«, spuckt sie ihr von hinten ins Ohr. Aber Sophie läßt sich nicht abbringen: »Fragt sie jetzt?«

»Achtung!« Ludwig, nur durch die Logenwand von ihr getrennt, hebt den Finger, flüstert ihr zu: »Jetzt!«

Ludwig und Sophie lauschen fasziniert. Vorn auf der Bühne singt die Sängerin Aufgeregtes. Sie hätte ihre Frage wohl gern rückgängig gemacht. »Doch kaum ist ihr das Wort entfahren, würd' sie's im Busen gern bewahren ...«, geht es Sophie plötzlich durch den Kopf. Mein Gott, wo hat sie das nur gehört? Das wird sie jetzt wieder Tage verfolgen. Das ist wie eine Krankheit! Reime, die nicht nur in den Kopf, sondern auch ins Blut gehen! Als sie vier war, sang sie überall, im Schloß, im Palais, im Garten, am See – immer und immer wieder: »Dornröschen schlief wohl hundert Jahr, hundert Jahr, hundert Jahr«... ad infinitum ... bis sie sechs war. Karl Theodor schrie und hielt sich die Ohren zu: Entweder man bringt das Kind um oder er sich selbst. Das kann ja keiner ertragen.

Mit zehn war's ein Vierzeiler über den Mond: »Alt ist er wie ein Rabe, kennt manches Land, mein Vater hat als Knabe ihn schon gekannt.« Und sie dachte sich Max, so klein wie Mapperl, mondbeschienen zum Mond hinauf blickend und viel dummes Zeug quäkend, während ein Rabe schwarz und schwerfällig quer über die große goldene Scheibe flattert.

Oft war's auch Musik! Da hat sie zum Beispiel gebetsmühlenhaft gesungen: »Ach, ich fühl's, es ist verschwunden, eewiiig hiin mein gaanzes Glück« oder »der Liiebe Glück« – sie weiß es nicht mehr. Ludovika hat die Hände überm Kopf zusammengeschlagen und gerufen: »Kind! Was is' denn los? Was hast denn? Und was machst' für a Gsicht? So nimmt di keiner, aber gwiß ned!« Auf der Stelle war sie verstummt, denn sie wollte ja genommen werden. Eine sitzengebliebene Prinzessin! Bei diesen Eltern bleiben? Lieber sterben! – »Doch kaum ist ihr das Wort entfahren, möcht sie's im Busen gern bewahren ...« – Sophie kichert. Der Vorhang fällt.

»Was?! Warum fällt hier der Vorhang?! Jetzt kommt doch die ›Verwandlung auf offener Bühne‹!« Ludwig schlägt empört in

seinem Textbuch nach. »Ach, es ist doch ein elendes Provinzbrettl! Schaffen's wieder die Verwandlung nicht!«
Das Herzog- und das Königspaar verlassen mit ihrem Gefolge die Logen. Ludwig bleibt sitzen, also auch de la Rosée hinter ihm. Er trauert dem schönen Opernbuffet nach, zu dem König Max seine Begleitung in den Pausen einzuladen pflegt. Sophie wollte auch gehen, jetzt setzt sie sich wieder: »Hättest du den Lohengrin gefragt?« Ludwig schüttelt den Kopf: »Niemals. Ich wäre ihm gefolgt bis ans Weltenende – bis Monsalvat.«
»Kommst mit raus?«
Ludwig schüttelt den Kopf.
Sophie befiehlt der hinter ihr wartenden Hofdame: »Zwei Eis für uns! Und bitte schnell!«
Ludwig murmelt halblaut: »Für mich nicht.«
Der Logendiener wagt einen Witz und ruft ihr nach: »Für mich schon!«
Sophie rückt an die Logenwand: »Freut mich, daß Onkel Max wieder gesund ist.«
»Es geht ihm nur besser.«
»Was hat er denn?«
Ludwig zuckt die Achseln: »Das hier ist seine erste Amtshandlung seit langer Zeit und kein Vergnügen. Das nimmt auch mir einen Teil des Vergnügens. Wenigstens haben sie mich jetzt allein gelassen –«
»Nicht wahr, dieses Geschwätz ist entsetzlich.« Und sie rückt noch näher an die Logenwand, beugt sich über die Brüstung und betrachtet ihn bewundernd.
Ludwig fühlt sich durch ihre Nähe bedrängt. »Wie geht's deiner Schwester?«
Sophie lacht. »Ich weiß schon, welche du meinst«. Sie seufzt altklug. »Na ja, wie's so geht. So eine Kaiserin hat's halt schwer!«
Ludwig nickt ernst. »Das glaub ich«, sagt er und versinkt in Träumerei.
Das kann Sophie nicht ertragen, sie fühlt sich alleingelassen. Schnell fragt sie: »Soll ich dir verraten, warum's so oft nach München kommt?« Sie schaut listig. Ludwig nickt. »Weil un-

ser Franziskaner die Messe viel schneller liest. In Wien, sagt die Sisi, geht der ganze Tag mit dem Kirchgehen drauf. Man kommt zu gar nix Gescheitem mehr.«
Ludwig lacht.
»Was hast du für ein schönes Kreuz? Kenn' ich gar nicht?«
Ludwig nimmt sich die Kette vom Hals: »Von der Tante Beauharnais. Willst du's?«
Sophie hat schon den Kopf über die Brüstung gereckt. Ludwig legt ihr die Kette um. Er lächelt: »Als sie nach Schweden gegangen ist, hat sie alles Katholische verschenkt. Es ist eigentlich ein Rosenkranz.«
Sophie betrachtet fasziniert die funkelnd roten Steine. Wie Blutstropfen, denkt sie und ist froh, daß sie diesen unoriginellen Vergleich nicht geäußert hat. »Rubine oder Granate?«
»Glaubst du, ich verschenk' Granate?«
Sophie nestelt geziert an der Kette: »Aber nicht, daß du denkst ... ich fühle mich wirklich beschämt ... Alle erwarten von dir, daß du ihnen was schenkst ...«, redet sie konfus Ludovikas Sätze nach und merkt, daß sie bei ihr nicht stimmen. Das Blut schießt ihr heiß in den Kopf. Ach, jetzt ist sie auch noch häßlich, mit knallrotem Kopf und Schweißhänden, und so traurig, so sterbenstraurig ist ihr zumut, sie weiß gar nicht warum.
Der Erzieher beugt sich vor: »Ja, mein Prinz, das ist wirklich eine Manie von Ihnen ... dieses ständige Schenken.«
»Aber mein lieber Graf!« Ludwig legt den Kopf in den Nacken. »Warum sollt' ich nichts schenken? Mir gehört doch eh alles.« Er lächelt Sophie dabei zu, streicht kurz und tröstend über ihre Hand, denn er hat ihre plötzliche Verwirrtheit gespürt. Sophie sieht ihn verzaubert an, nickt unbewußt, wie zur Bestätigung. Natürlich gehört ihm die Welt und noch viel mehr, alles, alles! Wem sonst, wenn nicht ihm, dem schönen Engel? Ach, wenn er sie nur in die Arme nähme und ... Sie schlägt die Augen nieder, weil man das nicht einmal denken darf.
Ludovika ist in die Loge getreten. »Pscht pscht ...«, bedeutet sie dem nachfolgenden Max, leise zu sein. Gerührt und vielsagend weist sie auf das junge Paar. Max schlägt die Augen gen

Himmel und persifliert seine Frau, indem er zu hecheln beginnt wie ein gieriger Hund mit sabbernden Lefzen.
Der Kardinal, mit dem Max sich gerade noch angeregt unterhielt, steht breit und bereit zur Fortsetzung des Gesprächs in der offenen Logentür: »Auch bei diesem sogenannten Kunstwerk vermisse ich den göttlichen Funken!«
Im Nu sitzt Sophie wieder gerade, verbirgt den Rosenkranz unter dem Kleid, damit niemand ihn sieht und ihr wieder wegnimmt. Ludwig atmet auf. Er wußte beim besten Willen nicht mehr, womit er seine elegisch verliebte Cousine unterhalten sollte.
»Ja mei, wo is' der schon, der ›göttliche Funke‹?«
Der Kardinal hebt den fetten Finger: »Versündigen Sie sich nicht, Frau Herzogin! Wenn ich da an Mozart denke! Das ist eine Musik, wenn ich so sagen darf – wie aus dem Tagebuch Gottes.«
»Das hat Ihr Kollege Coloredo ja auch messerscharf erkannt«, sagt Ludwig und tut, als läse er eifrig im Textbuch, damit er nicht aufblicken muß, »Wahrscheinlich erkennen Sie jetzt Herrn Wagners Genie ebenso konzis, präzis und genau.« Er blättert um.
»Bravo, Ludwig, bravo! Du nimmst mir das Wort aus dem Mund!« Max setzt sich, und Sophie stottert, aufgeregt glucksend, ins Gespräch der Großen hinein: »Bis der Durchschnittsbürger das Genie erkennt, dauert es mindestens fünfzig Jah...« – »Pscht!« zischt Ludovika vor sich hin – man weiß nicht, wen sie meint, Sophie, Max oder Ludwig – und wendet sich verbindlich um: »Kommen Sie, Eminenz, prenez place!«
Die Musiker beginnen die Instrumente zu stimmen, darüber ein Stimmengewirr, Geplauder und Lachen.
König Max ist in seine Loge getreten. Alle erheben sich und klatschen. Die Gaslichter werden abgedreht, die Musik setzt ein. Der Kardinal verläßt leise den Raum. Der Diener zieht die Tür hinter ihm zu.
Ludovika stößt Sophie ins Kreuz: »Grad halten!« und dann: »Könntest ruhig auch mal ein Wörterl sagen.«

10

Was kann alles während einer Kutschfahrt von der Oper bis zum Leuchtenbergpalais getan, gesagt und gedacht werden – auf einer Strecke von achthundert Metern, die nur fünf Minuten dauert.
Zuerst flammt Ludovikas Empörung wieder auf, und sie reißt ihrer Tochter die Edelweißsterne aus dem Haar. »Ich hab' gedacht, ich seh' nicht recht! Tut sie die Kapuzen runter und hat Sisis Schmuck im Haar! Das hätten s' verhindern müssen, liebe Sternebach, unbedingt!«
»Sternbach ...« verbessert Max seine Frau.
»Aber warum denn?« begehrt Sophie auf. »Mir steht er genauso gut! Warum soll ich nicht ...?«
»Quod licet Jovi non licet bovi.«
Sie fahren am Schmiedegittertor des Brunnenhofs vorbei, und wenn sie aufschaut, sieht sie die bleigrauen Silhouetten der Dächer von München und darüber den Abendstern.
»... das ist eine Verhöhnung der Kaiserin! Tut s' die Kapuzen runter ...« Die Mutter wiederholt es jetzt zum dritten Mal.
Jetzt umfahren sie das scharf in die Theatinerstraße hineinragende Eck des Polizeipräsidiums, früher ein prächtiger Zuccalibau, ein alter italienischer Palazzo, den der praktische Münchner Sinn in eine Art Kaserne verwandelt hat, mit Eisengittern vor allen Fenstern. Im Keller haust einer, der morgen hingerichtet wird: Ludwig hat's ihr erzählt – sie bekommt ja keine Zeitung in die Hand. Vielleicht hört der Arme jetzt ihre Kutsche vorbeirattern, schlafen kann er ja doch nicht, hört die vielen Kutschen der heimkehrenden Opernfreunde? Und morgen muß er in seinem Wagen zum Unteranger rumpeln. Im Moment wird das Gerüst gezimmert, heimlich lärmend zur tiefen Nacht, so wie sie jährlich die Weihnachtskrippe zusammenbauen. Das zu wissen! Und der Arme muß es ja wissen! Die Anwohner beschweren sich nicht, nur über Hundegebell und grölende Nachtschwärmer, doch wenn sie mit hal-

lenden Hammerschlägen die Guillotine aufrichten – ja, das muß sein; das ist Obrigkeit, Justiz und göttliche Ordnung! Ach, ist mein Bett warm, ist mein Zimmer gemütlich! Brennt der Ofen noch?
Dann werden noch in der Nacht, während die Nonnen schlafen, an ihrem Kloster vorsichtig und leise die Fenster verhängt, um den frommen Frauen den Anblick eines Geköpften zur frühen Morgenstunde zu ersparen.
Jetzt hat man ihm schon das Henkersmahl gereicht. Um fünf Uhr früh wird noch einmal das Urteil verlesen, wobei der Richter feierlich einen Stab als Zeichen des Lebens zerbricht. Wie mag er sich fühlen, wie Gott vor Kain? Hat er deshalb Jura studiert? Vielleicht betrügt ihn gerade seine Frau, und seine Kinder versetzen seine ererbte Uhr?
Ob der Stab schon ein bissel angesägt wird, damit er auch wirklich bricht? Nicht, daß er ihn mit großer Geste nimmt und ihn dann, Uijegerl! und Kruzi! stöhnend, ums Verrecken nicht kleinkriegt?
Dann wird der Verurteilte in wenigen Sekunden aufs Brett geschnallt, ein Trommelwirbel übertönt etwaiges Schreien, das schwere Beil wird gelöst – ein Blitz – der Kopf fällt in einen Sack voller Sägespäne und wird gleich in die Anatomie gebracht! Und das alles mitten in München, am hellichten Tag! Kaffeeduft strömt aus den Fenstern, bald machen die Kinder sich auf den Weg zur Schule.
Ludwig hat schwer aufgeseufzt. Er möchte am liebsten in der Oper bleiben. Er kann heute sowieso nicht schlafen.
»Und wie sitzt du wieder da! Halt dich grad!« Ludovika in der Kutsche versetzt Sophie einen Stoß in den Rücken, daß sie vornüberkippt. »Sonst wirst am End' auch bloß eine lumpige Hausfrauenherzogin wie ich ...«
Das ist natürlich ein Stichwort – sofort stimmt Max seiner Frau ironisch lebhaft zu: »Jaja. Deine arme Mama! Schließlich war sie eine Königstochter aus einem funkelnagelneuen Königshaus ... von Gottes ... nein ... das gerade nicht ... aber von Napoleons Gnaden ... Jetzt ist sie nur Herzogin ... und was für eine lumpige!«
Sophie sieht aus dem Fenster und läßt ihre Eltern weiter in

grauen Familienmiseren schwelgen.Was geht sie das an? Als sie, Ludovikas Unaufmerksamkeit nutzend, das rechte Bein übers linke legt, berührt ihr Knie versehentlich das der Hofdame. Ein leichter, wie gehauchter Gegendruck. Sophie sieht überrascht in das dunkle, nur durch die Laterne auf dem Kutschbock beleuchtete Gesicht. Es lächelt. Sophie lächelt zurück. Natalie von Sternbach. Was für ein hübscher Name.

Die Todesstrafe abschaffen ist nicht leicht. Das Volk verlangt nach ihr, nach Köpfen und Blutfontänen, wie nach dem Starkbier und der Wies'n, hat Ludwig vorhin gesagt. Ob es möglich sei, ein Volk zu veredeln? Er hat den Kopf in die Hände gestützt und geseufzt. So wie man aus einem Wildkirschbaum eine Edelkirsche macht. Goethe und Schiller muß man dem Volk aufpfropfen – Beethoven, Mozart, Wagner! Dann braucht es keine Strafen mehr. Ein edles Volk will edle Gesetze. »Es wird schwer sein, Neues durchzusetzen, denn was hab' ich schon gelernt, um gut zu argumentieren? Von allem ein bißchen. Ein kleines kümmerliches Quodlibet.« Ludwig hatte bitter aufgelacht. »Besser den König beschränkt halten. Dann kann man ihn besser einseifen, und das will ja auch jeder.«

»Aber warum hat ihn Onkel Max nicht begnadigt?«

»Ach, wenn schon im Vorfeld alles verpfuscht ist – durch einen Gnadenerlaß exponiert sich der König zu sehr. Das ist wie ein Mißtrauensvotum gegen den Justizminister. Es wäre eine Arbeit bis Weihnachten, den Gnadenerlaß zu rechtfertigen. Außerdem, da kennst du meinen Vater schlecht! Er wäre der letzte, der ihn begnadigte. Der würde die Todesstrafe einführen, wenn es sie nicht gäbe.«

- Ach, könnte ich ihm nur helfen, denkt Sophie. Wenn ich seine Frau wäre – ach Gott, wär' das schön, und wie würd' sich die Mama freuen! Königin Sophie – Königin Sophia klingt noch besser – a bisserl geschupft, aber edel, fast griechisch. Und Ludwig mag Griechenland doch so, besonders seinen Onkel Otto von Griechenland – den die Griechen aber übel behandelt haben, verschmäht und verjagt. Also nicht Sophia, doch lieber Sophie. Könnte sie ihm nur helfen! Denn er wird's schwer haben, schwerer als sein Vater. König Max ist

zwar auch mißtrauisch und zweifelsüchtig, doch er teilt die breite Ministermeinung; Ludwig dagegen ist anders, ganz anders – geradezu selbstmörderisch pazifistisch, antipapistisch, idealistisch, defätistisch, ganz und gar nicht populistisch.
»Sein Problem wird sein, daß in die Geldbörsen der Herren bayerischen Minister noch soviel neipaßt«, hat Sophies Vater einmal gesagt, »und Preußen is' groß und gar nimmer fern.«
Die Kutsche hält, Max und Ludovika betreten das Vestibül, jetzt im Streit über Dänemarks Anspruch auf Schleswig-Holstein. Sie bezweifelt jeden Anspruch ... während Max ... naja, kennt man ja!
Während die beiden zeternd die Treppe hinaufsteigen, kommt ein mattes fernes »Mama – « aus Mapperls Zimmer. Ludovika stockt mitten im Satz: »Was? Der Bub schläft noch nicht?« fährt sie die herbeieilende Amme an und drückt ihr die Edelweißsterne aus Sophies Haar in die Hand.
Die nickt empört: »Der Saubua hat bis jetzt ...«
»... gebetet! Und ich bete immer noch!« ruft Mapperl schnell aus seinem Zimmer, alle Auslassungen der Amme unterbindend.
Die Amme äfft ihn empört nach. »Er betet noch!«
Ludovika stürmt ins Zimmer. »Dir werd ich das Beten schon austreiben ...«
Mapperl kniet im Bett mitten in einem Haufen Bleisoldaten, mit eifrig gefalteten Händen, zwischen denen noch ein Infanterist klemmt: »Und beschütze die Mama und den Papa und den Onkel Max und die Tante Marie, und Ludwig und Otto und die Tante Sophie und die Tante Elise, und den Gackel und den Spatz, die Marie, die Nene, den Ludwig und den Otto ... nein, die hab' ich schon ... den Kaiser und die Sisi ... die Männer hab' ich bei den anderen weglassen, is' recht? Und die Schauspielerfrau vom Ludwig auch. Die magst du doch auch nicht? ... Mei san des viel ... daß es ihnen gut geht ... hab' ich jemand Wichtigen auslassen? ...« Er verstummt plötzlich, horcht in sich hinein – »Jetzt sagt er auch was!«
Ludovika räumt die Soldaten weg, müde und grimmig: »Wer sagt was?«
Mapperl faltet erneut die Hände, schlicht: »Der liebe Gott.«

Ludovika läuft aufgeregt zum Bett zurück: »Was? Was sagt er denn, mein liebes Kind?«
Mapperl horcht in sich hinein, dann spricht er fromm: »Ich soll's mir auch gutgehen lassen ...«
»Jaja, weiter, weiter ... was sagt er noch?«
»... und du sollst nie mehr streiten ...«
»Warum ich, warum nicht Max? ... Und? ... Was sagt er noch?« fragt sie schon weniger interessiert.
Mapperl horcht und horcht. Im Herrenzimmer versucht Max ein paar Lohengrinakkorde auf seiner alten Zither. Die leise wimmernden Töne klingen zu den beiden hinüber. Der Kleine schüttelt schließlich den Kopf: »Ach, jetzt brabbelt er nur noch dummes Zeug.«
Ludovika löscht enttäuscht die Lampe und geht.
Als Sophie in das dunkle Zimmer tritt, trifft sie ein Kissen mitten ins Gesicht. Die Lampe geht zu Boden. Sofort wirft sie das Kissen in die Dunkelheit zurück. Kichern und Juchzen. Das Kissen zerreißt. Der ekstatische, aufgekratzte, nachtverliebte Mapperl hat tief hineingebissen, und jetzt hängen ihm die Stoffetzen aus dem Mund. Er spuckt und wischt sich den Mund und juchzt dabei: »Es schneit! Es schneit!« Die Flocken wirbeln im Zimmer herum.

11

Der frühlingsüberglänzte Park. Der kornblumenblaue See, der wieder einmal einen norwegischen Fjord imitiert, denn sein südliches Ufer, die Berge, den Zugspitzabfall kann man sich nur denken. Sie liegen verborgen im Sonnendunst. Es ist ein prächtig funkelnder Apriltag, und kein föhnigschwindsüchtiges Spiegelglühen. Gärtner besprengen die Aurikelbeete. In den waldüberschatteten Wiesen leuchten gelbe Schlüsselblumentupfen. Aus dem Wald hallen die Morsezeichen liebestoller Spechte. Vom Seeufer tönt Kichern und Lachen. Sophie und Sisi liegen im Gras und bespritzen sich Hände und Füße. Zwei Hofdamen haben Paravents aufgestellt: schließlich sind dic kaiserlichen Füße nackt.
Nicht weit von ihnen sitzt Ludovika mit ihrer Hundemeute in der Buchsbaumlaube. Sie hat nach Wien geschrieben, Sisi solle sich doch der kleinen Schwester annehmen. Die ißt nichts und trinkt nichts und schlägt die Bewerbung des Erzherzogs Victor aus, als könnte sie es sich leisten! Sie muß doch zusehen, daß sie unter die Haube kommt! Mein Gott, sie wird neunzehn, und so viele gute Partien gibt es leider nicht. Beim Herzog von Württemberg und dem König von Portugal hat Ludovika Sophie recht gegeben: die passen nicht, weder politisch noch finanziell. Doch das sind nicht Sophies Gründe! Seit Ludwig König wurde, seit sie ihn bei den Krönungsfeierlichkeiten sah, so bleich und erhaben und einsam unter seiner Krone, wie sie sagt, ist sie ganz krank und verrückt nach ihm. Sie war's ja zuvor schon, aber jetzt! »Natürlich wär' er eine gute Partie, die beste, die ich mir vorstellen kann. Aber was tut sie? Nichts! Sie sitzt am Klavier, übt diesen Wagner, man kann's nicht mehr hören! Und nur, damit sie's Ludwig vorspielen kann, falls er danach verlangt. Aber er verlangt es nicht. Das macht uns ganz wahnsinnig. Bitte hilf ihr!« hat Ludovika geschrieben. »Bitte hilf mir!« hat Sisi ganz richtig gelesen. Doch so oder so, sie kommt immer gern nach Possen-

hofen zurück – zu diesen Wäldern, dem See, der einsamen Wolfsschlucht, dem eisenführenden Sterzenbach, in dem sie als Kinder mit Suppentellern nach Gold suchten. Wie alle im Leben erfolgreichen Kinder kehrt sie gern ins Heimatdorf zurück. Und überhaupt ist ihr jeder Grund recht, um Wien zu fliehen.

»Also ist diese Wagnermanie bis in die bayerische Provinz vorgedrungen. In Wien reicht die grausliche Metternich den grauslichen Wagner wie einen falschen Fuffziger herum.«

»Sag nichts zur Kleinen. Die schwärmt für ihn wie für einen Gott.«

Elisabeth ist wirklich schön, wenn man von den geschwollenen Lymphdrüsen zwischen Ohr und Kinn und dem Wasserstau an den Gelenken absieht. Sophie ist rein betrachtendes Individuum und natürlich auch neidische junge Schwester. »Hungerödeme« hat der Arzt zu Sisis Schwellungen gemeint, »abklingende Mumpserkrankung« ist Sisis Diagnose. Wie sie so dasitzt: die samtmatte, blasse Haut und die für die überschlanke Figur fast überreiche Haarkrone! Sophie nimmt sich vor, dieses vielgerühmte Eigenhaar endlich einmal unter die Lupe zu nehmen, im Hotelzimmer der Schwester nach Haarteilen und falschen Zöpfen zu suchen. Sisi hat die Augen einer Füchsin, braun, schmal, gehetzt. Und wenn man wie Sophie jetzt so nah bei ihr sitzt, kann man die Goldfäden sehen, die ringsum von den schwarzen Pupillen ausstrahlen. Sisi hat Augensterne. Sie hat goldbraune wilde Augensterne.

Die große Schwester muß lachen: ausgerechnet sie soll der Kleinen die Flötentöne der guten Laune beibringen? Sie, die nicht einmal weiß, warum sie immer weinen muß, wenn jemand sie anspricht oder nur zu genau ansieht? Und wenn sie dann weint, kann es Tage dauern oder Wochen, bis sie sich wieder beruhigt. Na ja, sie wird das Kind schon aufmöbeln. Sophie gehört ja gottlob nicht zum ehrpusseligen Teil der Familie um Ludovika, sondern eher zur Außenseiterbande um Max herum. Das beweist schon ihre Liebe für diesen höchst originellen, eigenwilligen Vetter. Wie schön, daß sie da ist, denkt Sophie und legt ihren Kopf in Sisis Schoß. Nun wird auch Ludwig kommen. Wie schön.

Nicht, daß der sich verpflichtet fühlt, der Kaiserin seine Aufwartung zu machen! Nein, da kennt ihn Sophie inzwischen schmerzhaft genau – seit Ludwig König ist und ihn kein strenger Vater mehr bestimmt, hat er sich sein eigenes, ziemlich unorthodoxes Pflichtsoll auferlegt: Bücherlesen, Architektur studieren, Wagner unterstützen, die Uraufführungen seiner Opern für München sichern, gegen den Willen Wagners, der Münchner und ihrer Presse.
Doch Sisi hat er in sein Herz geschlossen, soweit er überhaupt jemanden ins Herz schließen kann. Als er sie in Bad Kissingen traf, war er fasziniert von ihrer vornehmen, schönen Erscheinung und wurde der Kurschatten von Elisabeth, die ihn zwar nicht auslachte, doch über ihn lächelte.
Die Hofdamen kichern hinter der vorgehaltenen Hand. Die Kaiserin hat heute wirklich einen guten Tag. So enthemmt und witzig gelaunt ist sie selten. Sisi fährt mit ihrer Erzählung fort, der präzisen Schilderung von Schwester Maries Hochzeitsnacht mit ihrem König von Neapel: »...Das Hochzeitsessen kann's nicht gewesen sein, denn dann hätt' die Marie ja auch ... Der wurde nur übel von Franzens reichlicher Produktion in den kleinen rosenbemalten Potchambre. Nicht mal ein Paravent in greifbarer Nähe und die Türen verschlossen! Im bourbonisch-neapolitanischen Hochzeitszeremoniell werden die Schlafzimmertüren von außen verriegelt –«, Sisi kichert, »– damit die Braut ned abhaut!«
Ludovika lacht empört: »Mach's der Kleinen nur madig!«
Sisi fährt unter unmäßigem Gelächter der Hofdamen unbeirrt fort: »Er hat geschissen und gekotzt und geschissen und geko..."
»'s langt!« Ludovika legt sehr energisch die Handarbeit zur Seite, küßt ihren Spitz auf die Schnauze.
»Marie hat's mir vorgemacht ... und gestunken hat's zum Gotterbarmen! Ein wohlig erleichternder Halbdurchfall!«
Die Hofdamen quietschen vor Wonne. Sophie schlägt sich die Schenkel.
»Nur gut, daß sie ihre zwei Puppen hat!«
Ludovika wischt sich die Lachtränen aus den Augen: Hör auf! Hör auf! Mädi versteht sich jetzt sehr gut mit ihrem Franz!«

Sisi imitiert den ironisch spitzen Tonfall ihrer norddeutschen Hofdame: »Also Marie macht sie nich so ers-taunlich viel aus ihrem Franz. Und's Kind ist vom Armand und nicht vom Franz ... oder waren da die Puppen im S-piel?« Alle biegen sich vor Lachen. »Nun hat sie ›nervöse Irritationen‹! Und? Wie geht es deinen ›nervösen Irritationen‹?« fragt sie den Spitz, der neben ihr aus dem See Wasser schlabbert und stupst ihn gegen die Schnauze, daß er aufjault und unter Ludovikas Korbstuhl zurückwieselt. Ein Diener bringt ins Gelächter der Damen hinein eine Karte.

Aufgeregt springt Ludovika auf: »Der König!... König Ludwig ...« und scheucht auch Sophie vom Kies hoch: »Marsch in dein Zimmer! ... Nimm deine Schuh' mit!«

Sophie ist blaß geworden. Wortlos eilt sie davon. Die Sternbach folgt mit den Schuhen.

Ludovika sieht ihrer Jüngsten nach. »Sie ist schon neunzehn ... du warst mit sechzehn Kaiserin, Marie mit fünfzehn Königin...« Sie packt ihre Handarbeit zusammen und macht sich auf den Weg zum Haus. Die Hunde folgen ihr.

»Da hatten wir was von«, murmelt Sisi noch immer im norddeutschen Tonfall.

Ludovika kommt noch einmal zurück: »Sophie ist so verliebt in ihn ...«

»Ja, dann ...«

»Und seine Verliebtheit in dich nutzt keinem was.«

»Also gut, nach sechs Stunden kannst du mich erlösen«, lächelt Sisi und beschattet ihre Augen. Oben auf dem Hügel, mitten in einem Sonnenflecken, steht der König, eine zwei Meter hohe, schlanke Gestalt. Er hält Ausschau nach den Damen. Ein Knecht, ein Drittel kleiner als er, führt das Pferd den Horizont entlang.

Sisi seufzt. In Kissingen war er stundenlang an ihrer Seite, die Themen gingen ihm nie aus: Wagner. Ludwig XIV. Lohengrin. Die reine Frauenliebe. Der Königsgedanke in den germanischen Heldensagen. Wagner. Lohengrin als Parzivals Sohn. Wolfram von Eschenbach. Das Königtum. Wagner. Wagner. Wagner. Er konnte sich anscheinend nicht vorstellen, daß sie noch andere Interessen und Verpflichtungen hatte, sich vielleicht auch einmal von ihm erholen mußte. Andere Fürstlichkeiten, die in Kissingen kurten, übersah er vollständig, wie den Herzog von Baden oder die Herzogin von Luxemburg. Er war sehr radikal in seinen Zuneigungs- und Abneigungsbekundungen. Doch unterschied er sich wohltuend von diesen »kriegsspielenden Trotteln«, wie Sisi die anderen Regierenden nennt, brauchte auch keine Schauspielerinnen aus Wien, um die Kissinger Nächte zu ertragen. Nein, wenn Ludwig wüßte, wie man sich benimmt, wenn er seinen komischen, weit ausschreitenden, scharf akzentuierten Gang ändern könnte – ja, dann wäre er perfekt, der perfekteste Mann auf einem Thron.

»Er kommt ja immer sans façon«, murmelt sie, »in seinen Auftritten wie in seinen Anzügen. Er hat so gar nicht das ›Prinzeln‹, diese überhebliche Art des Arnulf oder Adalbert. Das ist doch sehr sympathisch –« Sisi winkt mit dem Sonnenschirm, damit Ludwig sie sieht. Freudig winkt er zurück und eilt mit langen Schritten den Hang hinab.

»Na, ich dank schön«, murmelt Ludovika trocken, während sie sich endgültig zum Gehen wendet. »Ich hab' heut zufällig unter Sophies Sachen einen ›königlichen‹ Zettel gefunden. Weißt du, was draufsteht? Du ahnst es nicht: ›Wenn nur Du und Gackel in Possenhofen lebten, wäre ich recht gerne bei Euch – aber so! ... Dein Ludwig‹ Was oder wen meint er denn mit ›aber so?‹« Und damit verschwindet Ludovika in der Wegbiegung hinter dem blühenden Hartriegelstrauch.

Sophie steht oben am Fenster, hebt vorsichtig die Vorhänge an, sieht hinunter in den Park. Ja, genau das wollte sie sehen: Ihre Schwester läßt sich von Ludwig die Hand küssen. Sie stehen am schattigen Buchsbaumboskett. Er sagt etwas und reicht ihr den Arm, will durch den Park promenieren. Doch Elisabeth zeigt auf das Haus. So wandeln sie beide zurück.

Schnell läßt Sophie den Vorhang fallen, setzt sich wieder ans Klavier, beginnt den *Holden Abendstern* zum zweiten Mal.

»Mama, Ludwig will dich begrüßen!« Elisabeth führt Ludwig vom Garten herein in die Halle. Ludovika legt ihre Handarbeit beiseite, erhebt sich aus dem Sessel: »Wie mich das freut, Majestät.«

Ludwig ist noch enttäuscht, daß Elisabeth die Zweisamkeit im Garten so schnell abgebrochen hat, und sagt deshalb sehr förmlich: »Ich bin entzückt«, und erst nachdem Ludovika ächzend in einen Hofknicks versunken ist: »Aber bleiben Sie doch sitzen, liebe Tante.«
Wie er sich auf dem angebotenen Platz niederlassen will, vernimmt er plötzlich das Klavierspiel und horcht – Ludovika schlägt hart auf die Klingel: »Bitten Sie Prinzessin Sophie zu uns!«
»Nein, nein«, protestiert Ludwig lebhaft, »lassen Sie sie doch spielen. Wolframs Lied beseelt dieses Haus und verzaubert sicher Ihren rotnasigen Tannhäuser draußen im Treppenhaus.«
Ludovika schaut ratlos. Elisabeth schmunzelt. Sophie muß ihm von ihren künstlerischen Versuchen erzählt haben, dem jammervollen Minnesänger oder minnevollen Jammersänger eine Schnupfnase zu verpassen. »Und was verschafft uns die hohe Ehre?« fragt Ludovika liebenswürdig-ironisch, als wäre sie eine Figur aus einem Frauenroman.
Lächelnd hebt er die Arme: »Ich habe schulfrei. Mein Kabinettsekretär hat mir gnädigst erlaubt, die Regierungsfadessen zu unterbrechen, um meine kaiserliche Kusine zu begrüßen.«
Ludwig sieht Elisabeth mit leuchtenden Augen an, freut sich schon auf ihre pointiert witzige Bemerkung, die nun sicher kommen wird. Doch Sisi betrachtet angelegentlich ihre Fingerkuppen, sieht dann zum Fenster und sagt nichts, gar nichts. Ludovika sticht ins Leinen, zieht das Fädchen durch, sticht wieder ins Leinen ... Ludwig lauscht: zum vierten Mal beginnt der *Abendstern.*
Ludovika macht Konversation: »...Ja früher, als Mädel, hab' ich auch ganz flott gespielt. Aber jetzt ist meine Gesundheit so angegriffen ... und meine armen Finger haben Arthrose ...«
Elisabeth wirft matt ein: »Wie meine auch.«
Ludwig schreckt aus abschweifenden Gedanken. Wie, Sisi hat Arthrose?
Mutter und Tochter werfen sich amüsierte Blicke zu.
»Und übrigens, lieber Ludwig, eh ich's vergesse« sagt Elisabeth und stößt ihren Sonnenschirm leicht auf den Teppich, »wenn ich das nächste Mal inkognito reise, dürfen Sie den

Münchner Bahnhof nicht mehr mit Lilien auslegen lassen.«
Elisabeth lacht noch in Gedanken daran in künstlichem Ärger. »Ich mußte mich pausenlos neugierig umblicken, wer da wohl gemeint sein mochte. Doch manche ließen sich partout nicht davon abbringen, daß ich diese Person wäre. Es war zu lästig.«
Ludwig hat sich wortlos erhoben und geht die Treppe hinauf.
Sophie sitzt in ihrem Zimmer am Klavier und sieht zur Tür. »Ich werde zehn Rosenkränze beten«, flüstert sie beschwörend vor sich hin, »ich werde nie mehr in den Spiegel schauen, nie mehr im Hauptteil der Messe schwätzen, alle meine Diamanten verschenken ... wenigstens das Armband, das so scheuert ...« Da wird die Klinke niedergedrückt, Sophie verspielt sich. Ludwig zieht leise die Türe hinter sich zu .
Unten in der Halle ist es still geworden. Der Hausknecht füllt den Kamin mit roten Ahornscheiten.
Ein scharfes Schnappen – der Knecht horcht auf. »Die Falle!« Er stürzt zur Sitzecke, wo er sie durch ein großes Sofa getarnt hat. Triumphierend schwenkt er den Käfig hoch in die Luft. Das Mäuslein quiekt auf vor Schrecken.
»Schmeiß sie in den See!« befiehlt Ludovika lakonisch und stickt gelassen weiter. Der Hausknecht eilt ab.
Elisabeth starrt immer noch auf Ludwigs Platz, als säße er noch dort. »Tja – dann werde ich mich in mein Hotel zurückziehen ...« Sie erhebt sich müde und melancholisch. »Und etwas ruhen – wie eine sehr sehr alte Frau...« Sie tritt durch die offene Türe in den sonnengrünen Park hinaus, den weißen rüschenbesetzten Schirm ratlos von der Rechten in die Linke werfend.
Von allen Seiten eilen die Hofdamen herbei.

12

Die Kutsche wartet am Waldrand. Vor ihnen liegt die gewaltige See- und Bergkulisse. Die Sternbach und Ludwigs Sekretär Düfflipp arrangieren ein opulentes Picknick. Sie dürfen dann mit den beiden auf dem goldbefransten Teppich sitzen und Champagner und Austern schlürfen. In der Ferne grollt der Donner.
Sophie wischt die Krümel vom roten Samt. Ludwig ißt gar zu unachtsam.
Gerade erzählt er von seiner und Wagners Mission, die Menschen zu erheben und mit dem Transzendenten vertraut zu machen. »Das wird gewaltige Anstrengung kosten. Ich werde mich von allem absentieren müssen, um mich ganz auf meine Aufgabe zu konzentrieren. Meine Mission auf Erden wird mit dem Leben meines geliebten Freundes Wagner enden«, sagt er leise und gedankenverloren.
Düfflipp zwinkert den Damen beruhigend zu und schüttelt unmerklich den Kopf.
Sophie ist es kalt geworden, sie drängt zur Heimfahrt. Auf einmal fängt es an zu regnen, alle flüchten lachend in die Kutsche.
Von nun an kommt Ludwig zu jeder Tag- und Nachtzeit, ganz nach Laune, bringt Blumen, Süßigkeiten und Verdruß.
Denn Ludovika ist empört. Wenn irgend jemand sonst, und sei's der Schah von Persien persönlich, nachts um zwei das Haus wecken ließe, um Sophie zu sprechen, dann würde sie ihn hochkant zum Tempel hinausbefördern, unter Zuhilfenahme der Starnberger Gendarmerie – doch den König muß sie wohl empfangen: zähneknirschend, hundemüde – und geschmeichelt. Denn im Grunde ist sie sehr zufrieden: endlich hat er angebissen.
Sophie spielt ihm dann auf ihrem kleinen Steinweg aus der *Tristan*-Partitur die besonders geliebte Passage mit der einsamen Hirtenschalmei vor, auch Isoldes Liebestod oder »Sink

hernieder, Nacht der Liebe«. Ludwig steht dabei am offenen Fenster, der Mullvorhang weht ihm ins Gesicht, draußen glitzert der See im Mondlicht. Vorhin war sie so glücklich erschrocken aufgesprungen, als er ins Zimmer trat. Sie hat auf ihn gewartet. Solches Glück über sein Kommen hat er sonst nur bei seiner Mutter erlebt. Doch sosehr die ihn auch liebt, sie bleibt ihm fremd. Während Sophie ... er braucht ihr nichts zu erklären. Er sieht in die Nacht hinaus, summt hin und wieder mit, sehr leise und falsch und irgendwie glücklich.
Manchmal kommt er auch nachts über den See wie Leander zu seiner Hero. Am kleinen Holzsteg im mannshohem Schilf lädt er Sophie zu einer dunklen Ruderpartie in seinen Nachen. Wenn der Mond nicht scheint, wie heute, ist das Wasser totenschwarz. Ein bleierner Vorhang liegt zwischen ihr und den Dingen. Nirgends kann man ihn öffnen. Nichts ist zu sehen, weder Ludwig noch das Schilf oder das Ufer, nur pechschwarze Nacht überall, mit ein paar geahnten Lichtern in der Starnberger Bucht. Und nichts zu hören als das Wasserplätschern, die gleichmäßigen Ruderschläge. Irgendwann beginnt sie zu zittern. Sie hat Angst, so allein mit ihm mitten in der Nacht. Sie weiß, alle Frauen Europas würden sie beneiden – so allein mit ihm mitten in der Nacht. Wie schrieb der Pariser *Figaro*? »Er ist der Goldfasan an den europäischen Hühnerhöfen«, und: »Auch wenn er ein Bettler wäre, würden die Frauen sich nach ihm umsehen, so auffallend schön ist seine Erscheinung und so erregend erotisch die Aura, die ihn umgibt.« Ist es noch Ludwig, der da rudert? Oder hat ihn schon sein bleicher Dämon geholt und in den Abgrund gezerrt? Und wenn sie festmachen, hilft ihr ein verhülltes Skelett äußerst höflich und zuvorkommend an Land und wird ihr dann von hinten einen Tritt versetzen, daß sie über eine Wurzel fällt und sich das Genick bricht. Geschichten über Frankenstein und fliegende, schwimmende, an Schloßmauern kopfüber abwärtskletternde Vampire durchschauern ihren Sinn, den Ludovika gestern so energisch für die Prosa präpariert hat. Was sollte sie Ludwig fragen? Sie hat's vergessen! Die Furcht hat sie ganz konfus gemacht ... Doch dann fällt es ihr wieder ein: »Welche Art Frauen hast du am liebsten?«

»Wie? Was meinst du Sophie?«
»Ich meine, zum Beispiel aus der Mythologie – magst du die schöne Helena?« kommt es tonlos, als hätte sie die Gänsehaut auch auf der Zunge.
Ludwig lacht verächtlich in der Dunkelheit: »Helena, Aphrodite, Hera – ich hätte der Pallas den Apfel gereicht!«
»Wen magst du lieber – das Gretchen oder Egmonts Klärchen?«
»Klärchen, natürlich das Klärchen! Oder Fidelio! Wenn wir schon bei Bühnenfiguren sind – Fidelio! Die Frau, die zum Mann wird, um ihren Mann zu retten! Doch die Musik ist stellenweise recht ermüdend –«, und damit ist er wieder bei Wagner angelangt. Schnell fragt sie: »Wie stellst du dir eine gute bayerische Königin vor? Welche Eigenschaften sollte sie haben?«
Ludwig rudert schweigend ein paar Schläge, dann meint er gelangweilt, seine Mutter, die ja bayerische Königin sei und preußische Gebärmaschine zugleich, sei doch eine rechte »Femme banale«, und so stelle er sich halt eine bayerische Königin vor. Aber wen interessiere schon die Königin? Der König sei wichtig! »Fromm ist sie halt, meine Mutter. Ganz in der Hand der Pfaffen und der Minister. Ich fürchte, sie will konvertieren, katholisch werden, die dumme Gans! Dabei honorieren die Bayern das gar nicht. Die Frömmigkeit des Volks ist doch mehr Brauchtum und Gewohnheit. Zu Montgelas' Zeiten haben sie Priester an Bäume gefesselt und gezwungen, Erde zu essen, richtige Erde von den Äckern, die die Kirche den Bauern abgeluchst hat. Einen Löffel für den Papa, einen für die Mama, einen für den Papst in Rom. Mit vier Pfund Erde im geweihten Bauch sind die Priester dann elendiglich krepiert.«
»Grauenhaft!« Sophie zittert und wünschte, sie hätte sich noch ein Plaid mitgenommen.
»Ach, die Kirche war nicht zimperlich! Nur haben die Bauern sicher wieder die Falschen erwischt, arme verhutzelte Pfäfflein, die selbst nichts hatten. Bei solchen traut man sich halt! So wie sie Ludwig den Sechzehnten geköpft haben oder die Engländer ihren Karl den Ersten! Nur an die Guten wagt es

sich, das Volk, das feige Lumpenpack«, sinniert Ludwig gleichmäßig rudernd, »an die Gutmütigen, die nicht in die Enge schießen und die Bastille lieber stürmen lassen, in der sieben Hiasel einsitzen, die gar nicht befreit werden wollen.« Und Ludwig räsoniert über die gottlose Feigheit des Volks.
Sophie aber beharrt: »Meine Mutter sagt, die Bayern sind fromm. Du solltest sie in der Christmette sehen.«
»Jaja, ähnlich fromm wie die italienischen Bauern in dem Dorf, in dem der heilige Romuald gelebt hat. Keinen Fuß konnte der vor die Türe setzen, keine Krankenbesuche machen, keine Wunder mehr tun! Nein, er mußte zu Hause bleiben, weil die Bauern im Dorf ihn draußen erschlagen hätten – und weißt du warum?«
Sophie schüttelt stumm den Kopf, obwohl Ludwig sie in der nachtschwarzen Dunkelheit gar nicht sehen kann.
»Weil die Heiligenreliquien damals so hoch gehandelt wurden wie Diamanten und Gold, ja sie standen noch höher im Kurs! Und der Romuald galt schon zu Lebzeiten als heilig. Sollten sie sich diesen fetten Brocken entgehen lassen? Im wahrsten Sinne des Wortes, ›entgehen lassen‹ – in ein anderes Dorf vielleicht, wo ihn die andern dann erschlagen? Bingen hat für einen Splitter aus dem Steiß der Hildegard einen Scheffel Gold verlangt und gekriegt!« Ludwig lacht auf, versucht's auf bayrisch: »Wiavui ächte hoalige Boana hätt' des erscht bei dem Trumm Mannsbuid gehm!«
Sophie lacht ebenfalls. Wenn Ludwig einmal auf andere Themen kommt, kurz den Wagner vergißt, merkt man erst, was für ein witziges Sammelsurium an Wissen er besitzt. Als hätte er ihren Gedanken erraten, fügt er gleich hinzu: »Auch von Wagner. Auf seiner ständigen Suche nach guten Opernsujets findet er solche Kuriosa. Das hier ist eine Fußnote aus Jean Pauls ›Titan‹...« Ludwig bricht unvermittelt ab und läßt die Ruder fallen. Sophie sieht sich erschrocken um. Dicht hinter ihnen ragt in der Dunkelheit ein schwarzer, mit Lichtern übersäter Berg auf, der unentwegt auf sie zuhält.
Ludwig flüstert: »Die ›*Maximilian*‹ ... Ganz plötzlich ist sie aufgetaucht, als hätte sie sich versteckt. Sie muß in der Possenhofener Bucht gelauert haben.«

Einen Moment sieht es aus, als würde sich der Schatten des Dampfers auf sie stürzen.
»Wie ist seine Route?« schreit Sophie. »Fährt er rechts oder links?«
»Wenn ich das wüßte. Wenn ich rechts rudere, fährt er sicher auch rechts.«
»Er überfährt uns!«
»Es scheint so!«
Sophie kreischt: »Dann weich halt aus! Tu was! Tu was! Tu was!!«
Ludwig, mit künstlicher Ruhe: »Wenn du mir sagst, was, tu ich's gern.«
»Fahr nach links! Nach links!«
»Er kann uns nicht sehen.«
»Warum hast du auch keine Laterne! Warum hast du keine Laterne! Du ...« Den »Idioten« hat sie sich gerade noch verkniffen. Sie heult vor Angst.
»Diese Dampfer sind ein Teufelswerk, hat mein Großvater gesagt und hat sie verboten.«
»Red nicht! Fahr links! Fahr links!«
Ludwig, sehr ruhig: »Um an unser voriges Gespräch anzuknüpfen – heulende Frauen liebe ich gar nicht.« Er rudert links.
Der Dampfer hält scharf auf sie zu. Die beiden rutschen wie paralysiert auf die Knie. »Heilige Muttergottes, hilf mir!« Sophie bekreuzigt sich, und immer wieder: »Hilf mir! hilf mir!«
Ludwig lacht einmal kurz auf: »Mir bitte auch!«
Die kleinen Bullaugen und die Fenster darüber sind erleuchtet. Und während das Schiff nun haarscharf und riesengroß an ihnen entlanggleitet, wehen Musikfetzen wie kleine warme Luftblasen zu ihnen hinunter und platzen ringsum auf dem Wasser – bäuerliche Schnaderhüpferl und grelle Juchzer zwischendrein.
»Oh, oh« – Sophie sinkt in den Sitz zurück und fährt sich über die Stirn. »Das war mehr als leichtsinnig ...« sie bringt den Satz nicht zu Ende vor Herzklopfen und Schrecken.
Ludwig murmelt verächtlich: »Pallas Athene – Fidelio – Klärchen – bah ...« und nimmt die Ruder wieder auf.

Sophie wagt kein Sterbenswort mehr. Sie will warten, bis er wieder spricht.
Das gleichmäßige Plätschern der Ruderblätter – eine Minute – drei Minuten – fünf Minuten ...
»Weißt du Ludwig, ich bin noch nicht alt genug, um gelassen vor dem Tod zu stehen.«
Sie horcht. Keine Antwort. Das Plätschern im Wasser. Stille.
»Ich hatte furchtbare Angst!« sagt sie leise. »Vielleicht wird die Musik des Meisters mich stark und mutig machen – hoffentlich.«
Da flüstert es ebenso leise in der Dunkelheit: »O Sophie ... meine Seelenbraut ...«
Schluchzend kriecht sie über die Mittelbank zu ihm hinüber, drückt blind ihr Gesicht an seine Brust. Nach einer Weile legt er seinen Arm um sie, daß sie sein Herz spürt – es schlägt langsam – und den leichten Lavendelduft riecht. Er hat aufgehört zu rudern. Ringsumher ist es kalt und schwarz, als säßen sie in einer tiefen Höhle. Aus der Welt oben hören sie nur noch das tiefe, ferne Nebelhorn der *Maximilian*, die in den Hafen von Starnberg einfahren will.
Wie geht es denn jetzt weiter? denkt sie und sieht zu ihm auf in die Dunkelheit. Er ist wohl schon wieder bei seinem Meister?
»Meine Mutter nennt Wagner ›nichtswürdig‹ und ›gottlos‹«, sagt sie voller Trotz.
Da lacht es leise über ihr: »Das sind zwei ganz verschiedene Stiefel, mein Kind. ›Gottlos‹ bin ich auch.« Und er versinkt wieder in Schweigen.
Nach einer Weile flüstert sie träumerisch: »Ich denke manchmal, wir sind hier in einem norwegischen Fjord. Unten bei Seeshaupt öffnet sich der See ins offene Meer. Die Starnberger Bucht ist Dalands Hafen. Eben fährt der Fliegende Holländer ein ...« Das Nebelhorn der *Maximilian* tutet nochmal laut und dringlich. »Er macht die Anker fest – er geht an Land, der bleiche Geistermann. Seine Mannschaft zieht die roten Segel ein und streicht den schwarzen Mast weiß. Das Schiff sieht jetzt ganz normal aus, wie unsere ›*Maximilian*‹. Der Geisterfürst schleicht durch Starnbergs Gassen,

lurt in die Fenster der Villen, der Wirts- und Fischerhäuser, ewig auf der Suche nach der treuen Frau und wird sie nie, nie finden und ewig durch diese Gegend geistern und niemals sterben.«

Ludwig seufzt tief auf, fast klingt es wie ein Ächzen. »Ach, Sophie, wir sind in einer Oase mitten in der Wüste. Uns versteht kein Mensch.«

Da fühlt sie sich plötzlich in eine so ungeheuere Nähe zu ihm gehoben, daß ihr schwindelt. Über ihnen Sterne und unter ihnen Sterne – es ist wie ein Rausch, eine hymnische Freude! O Gott! Endlich! Gib mir jetzt Kraft für meine Gefühle! Das Blut schießt ihr in den Kopf und schwemmt gleich wieder in den Körper zurück. Sie ist erschlafft vor lauter Liebe. Was soll sie ihm sagen? Nichts. Sie sind ja eins. Und um sie herum eine ungeheuere Leere.

Doch auf einmal verfliegt die Stimmung. Albern flüstert sie: »Papa sagt, der Holländer hätte die schiache Blatternurschel von Schneizlreuth nehmen sollen! Die wär' ihm treu geblieben, weil die eh keiner will. Aber dafür war er wieder zu heikel!« Sie kichert. Ludwig zieht seinen Arm zurück, sagt kalt: »Ja, sicher, dieser Witz liegt nahe.« Schnell greift sie nach seiner Hand, will sie reuig küssen, trifft aber in der Dunkelheit nur den zu lang geratenen Ärmel. Er hat halt einen schlechten Schneider.

13

Das Fenster zum See steht offen. Die Hofdame Sternbach lugt vorsichtig hinterm Paravent hervor, beobachtet Sophie und Ludwig, die auf dem Sofa aus rotem Plüsch dicht nebeneinander sitzen und mit dem Pinsel in der Hand, Tuschkasten und Wasserglas vor sich ein königliches Service entwerfen.
Sophie strichelt vorsichtig Linien aufs Blatt, »Wenn der Schwan eine Krone bekommt, müßt' doch die Taube erst recht eine haben – logischerweise.«
Ludwig wühlt den nassen Pinsel in das gelbe Farbendöschen, füllt Sophies Gezeichnetes mit gelber Farbe. »Nur der Schwan bekommt eine Krone und die Elsa einen einfachen Reif, schau ...« Sophie rückt näher zu ihm, daß sie seinen Atem spürt – lau – kalt – lau – kalt – lau – kalt ... »Nur klare, einfache Linien, kein Gestrichel. Wenn mehrere Striche zur Auswahl stehen, betonen die Porzellanmaler garantiert die falschen – darin sind sie Meister.«
Sophie blickt plötzlich irritiert auf, und ein böser Zug entstellt ihren Mund. Ludovika tritt mit einer Petroleumlampe herein; man hat sie nicht kommen hören. Die Sternbach hinterm Paravent zieht schnell den Kopf zurück.
»Was, schon die Lampe! Mein Gott, wie das blendet!« Sophie hält abwehrend die Hand vor die Augen.
Ludovika läßt den matten Schein übers Sofa streifen, streicht nicht vorhandene Dellen glatt, stellt dann das Licht vor die beiden aufs Tischchen, geht schweigend hinaus, blickt an der Türe noch mal mißtrauisch zurück; dann ist sie verschwunden.
Ludwig hat ruhig weitergemalt und sich nicht weiter stören lassen: »Deine Mutter ist schrecklich. Unter dem Vorwand krank zu sein, ist sie ständig zu Hause.« Sophie kichert. Er rührt den Pinsel im Wasserglas. »Wir haben beide das Unglück, unerträglich dumme Mütter zu haben.« Sophie rückt lachend nah an Ludwigs Ohr und flüstert: »Gell, das verbindet uns?«

Ludwig streift den Pinsel am Glasrand ab, rührt im Grün, sagt zum Paravent: »Das brauchen Sie Ihrer Herrin aber nicht zu melden, Frau von Sternbach.«
Jetzt rutscht Sophie auf die Knie vor Lachen: »Komm raus, Sterni, mußt dich nicht mehr verstecken ... komm!« Und damit packt sie Ludwigs Hand samt dem grüntropfenden Pinsel, zieht ihn hoch und läuft mit ihm aus dem Zimmer.
Die grünen Tropfen auf der Treppe und unten durch die Halle weisen Ludovika und der Sternbach den Weg hinaus in den Park.
Sophie läuft durch den Wald, Ludwig folgt etwas ratlos. Endlich verlangsamt sie ihr Tempo, hängt sich bei ihm ein. Sie führt ihn weiter. Nach einiger Zeit lacht sie auf: »Nun promenieren wir durch den Wald wie ein altes Ehepaar ... Weißt du, ich wollte einfach weg von zu Hause, weg, weg, weg!«
Sie kommen an der Kalvariengruppe vorbei. Sophie bekreuzigt sich schnell und flüstert: »Genauso sollen's ausgeschaut haben auf Golgatha ...«
»Jaja, ich weiß,« lacht er, »dieser aufdringliche Brentano hat's meinem Großvater geschworen.«
Sophie flüstert ehrfürchtig: »Nach den Visionen dieser Stigmatisierten. Die hat nie was gegessen ...« Und als Ludwig verächtlich auflacht, beteuert sie: »Ehrlich! Als sie gestorben ist, haben die Ärzte gesagt, ihre Zähne sind ganz unbenutzt.«
Ludwig sieht zur Christusfigur hinauf: »Das Gesicht ist ja grauenhaft kommun.«
»Die Sisi ißt auch nix. Trotzdem hat's schlechte Zähne.«
Er sieht sie prüfend an, – ob da ein eifersüchtiger, gehässiger Ton war? »Ich auch«, sagt er, »meine Zähne schmerzen oft unerträglich.«
»Ach, du Armer – «
Ein Kuckuck ruft, der Wind geht leise und schauert durch die Buchen, die Sonne ist zur Hälfte untergegangen. Im Osten rückt ein sternenloser Abendhimmel nach. Ludwig betrachtet unverwandt den roten Widerschein der Sonne auf der blauen Wasserfläche, auf der sich schwarze Enten von blauen und roten Wellen heben und senken lassen.

Sophie summt: »Abendstille überall, nur am Bach die Nachtigall ...«, dann singt sie es laut und läßt Ludwig wiederholen. »Nein, nein, ich kann nicht, kann nicht singen ...« weigert er sich, versucht es dann doch, quiekt – lacht: »Da hörst du's.«
»Natürlich kannst du's!« Und sie singt es ihm noch einmal energisch vor. Ludwig wiederholt leise, schüchtern. Sophie setzt im Kanon ein. Sie singen es über den See hin, denn sie sind den Hügel hinabgewandert. Sie lassen das Lied an- und abschwellen, bis es ganz leise mit Sophies Gesang vergeht, Ludwig hat schon vorher aufgehört. Sophie setzt sich auf den Uferkies, überlegt, ob sich vielleicht auch der *Abendstern* als Kanon singen läßt, und sie versucht es: »O du mein holder Abendstern ...«
Sofort setzt Ludwig mit ein. Diese Melodie kennt er genau. Doch als sie es dann im Kanon versuchen, gibt es ein jämmerliches Katzenkonzert. Sophie wirft sich der Länge nach ins Gras und wälzt sich vor Lachen.
Ludwig betrachtet sie verzückt: »Wenn du's so weitertreibst, werde ich dich noch küssen müssen.«
Sophie lacht: »Das wäre allerdings furchtbar ...« Sie hebt das Gesicht zu ihm, schließt die Augen.
Ludwig betrachtet sie. »Wenn ich dich jetzt küssen darf, möchte ich es immer dürfen. Aber du darfst nicht vergessen, daß ich es darf.«
Aus der Ferne hört sie den Bruder rufen: »Sophie! Sophie!«
»Willst du einen Gutschein?« flüstert sie ihm zu.
Und wieder Karl Theodors Stimme: »Sophie! Sophie!«
»Schau mal, was ich da hab'.« Sophie zieht das Rubinkreuz aus ihrer Bluse, läßt es hin und herpendeln.
Ludwig berührt es. »Ach, das hast du extra angelegt?« sagt er gerührt und zieht rasch die Hand zurück. Es ist noch warm von ihrem Körper.
Sophie läßt es weiterpendeln: »Trag' ich Tag und Nacht, Tag und Nacht, Tag und –«
»Sophie! Sophie!« Karl Theodors Rufe kommen näher.
»Hier sind wir!« antwortet Ludwig in die Richtung.
Sophie hält ihm rasch den Mund zu: »Pssst ... nicht! ... Komm, wir schwimmen nach Berg ... Nur weg!«

Ludwig lacht. »So?« Er zieht sie zärtlich an sich. »Das ist sehr schwer in Kleidern.«
»Dann eben nackt!« flüstert Sophie aufgeregt und knöpft schon einen Schuh auf.
«Nein, nein«, Ludwig hält ihre Hand fest.
Keuchend erscheint Karl Theodor. »Da seids ja!« Er schlägt die Hacken zusammen: »Majestät, wollte untertänigst gemeldet haben, daß nun alle Wälder ruhn, und aus den Wiesen der weiße Nebel wunderbar steiget! Jawoll! Und daß die Frau Mama Zeter und Mordio schreit.«
Ludwig spielt mit: »Ist gut. Rührt euch!« und winkt gnädig mit der Hand.
Gackel setzt sich zu den beiden. »Habt ihr vorhin den Schwarm Enten auffliegen sehen? So san die erschrocken auf Mamas Plärrer hin.« Er sucht unter den Kieseln nach flachen Steinen. Sophie legt sich auf den Bauch und fischt einen Marienkäfer aus den heranschwappenden Wellen. »Ist er tot?« fragt sie und hält ihn Karl Theodor unter die Nase. »Das mußt du doch wissen als Arzt in spe.«
»Versuch's doch mit Wiederbelebung«, rät er, »am besten Mund-zu-Mund-Beatmung«. Sophie wollte gerade zum Hauchen ansetzen; jetzt wälzt sie sich auf dem Boden vor Lachen.
Karl Theodor läßt die Steine übers Wasser hüpfen.
»Sechsmal!« ruft Sophie begeistert und klatscht in die Hände.
»Kannst du's auch?«
Ludwig schüttelt lächelnd den Kopf.

14

Wie Ludovika nun die Ereignisse weitertreibt, wird Sophie ihrer Mutter niemals verzeihen. Sie fährt nämlich heimlich zu Ludwigs Mutter.

Marie fühlt sich belästigt. Was soll sie mit Ludovika? Sie will sie nicht empfangen. Sicher wieder eine Zumutung, sicher geht es um Ludwig. Alle kommen zu ihr! Immer soll sie in irgendeinem Sinn auf ihren Sohn einwirken. Einmal soll sie ihn dazu bewegen, die heimkehrenden Soldaten zu empfangen, ein andermal, in München zu bleiben und nicht so häufig ins Gebirge zu fahren, dann wieder soll sie seinen einzigen Freund Wagner vertreiben, die Tristan-Aufführung verhindern, diesem und jenem Audienzen verschaffen – und so weiter und so fort. Sie hat aber keinen Einfluß auf ihren Sohn! Oder vielmehr: er tut immer das Gegenteil dessen, was sie sagt. Und dies nicht aus Trotz und Rache für irgendwelche Brutalitäten oder übertriebene Strenge der Eltern während seiner Kindheit, nein, sondern einfach, weil er die Meinung seiner Mutter nicht schätzt. Sein Kindermädchen, die Meilhaus, dieses unförmige Geschöpf, denkt Marie, ist viel mehr seine Mutter als ich! Eine blamable Situation. Hat sie ihn falsch erzogen? Diesen Vorwurf spürt sie von allen Seiten. Aber wie hätte sie es denn besser machen sollen? Alle haben mitgepfuscht, auch die Meilhaus, die besonders!

Ludovika hat da freilich auch ihre Schwierigkeiten. Ihr ältester Sohn, der schon lange nicht mehr bei den Eltern wohnt, Ludovikas ganzer Stolz, hat eine Schauspielerin geheiratet, nicht einmal eine erstklassige. Und ihre Töchter sind, mit Verlaub, recht überkandidelte Weiber. Mit welcher Hysterie sich Sisi in die ungarische Politik mischt und hat doch von Tuten und Blasen sicher ebensowenig Ahnung wie sie, Marie. Und Ludovikas jüngere Tochter, die auf Gaeta die Heldin spielte und ihre Soldaten in den Tod geschickt hat, um noch zu retten, was nicht zu retten war, die bei den Augsburger Ur-

sulinerinnen heimlich ihr illegitimes Kind bekommen hat – was jedermann weiß! Hysterisch und hypochondrisch sind diese Ludovikatöchter mit ihrem fatalen Hang zur Bohème! Arme Ludovika! Jaja, wir Mütter haben es schwer. Und voll Mitleid mit ihrer Leidensgenossin begibt sie sich ins Audienzzimmer und umarmt herzlich die Ältere, Neidische, die so brennend gerne Königin geworden wäre.
Nach den Präliminarien – daß die Zeiten immer schlimmer würden, Bayern und Österreich in einem furchtbaren Schlamassel säßen, das Wetter auch nicht mehr das sei, was es früher war, und die Kinder, mein Gott die Kinder! – bringt Ludovika ihr Anliegen vor: Ludwig soll Sophie nun endlich heiraten, seine Besuche Tag und Nacht hätten das Kind kompromittiert.
»Aber woher denn«, ruft Marie erschrocken, »er hat sie bestimmt nicht ...« Das ist nämlich die einzige Sorge, die er ihr bis jetzt erspart hat. »Er tut nicht mit den Weibern herum, das weiß ich ganz genau. Er ist sicher sehr höflich zu Ihrer Sophie. Sie müssen wirklich keine Angst haben. Und schließlich ist er nicht irgendwer.«
»Und wenn er der Großmogul persönlich wäre, mein Kind ist mir zu schad' für solche Tändeleien! Er soll seine Absichten erklären!«
Marie verteidigt ihn naiv: »Aber liebe Ludovika, er hat bestimmt keine Absichten ... ich schwör's. Er spricht nur von Wagner.«
»Das wird ja immer schöner! Nein, nein, dann muß das ein Ende haben! Dann kommt er mir nicht mehr ins Haus!« Ob Ludovikas Empörung echt ist? Ihre Verzweiflung ist es sicher. Marie flüstert schüchtern: »Aber lassen Sie die Sache sich doch entwickeln.«
»Und derweil laufen die anderen Anwärter davon!« Ludovika japst nach Luft, faßt sich an die zu eng geschnürte Taille. »Wissen Sie eigentlich, wie alt sie schon ist?« – und als Marie den Kopf schüttelt: »Ja, warum heirat' er sie nicht? Sie is' jung, hübsch, gescheit! Was sucht er denn? Eine Pompadur? Die Dubarry? Andauernd hängt er bei uns rum! Soll sie bei ihm rumhängen! Das wär' gescheiter!«

»Aber Ludovika, was ist denn schon passiert?«
Da lacht Ludovika aufs höchste empört: »Kompromittiert is'! Zwanzig is'! Weiter nix!«
Marie flüstert: »Ich kann ihm nichts sagen. Auf mich hört er nicht ...«
»Dann schreiben Sie ihm! Ja, schreiben Sie ihm!« Ludovika drängt Marie zu ihrem Sekretär, drückt ihr die Feder in die Hand, rückt den kleinen Bronzeengel, der ein mit Tinte gefülltes Füllhorn trägt, an das insigniengeschmückte Blatt. »So. Schreiben Sie: Lieber Ludwig, soeben war Ludovika bei mir. Sie sagt, du kompromittierst ihre Tochter, wenn du Dich ihr nicht endlich erklärst, und davor kann und darf sie als Mutter nicht ihre Augen verschließen ...«.

15

»Würde sie nur ihre Augen für immer schließen, die alte Kuh!« Grimmig zerknüllt Ludwig den Brief und wirft ihn Düfflipp zu, der ihn geschickt fängt, glattstreicht und in seiner Brusttasche verstaut. Die beiden stehen vor dem Ambacher Wirtshaus. Ein Knecht hält die Pferde. Die Wirtin tritt aus dem Haus und reicht Ludwig ein Glas Wasser. Ludwig murmelt: »Das arme Kind soll ins Kloster, will sich umbringen.« Er zieht einen zweiten Brief aus der Brusttasche, reicht ihn Düfflipp. »Da lesen sie! Sophie schreibt mir, ihre Mutter habe ihr verboten, mir zu schreiben.« Er trinkt hastig, gibt das Glas zurück. »Was denkt sich diese präpotente Gans!«
Düfflipp steckt der Wirtin ein Geldstück zu. Die beiden sitzen wieder auf, schlagen den Weg nach Seeshaupt ein. Nur fort von München, fort von Possenhofen, fort von Berg! Düfflipp ist längst kein so glänzender Reiter wie sein König, der mühelos alle Hindernisse nimmt, Parforceritte hinlegt, daß selbst die Kaiserin Elisabeth staunt, doch Ludwig nimmt Rücksicht auf ihn, und so reiten sie beide in langsamem Schritt.
Nach einer Weile hält Ludwig unversehens sein Pferd an. »Düfflipp!« befiehlt er. »Bitte schreiben Sie.«
Schnell zieht Düfflipp Notizbuch und Stift hervor. »Liebe Cousine! Wie schauderhaft mißlungen war mein letzter Besuch, wie unangenehm die Unterbrechung durch Deine Mutter. Der Eindruck war ein so fataler, daß ich wahrscheinlich den ganzen Sommer nicht hinüberkommen werde. Um eins bitte ich Dich. Zweifle nicht an meiner treuen und aufrichtigen Freundschaft für Dich. Von ganzem Herzen Dir einen vergnügten Sommer wünschend bleibe ich zeitlebens Dein treuer Vetter Ludwig. Punkt.«
Düfflipp hat schnell mitgeschrieben, sieht irritiert auf: »Zeitlebens?«
Ludwig antwortet kaum hörbar: »Ich komme nie mehr«, und reitet langsam weiter; Düfflipp hinterher.

So endet der leuchtende Juni mit seinen Hollerblüten und Heiderosen in den rapsgelben Wiesen, so kommt und geht der sonnendurchflutete Juli mit dem Bienengesumm in den Himbeerstöcken, der sonnengedörrte August mit seinen Hundstagen, in dem in diesem Jahr schon die Blätter fallen und herbstlich auf dem See zwischen den planschenden Dorfkindern treiben. Die Hitze will nicht enden. Es ist ein Sommer ohne Regen.
Sophie spürt die Tränen in sich wie Wasser in einem übervollen Glas. Wenn sie weinen kann, ist es eine große Erleichterung. Dann weint sie und weint und weint, und es ist doch immer viel zuwenig.
Weiß er denn nicht, was er ihr antut? Reicht seine Phantasie nur für seine Phantastereien? Kann er sich nicht vorstellen, wie sie jetzt als sitzengebliebene Tochter in Ludovikas Haus behandelt wird? Während Karl Theodor und Mapperl ruhig ihr Dasein genießen, von der Dienerschaft respektvoll verwöhnt, während sich alle freuen, daß Karl Theodor seine vorlesungsfreien Tage gnädigst in Possenhofen verbringt und er sicher seelenruhig hier wohnen wird, bis er irgendwann einmal gedenkt, sich mit Bedacht eine Frau zu wählen, wird sie, Sophie, einfach übersehen, wie man jemanden übersieht, der schon längst nicht mehr da sein sollte. »Mit zwanzig ist ein normales Mädel verheiratet, oder es stimmt was nicht«, murrt Ludovika, wenn sie ihr über den Weg läuft. Wie ein vom Metzger vergessenes Huhn ißt Sophie ihr Gnadenbrot, überhört sie den Essensgong, wird sie nicht nochmal gerufen wie die anderen, nein, dann ißt sie eben nicht. Wenn Sie ihr Zimmer verläßt und in der Halle erscheint, treffen sie vielsagende Blicke, verächtlich, fast erstaunt, als wollten sie sagen: »Madame sind immer noch da ...?« Sie möchte nicht mehr weiterleben. Sie haßt Ludwig – und sehnt sich so nach ihm. Ach, wären die Rollen nur vertauscht, sie der Mann und er die Frau! Sie würde ihm nachlaufen ihr Leben lang!
Einmal rudert sie heimlich über den See, ganz allein von Possenhofen nach Berg. In Berg geht sie stundenlang am See entlang, hin und her, erkennt Ludwig in jedem großgewachsenen Bauernburschen. Es ist furchtbar. Sie weiß ja, daß er in Ho-

henschwangau ist, daß er Berg meidet, seit ... ja, seit wann? Und warum? Aber hätte es ihn nicht genauso heimlich nach Berg treiben können, zu ihren gemeinsamen Orten, zu ihrer versteckten Bucht, in der sie als Kinder Ertrinken und Retten spielten, zur Eberesche, in die sie sich damals ein Baumhaus bauten, hätte es ihn nicht einfach zu diesen Orten treiben können, wie im Traum? Man ist einfach da und weiß nicht, warum?
In der Nacht rudert sie zurück. Der Mond hängt über Berg als feine, hauchdünne Sichel im weiten Dunkelblau. Und wie sie so rudert und immer ostwärts sehen muß, hört sie ganz leise wie aus weiter Ferne in diesem großem Raum, das Zwischenspiel aus *Lohengrin*, silbern flirrend wie Lametta, und droben auf der Sichel sieht sie, riesig in den Himmel ragend, Ludwig sitzen, in seinem blauen Georgsrittermantel und wie die Andechser Madonna auf sie hinuntersehen. Zuerst ist sie erschrocken. Steht es schon so mit ihr? Leidet sie unter Halluzinationen, Dementia praecox? Doch dann hält sie die Hände in einem Trichter vor den Mund und ruft ganz laut zum Himmel hinauf: »Komm runter, Ludwig! Komm runter zu mir – wennst an Schneid hast! Komm, trau dich!« Ein paar Enten flattern erschrocken aus dem Wasser auf und schlafen gleich darauf schwimmend wieder ein. Ludwig blickt langsam von ihr fort, schräg himmelwärts, wie er's auf allen Photographien tut, weil es die Photographen ihm so geraten haben. Da verblaßt das Bild, und der Mond hängt wieder ganz allein am schwarzen Himmel.
Zu Hause hat sie niemand vermißt. Also ist die Nichtbeachtung ihrer Person keine Provokation, sondern es ist ihnen tatsächlich egal, wo sie ist und bleibt, ob sie lebt oder stirbt.
Je länger Ludwig fernbleibt, um so hoffnungsloser wird sie von einer düsteren Melancholie befallen. Allmählich gerät sie in einen Zustand träumerischen Vor-sich-Hinbrütens, in den man gerät, wenn man etwas unwiederbringlich verloren hat. Fern von ihr, erscheint ihr Ludwig größer und schöner, aber auch verschwommener. Die Wände der Zimmer hüten seinen Schatten. Hier hat er gesessen und von Pfistermeister erzählt, dem gehaßten Staatssekretär. Von dessen engseidigen

speckig glänzenden Hosen auf seinen fetten O-Beinen und den ausladenden Hintern – ein Anblick, daß König Max ihm verboten hatte, an einer Gala in Paris teilzunehmen, weil er sich derart für ihn schämte. Aber Pfistermeister, der eitle Geck, erschien trotzdem.
Einmal hatte er eine Claque engagiert: Ludwig betrat nichtsahnend mit seiner Mutter die Königsloge, worauf es im ganzen Opernhaus zu zischen begann. »Er wollte mich damit zwingen, Wagner zu vertreiben. Es ist ihm gelungen. Nun gilt er als Retter Bayerns.«
Sophie hat diese Szene selbst miterlebt und war bestürzt, als sie Ludwigs Mutter eilig vom roten Plüschsessel aufspringen, aus der Loge stolpern und vor der Meute fliehen sah.
»Keiner hatte mich gewarnt. In jeder Reihe saßen bezahlte Leute – nicht von diesem Pfistermeister aus eigener Kasse bezahlt, nein, aus dem Staatssäckel. Ist es ein Wunder, daß ich nur noch Privatvorstellungen will! Damit nicht noch einer auf Pfistermeisters glorreiche Idee kommt!«
Hier am Fenster hat Ludwig gesessen und vom Festspielhaus auf den Isarhöhen gesprochen, von Sempers Entwürfen und dem verbissenen Widerstand Pfistermeisters und der Stadt. Ludwig saß barhäuptig vor dem weißen Fensterrahmen. Eine frische Brise kam von See und wehte die unter dem Fenstersims hängenden gelben und roten Kapuzinerkressen ins Zimmer herein.
Warum hat sie das Glück nicht ergriffen? Warum ihn nicht mit beiden Händen, auf beiden Knien zurückgehalten, ihn weinend umarmt, ihn fest umfangen? Bleib bei mir und liebe mich!
Vorigen Sonntag kam Freundin Melanie, um Sophie etwas aufzumuntern. Melanie hat eine höchst pikante Marotte: sie trägt Ketten aus lebenden Fliegen. Sie kennt genau die Stelle im Fliegenleib, die sie durchstechen kann, ohne daß die Tiere sterben. Statt Kuchen zu essen und Fruchtsaft zu trinken, frönte sie im Kuhstall ihrem Vergnügen. »Dieses Gekrabbel, diese zitternden Flügel und Fliegenbeinchen auf der nackten Haut zu spüren! Das ist ein himmlisches Gefühl«, schwärmte Melanie in Ekstase und versuchte, auch Sophie die Kette über

den Kopf zu ziehen. Sophie mußte sich erbrechen vor Ekel. Gelähmt zu sein, aber leben zu müssen, mit verzweifelten Füßen im Leeren Tritt zu suchen. Genauso hilflos und schmerzhaft empfindet Sophie ihre Situation.

16

»Ein Eigelb! Ein Eigelb! Seit wann gehört in eine Zwiebelsuppe Eigelb?!«
Melanie reckt die Nase in die Luft und näselt: »C'est la manière française, n'est ce pas?«
»Paß auf, Sophie, vielleicht heiratest du einmal einen Franzosen!«
»Unter einem Bayer tut sie's nicht«, flüstert Nora in die Runde. Und alle kichern und lachen, aber Sophie gähnt: »Seid ihr albern!« und stößt die Suppe von sich, daß sie überschwappt.
Es ist Erntedank, und Ludovika gibt ein großes Fest. Sophie hat sich mit ihren Freundinnen in ihrem Zimmer verschanzt. Ob sie vermißt wird? Der Abend ist fortgeschritten, und keiner ruft nach ihr. Sie läßt durch die Amme dieselbe Zwiebelsuppe auftragen, die auch die Taxis, Wredes und Arcos unten speisen.
Jede kostet vorsichtig, ohne das Eigelb zu verletzen. Jetzt hat doch Alexas Löffel hineingeschnitten, und das Eigelb zerfließt in der Brühe. Angeekelt schiebt sie den Teller von sich. Ihre Nachbarin spuckt hinein.
»So, wer sie jetzt ißt, kriegt von mir zehn Taler!« Sophie wirft die zehn Taler hoch in die Luft. Melanie zieht den Teller zu sich, will essen, kann nicht. Mathilde geht es ebenso. Alexa stößt die Suppe weg. Sophie spuckt nochmal hinein. Aber Nora beginnt zu löffeln. Allen graut es – wortlos. Nora beachtet niemanden, löffelt die Suppe. Da entsteht ihr ein schwerer Druck zwischen Kinn und Hals, und plötzlich stülpt sich ihr Magen um, und sie erbricht sich in die Suppe, auf den Tisch, über ihr Kleid. Die Mädchen schreien und lachen. Die Amme stürzt herein: »Ja, um Gods wuin! Um Gods wuin!« Nora stöhnt, leichengrün, will nur noch heim.
»So, wer jetzt die Suppe ißt, kriegt fünfzig Taler!« sagt Sophie ruhig und sieht sich um.

17

Es ist Herbst 1866. Österreich und seine Verbündeten haben den Krieg verloren. Ludwig hat, wie es heißt, große Schwierigkeiten, steckt in einer furchtbaren Bredouille. Preußen, das heißt der raffgierige, neidische Wilhelm, will sich Kulmbach, Ansbach, Bayreuth und zwanzig Millionen bayerische Taler einverleiben. Selbst Bismarck findet seinen Hohenzollern maßlos in seiner Raffgier. Österreich will Preußen einen Teil von Österreichisch-Schlesien abtreten, aber nur dann, wenn es von Bayern das Land zwischen Salzach und Inn erhält. Und schließlich erhebt Napoleon Anspruch auf Bayerns linksrheinische Besitzungen. Später wird er behaupten, das sei Eugénies Wunsch gewesen, in ihrem hausfraulichen Ordnungssinn: die zerfransten Ausbuchtungen auf der Landkarten müßten doch begradigt werden, n'est-ce pas?
Dann will der alte Preußenkönig die Hälfte der Nürnberger Burg. Er möchte sie von Bayern geschenkt bekommen, quasi als Akt der Bruderliebe zwischen Bayern und Preußen. Damit er gemeinsam mit seinem wunderschönen Großneffen von den Kaiserzinnen herabwinken kann und ein wenig vom Charme und Charisma des Jungen auf ihn abstrahlt. Wagner hat Ludwig geraten, seinen Regierungssitz nach Nürnberg zu verlegen: »Dann kann der alte Preuße seine habgierigen Pratzen nicht so leicht auf Ihre nördlichen Städte legen« – und, die zweite Fliege mit derselben Klappe – »Sie wären endlich weg aus diesem entsetzlichen, mißgünstigen, verletzenden, dummstolzen, mefitischen München.«
Was soll das Sophie interessieren? Er läßt sie ohnehin an nichts teilhaben. Sollen die Preußen ruhig halb Bayern fressen, er ist ja selber ein halber Hohenzoller. Soll er sich arrangieren oder auch nicht. Soll er entmündigt werden, wie dieser ehrgeizige Luitpold in schöner Regelmäßigkeit verlangt: voriges Jahr wegen der Freundschaft mit Wagner, dieses Jahr aus reinem Neid und weil Ludwig die heimkehrenden Soldaten

nicht empfangen hat. Daß der junge König sich schämt, gleichaltrige Burschen in Krieg und Tod geschickt zu haben, ist diesem Biedermann eine höchst bedenkliche moralische Schwäche.
Was geht es Sophie an? Ihretwegen können sie ihm ruhig eine Regentschaft vorsetzen! Soll er sterben – lachen wird sie! Und dabei weint sie jeden Tag.
Wagner hat ihm zu einer Rundreise durch Franken geraten. Ludwig überwand seine Schüchternheit und reist jetzt von Aschaffenburg nach Kronach, von Stadt zu Stadt, von Triumph zu Triumph. Alle freuen sich über diesen schönen, interessierten, interessanten König.
Aber warum nicht mit ihr? Sie hätte seinen Triumph doch so genossen und bestimmt nicht geschmälert!
Täglich beantwortet Düfflipp Liebesbriefe. Viele Frauen lieben den König, wollen von ihm geliebt werden, Kinder von ihm haben, bieten sich ihm an. Sie ennuyieren ihn, das weiß Sophie. Ludwig ist nicht kokett. Er ist nur peinlich berührt. Und als ihn sogar die Frau eines Ministers mit ihrer verzweifelten Liebe belästigt, bittet er den Mann diskret und verbindlich um Disziplinierung seiner Frau. Ludwig ist Sophie ein Rätsel. Was will er? Wie lang will er noch warten? Warum will er sie nicht?
Einmal ist sie in Köhlerkleidern in den Ascheringer Wald gegangen, obwohl es hier weit und breit keine Köhler gibt und sie einigermaßen lächerlich wirkte, um sich im dichten Wald von einem Holzfäller oder Förster oder einem jungen Pilzsammler ...
Ein Hirsch brach durch das Dickicht, Eichelhäher schrien, und ein Schwarm Wildgänse flog vom nahen Moorsee auf. Pferdebremsen haben sie dreimal gestochen. Doch das raubte ihr nicht die Unschuld. Früher hat man sie wie eine Prinzessin behandelt, jetzt wie eine Verlorene. Als sie aufblickt, sieht sie die Sonne schwarz verschmiert vor Verbitterung.
Weiß er nicht, was er ihr antut? Gut, Ludovika hat ihm das Messer an die Kehle gesetzt: Hic Rhodos, hic salta. Aber wenn er sie liebte, wäre ihm doch die Mutter egal – schließlich soll er sie heiraten, Sophie! Was hat sie falsch gemacht? Seit wann

hat sie verspielt? Wenn das Grübeln über einen gewissen Punkt hinausgeht, macht es sie nur noch verrückt, und sie muß die Stelle im Kopf, wo es nagt und so ätzend sticht, einfach ausschalten und weitermachen, weitermachen, weitermachen – aber warum eigentlich?
»Auf! Auf! Hopp!« Ludovika schlägt ihr auf den Rücken, »Und grad halten!« Sie fahren heute zum weihnachtlichen Hofball: die Eltern, Gackel und sie. Scheinbar hat Ludovika wieder Mut gefaßt. Auf! Auf! Die Arcos sind da, die Taxis und viele, viele Junggesellen! Nach uns die Sintflut!
Die selbstauferlegte Trennung hat Ludwig entnervt, und als er auf dem Ball, zu dem er sich voller Widerwillen überreden ließ, plötzlich »unter all den Larven«, wie er sagt, das vertraute Gesicht seiner »Tante Sophie« erblickt, die in ihrem Silbergewand und Ludovikas Diamanten im Haar unbestritten die Schönste im Raum ist, freut er sich plötzlich und hat alles, was war, vergessen.
Sie meidet ihn. Sie tanzt mit allen, die »schöne Lorelei« – diesen Namen hat ihr Paul Taxis verpaßt – nur nicht mit Ludwig. Er sucht sie. Sie versteckt sich in einer Nische. Als er sie endlich findet, weint sie. Sie hätte ihm fairerweise sagen müssen, daß es damit nichts auf sich hat, daß sie in letzter Zeit immer weint, daß Weinen und Trübseligkeit ihre zweite Natur geworden ist, doch sie schweigt. Ludwig, der selbst nie weint, seinen frostigen Vater und seine hilflos-selbstgefällige Mutter nie hat weinen sehen, ist tief erschüttert. »Liebe Cousine, liebe Cousine«, stammelt er, »bleib mein Kamerad, mein Freund, ich brauche dich. Warum weinst du? Du mußt nicht weinen ... ich ... ich ...« Zu mehr kann er sich immer noch nicht aufraffen, drückt ihr zwei heiße Küsse in die Hände, und fort ist er. Die alte Fürstin Wrede, die nicht mehr gehen kann, weil ihre dürren Beinchen zu schwach für den immer schwereren Leib geworden sind, sitzt unbewegt in ihrem Rollstuhl in der Ecke. Sie schüttelt den Kopf. Früher galt das Weinen eines Mädchens als Einleitung zu einem schon gewonnenen Spiel. Und das brauchte der junge Mann nur noch zu Ende zu spielen, ganz nach seinem Gusto. Da läuft man doch nicht weg? Da nützt man doch die Zeit!

Am nächsten Tag auf einem Diner, zu dem auch die Familie des Herzog Max geladen ist, schlägt Ludwig aufgeregt ans Champagnerglas, daß es fast zerspringt, und verkündet seine Verlobung mit Sophie. Diese ist wie vom Donner gerührt. Beinah wäre ihr das Ananaseis, das sie gerade zum Mund führen wollte, vom Löffel gefallen. Ist das jetzt die Freude? Ist sie jetzt so unendlich glücklich wie in ihren Träumen? Wenn sie ehrlich ist, empfindet sie gar nichts, Kopf und Herz sind leer. Und Ludwigs Hände zittern und lassen sich nicht mehr bändigen, sein Körper zuckt und bebt. Er ist dermaßen erregt, daß er aufsteht – und zur Türe gehen will – hoffentlich erreicht er sie noch, fleht Sophie insgeheim. O Ludwig, äußert sich so deine Freude? Oder die Verzweiflung? Hast du zuviel getrunken? War dein Entschluß so entsetzlich? Geht er derart über deine Kräfte? Tu mir das nicht an! Mach uns nicht zum Gespött! –
Auf dem Parkett die Muster abzählend, verläßt Ludwig den Saal.
Noch am selben Abend in der Oper, sein Paroxysmus hat sich gelegt, geht er zusammen mit seiner Mutter in die Loge des Herzogs Max hinüber und holt Sophie zu sich in die Königsloge. Das Publikum klatscht und trampelt. Manche schreien Bravo. Den ganzen Abend sitzt Sophie zwischen Ludwig und seiner Mutter, betäubt und nun endlich glücklich. Wenn man sie gefragt hätte, welches Schauspiel sie heute gesehen hat, sie hätte nicht antworten können.
»Endlich«, murmelt Ludovika, »endlich.« Denn damit war die Verlobung offiziell.

18

Ein tiefverschneiter Tag. Die Glocken im schlanken Turm der Johanniskirche, die Glocken vom Alten Peter, die Domglokken, die Glocken der Theatinerkirche, der Michaelskirche und von Mariahilf, die Glocken der Klöster Ettal, Andechs. Polling, Steingaden, die Glocken der Wieskirche und die Glocken überall im Land, in Nürnberg, Hof, Bayreuth und Aschaffenburg, in der bayerischen Pfalz – alle läuten, daß die Türme beben. Mit jeder weiteren Kirche im frommen Land wird das Gedröhne gewaltiger und endet schließlich mit dem kleinen wimmernden Ton der Possenhofener Schloßkapelle. Wie ein Echo pendelt das leise Geläute von Aufkirchen über den See ins Possenhofener Armesünderglöckchen hinein.

»Also dann wird's Sopherl Königin von Bayern! Wer hätt' das denkt!« sagt Max verwundert.

Ludovika drückt Sophie innig die Hand, als wollte sie sagen: Wir beide schon, gell?

Max und Ludovika gehen mit ihrer Tochter durch den verschneiten Park. Das Glöckchen der Kapelle bimmelt leise aus. Dafür kläffen Ludovikas Spitze den Abhang hinunter, den Enten hinterher.

Max sinniert weiter: »Der Ludwig... naja, is' ja wurscht! Des wern die besten Ehemänner. Mußt nie eifersüchtig sein.«

Ludovika schließt entnervt die Augen und läßt den Kopf ergeben sinken. Was muß er denn reden, soll er doch still sein!

Sophie aber widerspricht: »Auf die Sisi schon. Die liebt er mehr wie mich.«

»Als! Mehr als! ... Du mußt jetzt gutes Deutsch sprechen«, und mit dem obligaten Stoß in den Rücken fügt sie hinzu: »Und grad halten! Wehe«, droht sie zu Max hinüber, »wehe, wennst ihr den Ludwig vergraulst.«

»Warum soll ich ihr den Ludwig vergraulen?«

»Damitst dein Mäderl behältst. Dein Sopherl. Dein Herzibopperl.«

Jetzt plötzlich! denkt Sophie. Von solchen Gefühlen hatte sie nie was gemerkt. Natürlich. Als künftige Königin wird man ganz schnell Lieblingstochter. Bei Sisi wars auch so. Daß sie sich nicht schämen!

Max hört gar nicht zu, sondern sinniert: »Naja, die Lieselotte is' mit ihrem Monsieur ja auch leidlich glücklich worn ...«.

»Du wirst doch unsere schöne schlanke Sophie nicht mit diesem fetten pfälzischen Trampel vergleichen ...«

Sophie hat ihn als erste gesehen. Sie lacht, zupft sich schnell ein paar Löckchen unter der Pelzhaube vor.

Ludovika sieht sich aufgeregt um: »Wo ist die Sternbach?! Immer, wenn man sie braucht ...«

Sophie zischt empört: »Beim Ludwig braucht man kein' Anstandswauwau.«

»Des is' schlecht ... sehr schlecht ...«, murmelt Max und macht eine leichte Verbeugung.

Ludwig ist mit Düfflipp den Parkweg heraufgekommen. Eben hat Düfflipp ihm versichert: »Nein, nein, Majestät haben selbstverständlich eine sehr gute Wahl getroffen. Die Prinzessin Braut ist reizend. Aber ich verstehe nicht die Übereilung ...« Ludwig läuft ihm fast davon, spricht hastig, von ihm abgewandt: »Ich war so gerührt vom Beweis ihrer wahren tiefen Liebe...«

»Von welchem Beweis ...? Verzeihen Sie, Majestät ...«

»Ihre Tränen! Sie hat so geweint ... so geweint.«

»Ach ja.«

Die Hunde umkläffen sie. Ludwig hebt die in die Knie gesunkene Ludovika auf, erwidert Maxens Verbeugung, küßt Sophies Hand. Dann, zu den Eltern gewandt: »Darf ich Ihnen Sophie entführen?«

Max lächelt: »Höchst ungern.«

Ludovika nickt im gleichen Moment: »Ja, gern, wohin denn?«

»Zu einer Kahnpartie.«

Ludovika ruft entsetzt: »Was! Bei der Kälte!« Ludwig verbeugt sich, reicht Sophie den Arm und eilt mit ihr davon, daß Sophie laufen muß, um Schritt zu halten. Düfflipp und die Hunde jagen hinterher.

Max, baff und perplex: »Husch, husch, die Waldfee ... spricht sein Salam alaikum, und weg isser!« Und Ludovika ruft empört hinterher: »Der Herr befiehlt, und schon soll sie springen! Hopp, hopp! Par ordre du Mufti!« Woraufhin Max sich ironisch seiner Frau zuwendet: »Wehe, wennst ihr den Ludwig vergraulst ...«

19

Aus den weißen Nebeln über dem Wasser taucht die Alpenkette. Sophie zählt auf: »Benediktenwand, Glaswand, Rabenkopf, Kesselberg ...«
Ludwig fährt fort: »... Herzogstand, Heimgarten, Krottenkopf, Dreitorspitz, Ettaler Mandl ...« Er lacht »Bald wirst du die Königin vom Ettaler Mandl!«
Sophie sitzt in ihrem weißen Pelz Ludwig gegenüber. Ein junger Bursche rudert. In einigem Abstand folgt Düfflipps Kahn. Er muß etwas Witziges gesagt haben, denn sie hört die Sternbach hell auflachen. In weiter Ferne das Bellen der Hunde.
Sophie zieht die Hand aus dem Muff und läßt sie durchs Wasser gleiten. »Eine Idee, mitten im Winter ... hu!« Schaudernd schüttelt sie das Wasser ab und steckt die Hand in den Muff zurück. »Als Kind bin ich mit der Meilhaus über den zugefrorenen See gewandert«, sagt Ludwig lächelnd, »wie weiland Christus über den See Genezareth.«
»Ich weiß, ich weiß ..« Träumerisch blickt sie über den Rand des Kahns hinab. »... Zweihundert Meter tief ist der See ... zweimal die Domtürme aufeinander ...«
»Nicht hier ... Hier sind's höchstens fünf Meter ... oder vielmehr tiefstens.«
»Da kannst du auch ertrinken. Als ich klein war, bin ich einmal in eine Pfütze gefallen und wäre beinah ertrunken, erzählt die Amme.« Sophie wechselt den Platz und setzt sich neben Ludwig. »Es muß wunderbar sein ...«
»Was? Das Ertrinken?« Ludwig lacht.
»Nein, König sein!« ruft sie und lehnt sich an ihn. »Da kannst du machen, was du willst – regieren, wie du willst.«
Ludwig nickt. »Ja, bei der Schauspielerbesetzung und beim Theaterspielplan. Beim Krieg voriges Jahr hatte ich gefälligst den Mund zu halten, wenn Erwachsene sprechen, und mitzumachen. Denkst du vielleicht, ich wollte den Krieg? Ganz gewiß nicht! Ich hab' mich geweigert, die Mobilmachung anzu-

ordnen.« Er rückt von ihr ab. »Dann stellen sie mich als Idioten hin, als Schwärmer, als weltfernen Jüngling, der's halt nicht versteht, keine Zusammenhänge durchschaut, viel zu jung ist – bis ich endlich unterschreibe, damit sie mich nicht weiter denunzieren und das Königtum verhunzen. Doch dann, wenn alles verloren ist, bin ich schuld ... ich hab' schließlich unterschrieben ... er ist halt unfähig, versteht's halt nicht, viel zu jung, ein weltferner Schwärmer ... und so weiter ... Sind alle bestochen! Leider vom Bismarck und nicht von mir!« Er piekst mit seinem Stock dem jungen Fischer in den Hintern. »Kannst es ruhig weitersagen, Sepp! Schließlich sind wir ein freies Land!« Er lacht ironisch. Sophie kuschelt sich wieder an ihn und sieht zu ihm auf.
»Hier sind wir auch mit Andersen gerudert«, fährt er fort. »Allerdings von Berg aus. Er hat uns ›Das häßliche Entlein‹ vorgelesen, das heißt meinen Eltern, denn ihm war die Meinung der Erwachsenen viel wichtiger. Mit seinem schönen Akzent hat er vom Swan und vom Entensnabel und vom Snee im Sloßpark gelesen – und besonders kann ich mich erinnern, wie emphatisch er am Schluß des Märchens die Stimme hob: ›Da breitete es mit einem Mal seine Swingen aus‹ und vom Buch aufschaute, als wollte er den ›Swingen‹ nachsehen. Otto und ich haben uns in die Backen gebissen und den Mund fest zugehalten, damit er unser Lachen nicht sieht. Er war so empfindlich. Nicht wir waren die Kinder, sondern er war das Kind. In Verona hatte er zwei Skorpionstiche abbekommen, einen in den Hals und den anderen in den Hinterkopf. Gietl mußte beide aufschneiden. Andersen hat in solchen Sachen viel Pech gehabt.«
»In ›Soll und Haben‹ gibt es eine wunderbare Figur – den Baron von Fink! Der ist dir ähnlich! Auch dunkelhaarig, auch sehr schön, liebt die Frauen, macht sich über sie lustig, ist auch sehr ironisch.Nur ist er mehr Geschäftsmann, steht mehr im Leben ...«
»Einmal hat er meinem Vater verraten, daß er München entsetzlich findet. Jede Stadt auf der Welt habe ihren eigenen Charakter, nur München nicht. München habe was von aller Welt. Er wisse nicht, ob er im Süden oder im Norden sei. Das

Postamt mit seiner rotbemalten Wand ahme Pompeji nach, die Residenz den Renaissancepalast des Herzogs von Toskana, die Aukirche erinnere ihn an einen Stephansdom für Arme – doch jetzt durch Maxens Maximilianeum auf der Isarhöhe werde München ein ganz anderes Gepräge bekommen, ein eigenständiges, endlich!« Ludwig lacht: »Selbst die Größten schmeicheln! Und bei Andersen war es seine zweite Natur. Wie Kinder schmeicheln: Hab mich lieb, hab mich lieb, dann sag' ich auch alles, was du willst! ... Weißt du eigentlich, daß Karl der Zwölfte ein Wittelsbacher war?« fragt Ludwig unvermittelt. »Kein Wasa! Ein Wittelsbacher! Pardon, ich bin jetzt vom Dänen auf den Schweden gesprungen.«
Sophie ist ratlos: »Was? Wasa? –«
»Ein Held ... viel zu groß fürs kleine Schweden! Mit fünfzehn kam er an die Macht ... also noch früher als ich ... falls man bei mir überhaupt von Macht sprechen darf. Als man ihm das Bein abnahm, hat er sich gar nichts anmerken lassen.« Plötzlich verfällt Ludwig in einen affektiert nasalen Ton: »Ach bitte, schneiden Sie mir doch noch die Zehennägel am anderen Fuß, wo Sie gerade am Schneiden sind!« Ludwig lacht. »Dabei gab's damals noch kein Morphium.«
»Unmenschlich ...«
»Er hat niemals Alkohol getrunken.«
»Ein Wittelsbacher?!«
»Ja. Bewundernswert ... wahnsinnig ... er haßte die Frauen.«
Sophie setzt sich kerzengerade auf. »Warum? Das ist doch schrecklich!«
Ludwigs Gedanken schweifen ab. »... Karl der Zwölfte ... das wär ein Sujet für ihn! Aber er schreibt kein Werk für mich ... Keine Zueignung ... Seine Undankbarkeit ist grenzenlos ... und auch seine Begabung für Intrigen ...« Er versinkt in düsteres Schweigen.
Sophie will ihn aufmuntern: »Weißt du, wie die Scheffsky die Senta singt?« Sie holt tief Atem, tief in den Bauch hinein, daß es sie aufbläht wie einen Ochsenfrosch, hält sich mit beiden Händen den wogenden Busen, hebt mit geblähtem Hals den rotangelaufenen Kopf und läßt einen unglaublich schrillen Schrei ihrem Mund entweichen.

Sepp verliert vor Schreck sein Ruder – und Ludwig lacht, lacht, daß er sich die Tränen trocknen muß: »So gefällst du mir, Sophie!« Lachend hilft er dem Fischer, das Ruder zu ergattern. »Das wird unsere erste gemeinsame Regierungstat sein: Umbesetzung der Scheffsky! Weißt du schon einen Ersatz? Das wird ihn freuen. Er mag sie auch nicht.«
Sophie lehnt sich unendlich glücklich im Kahn zurück, als hätte sie eine Schlacht gewonnen, und will den Moment noch weiter auskosten: »Was war der glücklichste Augenblick in deinem Leben, Ludwig?«
Da muß er nicht lang überlegen. »Als die Lohengrin-Ouverture begann, und der Vorhang war noch geschlossen ... eine verzauberte Erwartung ... und als ich den Meister sah ...« Ludwig hält ihrem flehenden Blick stand, küßt ihre Hand. »Jetzt ist es sehr schön ... sehr schön mit dir.«
Sophie fragt ernüchtert und eigentlich nur noch der Vollständigkeit halber: »Und der furchtbarste Moment?«
»Otto.« Ludwig spricht sehr abweisend. »Otto – als er mitten in der Christmette aufstand und vor der Gemeinde beichten wollte. Es war furchtbar. Furchtbar.« Er bedeckt die Augen und stöhnt.
Sophie nickt ergriffen, will seinen Arm streicheln, greift dann aber seitwärts, um die Stegpfosten der Roseninsel abzuwehren. Ludwig nimmt die Hände vom Gesicht, schüttelt sich, sagt sehr kühl: »Und wie beim Neujahrsempfang meine Mutter aus dem Mund roch ... ein mefitischer Gestank. Sie hat den Mund in grußentbietender Absicht geöffnet. Ich glaube, Pfistermeister war der Glückliche.« Mit diesen Worten hilft er der lachenden Sophie aus dem Kahn, springt ihr nach und führt sie über den Steg auf die Insel.
Als sie in den kleinen mit Holzschnitzereien verzierten Raum treten, entfachen ein Mädchen und ein livrierter Diener ein Feuer im Kamin. Der Holztisch ist mit Speisen beladen, und zwei Gedecke liegen auf. Ludwig und Sophie nehmen Platz. Der Livrierte spring herbei und serviert.
Ludwig läßt sich viel zuviel auf den Teller häufen, sieht zu und sagt nicht Halt: »Weißt du eigentlich, wie Pfistermeister Wagner nach München brachte?«

Sophie schüttelt lachend den Kopf und nimmt sich eine Aprikose vom kunstvoll arrangierten Früchteaufsatz, beißt hinein und ißt mit spitz aufgestellten Ellenbogen.
»Wagner hatte sich hochverschuldet in Stuttgart versteckt, als Pfistermeister ihn endlich aufstöberte und meine Einladung überbrachte. Am Nachmittag des dritten Mai hat Pfistermeister seinen dicken Arsch schon ganz gemütlich in einem Coupé erster Klasse verstaut, als Wagner kommt, sich zu ihm setzt, Konversation macht, was ja bei diesem ausgebeulten Gartenzwerg kein Honigschlecken ist. Kurz vor der Abfahrt erfährt Wagner ganz zufällig, daß Pfistermeister gar nicht daran gedacht hat, für ihn auch ein Billett zu kaufen. Wagner rennt hinaus zum Schalter, hat zwar nicht das Geld für die Fahrkarte, dafür aber das Glück, einen Freund zu treffen, der ihm aushilft, er erwischt gerade noch den abfahrenden Zug und springt auf. Wenn er den Zug nicht erreicht hätte, weiß ich schon, was mir Pfistermeister aufgetischt hätte: Der sybaritische Musikus hat noch ein wenig beim Souper verweilt. Sein Wunsch, den König zu sehen, scheint nicht gar zu überwältigend zu sein.« Ludwig lacht auf, schiebt den Teller von sich, als habe er genug vom Essen und überhaupt von allem. »Dann hat er sich noch beschwert, daß dieser ›verschuldete Bänkelsänger‹ sich zu ihm in die erste Klasse setzt!«
Sophie läßt sich Lachs vorlegen: »Immerhin war er bayerischer Kabinettsekretär ...«
»Und Wagner ist das größte Genie unserer Zeit!« erwidert Ludwig heftig und nimmt sich eine Birne aus der untersten Lage des Fruchtarrangements, daß der ganze kunstvolle Bau zusammenstürzt. »Schon an der verschiedenen Zeitengebung merkst du die Vergänglichkeit des einen und die Ewigkeit des anderen.«
Sophie beginnt zu essen, sparsam wie ein Mäuslein: »Aber er war doch zumindest ein integrer Bursche, was man von Wagner nicht gerade ...«
»Integer!« schnaubt Ludwig. »Ein nach oben verirrter Untertan! Die sind selten integer!« Er legt die angebissene Birne auf das Durcheinander der Früchte zurück. »Weißt du, da muß man erst dahinterkommen, daß die Staatsdiener nichts sind!

Nichts! Nur Feigheit, Frechheit, Faulheit, Intrige! Was gäb' ich für einen Bismarck!«
»Ich hab' den Pfistermeister nie gesehen.«
»Selbst das ist noch zu oft.«
Sophie lacht, trinkt einen Schluck, um ihr Gesicht zu verdecken: »Willst du nicht wissen, was mein glücklichster Moment war?«
Ludwig muß sich erst umstellen, dann fragt er lächelnd: »Jetzt?«
Sophie nickt errötend.
Ludwig gibt ihr einen liebevollen Nasenstüber über den Tisch hinweg.

20

Später fahren sie in die Residenz. Sophie will den Palmengarten sehen, Ludwigs Exotikpark in den oberen Gemächern. Die Dämmerung ist schon hereingebrochen, die blaue Stunde der Verliebten und Verbrecher. Rechts und links ziehen schwarze Bäume und die Petroleumlichter der Häuser vorbei. Sophie streckt den Kopf aus dem Kutschenfenster. Eine Schneeflocke schmilzt in ihrem Auge. Langsam schweben Millionen von Flocken herab wie von Engeln abgeschüttelter Flügelflaum. Sie schließt die Augen und atmet tief ein. Es riecht nach Schnee und Ruß, nach Zimt und Zukunft. Sie spricht von einer Zuckerbäckerstadt und er von Rattengift auf den Dächern und Gassen, das die Ratten nur leider nicht fressen.

Plötzlich hat sie den Eindruck, daß er glaubt, sie ständig unterhalten zu müssen, daß er gar nicht mehr überlegt, was er sagt, daß ihn jedes Wort anstrengt und langweilt und ihrem Zusammensein allmählich jede Selbstverständlichkeit fehlt. Auch sie hat keinen Spaß mehr. Wie ein Kind, das seit September auf Weihnachten wartet, und nun ist's endlich soweit, es ist Weihnachten, aber die Freude hat sich verflüchtigt. Die Luft ist raus. Der Spaß ist vorbei.

So setzt sie sich im Palmengarten gleich ans Klavier, das neben dem künstlichen See steht, und beginnt die *Rheingold*-Ouverture, die sie so gut spielen kann. Sie spielt langsam, ruhig und getragen, damit sie sich beide wieder erholen und zu sich kommen.

Ludwig läßt sich am sandbeworfenen Steinrand des Bassins nieder und betrachtet geistesabwesend den künstlichen Mond über dem künstlichen See. Er greift lässig nach dem Ende eines Bandes, das vom künstlichen Himmel herabhängt, und läßt den Mond zunehmen oder abnehmen, indem er zieht oder die Automatik zurückrollen läßt. Vollmond – Halbmond – Neumond – Sichel, das magische grünblaue Licht des

Raums verdunkelt oder vergoldet sich, und dies im Rhythmus des Neunachteltakts des erzschlagenden Loge.
»Elsa!« krächzt es aus den Palmen und wieder: »Elsa!«
Sophie blickt überrascht auf. Da lacht es von oben, wie Ludwig lacht, wenn er sich freut, und ein großer grüner Papagei stürzt flügelschlagend auf Sophie herab, die vor Schreck panisch zusammenzuckt, so daß ihr Spiel mit einer schrillen Dissonanz abbricht.
»O Verzeihung«, entschuldigt sich der Vogel, krallt sich an ihrer Schulter fest und äugt dabei zu Düfflipp hinüber, der eben eingetreten ist.
Mit tiefer Verbeugung nähert sich der Sekretär, fragt leise, wen Ludwig zum Verlobungsball zu sehen wünsche. Da er dringend die Listen fertigstellen müsse, wage er, zu einem so ungünstigen Zeitpunkt zu stören.
»Niemanden!« antwortet Ludwig lakonisch.
»Elsa – Elsa«, flüstert der Papagei wie verliebt, reibt seinen Kopf an Sophies Kinn und niest ihr spuckend ins Ohr hinein.
»Aber Ludwig!« ruft Sophie bestürzt und versucht, den Vogel von ihrer Schulter zu schieben. Doch der krallt sich nur um so energischer fest.
Ludwig erhebt sich wütend, klopft sich Sand vom Anzug. »Dann alle! Beamte! Künstler! Schauspieler! Tänzer! Sänger! Narren! Alle! Alle!« schlägt immer heftiger auf den Stoff. »Daß nur nicht die Familie überbordet und das ganze Ministergegacker! Keinen Preußen bitte!« Ein Jackenknopf bleibt in seiner Hand. Er wirft ihn verächtlich ins Becken. »Ich hasse diesen Pommerschen Junker mit seinem feuchtinnigen tückischen Basedowblick«, ruft er unvermittelt und lacht böse. »Im Winter ist der Pommer noch dümmer als im Sommer!«
Der Papagei ahmt schrill sein Lachen nach und fliegt in die Palmen zurück.
»Das freudige Ereignis muß auch den Landschaftskammern mitgeteilt werden.«
»Dann teilen Sie mit, Düfflipp, teilen Sie mit«, kommt es träge und gelangweilt, »und bitte nur eine ganz allgemeine Huldigung! Die Musik sehr lebhaft und laut – ja! Daß man

d'Leut' ned so hört! Und die Blumengebinde vor Sophie und mir bitte sehr hoch und paraventmäßig – daß man d' Leut' ned so sieht.« Er nimmt Sophies Hand. »Wir verbitten uns jedes persönliche Angestrudeltwerden! Und auch kein Hoch auf ein gutes Gelingen bei der Zeugung des Thronfolgers, womit man seinerzeit meine Eltern so ennuyierte.« Sophie hat hochrot die Augen niedergeschlagen. Ludwig küßt ihre Hand: »Liebe Sophie, ein Scheich würde zehn Oasen für dich bieten. Ich biete dir mein Königreich, mein wohl bald mediatisiertes Königreich.«

21

Da hängt das Brautkleid aller Brautkleider in seiner silbernen Glorie im Fenster zur Ludwigstraße hinaus. Der Wind dreht und wendet es. Alle Passanten können es bewundern, wenn sie sich die Mühe machen, zum ersten Stock hinaufzusehen: die Studenten der nahen Ludwig-Maximilian-Universität, Professoren, Bankiers, Pfarrer und Diakone der Ludwigskirche. Frauen laufen selten durch diese Straße der Palais und Ministerien. Sie ist ausgesprochen männerbeherrscht, und das Silberkleid funkelt herrscherlich auf sie hinauf.
Es wird das Kleid ihres Triumphes sein! Königin Sophie! Das ist's, was sie überströmend glücklich macht. Narzissen sprießen zwischen ihren Fingern und Hyazinthen wachsen in ihrem Haar, und Geigen spielen auf, wo sie geht, wo sie steht und durch die Gänge ihres Palais' tanzt. Am Nachmittag wird der Coiffeur ihre dichten blonden Haare, die er gestern schon mit Kognak, Eigelb und Lavendel gewaschen hat, zu einem langen Zopf flechten und kunstvoll um den Hinterkopf drapieren. Heute dürfen die Edelweißsterne ins Haar, denn als künftige Königin des Alpenlands Bayern steht ihr der Schmuck genauso zu wie der Kaiserin des Alpenlands Österreich. Sie wird das Zentrum sein. Alle wollen sie kennenlernen. Sie wird sich wieder keine Namen merken, kein Gesicht. Das geht ihr immer so. Sie denkt darüber nach, welchen Eindruck sie macht, und schon ist der Name vergessen samt dem Gesicht dazu. So war's auch schon auf den Hofbällen. Nicht einmal die Namen ihrer Verehrer hat sie sich gemerkt.
Ludwig! Ludwig kommt mit Wiener-Walzer-Klängen auf sie zu! Das ist kein Traum mehr. Das ist die Wirklichkeit. Dieser schöne schlanke Jüngling in der himmelblauen Chevauxlegeruniform, der alle überragt – und nicht nur körperlich – das wird mein Mann! Mein König schwebt mit Wiener-Walzer-Klängen auf mich zu! Wird sie jetzt nicht beneidet? Sie kann ihr Glück kaum fassen.

Ludwig begrüßt ihre Eltern, dann sie. Königin Marie grüßt ihre Eltern und küßt Sophie. Dann tritt der Gastgeber mit seiner Frau vor den König und Sophie. Lakaien reichen ihnen Champagnerkelche auf Silbertabletts. Ludwig stellt lächelnd vor: »Unser lieber Gastgeber mit seiner überaus liebenswürdigen Gemahlin – Fürstin Hohenlohe! Fürst Hohenlohe! Als Minister des königlichen Hauses mußte er in den sauren Apfel beißen und dieses Fest ausrichten.«
Großer lachender Protest. Hohenlohe hebt sein Glas – alles verstummt. Er räuspert sich und ruft mit hoher, belegter Stimme, wie sie zierliche kleine Herren öfter haben: »Wir trinken auf die Verlobung Seiner hochwohlgeborenen christlichen Majestät, König Ludwigs des Zweiten, mit seiner lieblichen Prinzessin Braut, Sophie-Charlotte, Herzogin in Bayern!«
Alle heben ihr Glas. Ludwig stößt sehr höflich mit dem Gastgeber, dessen Frau, mit seiner Mutter, der Brautmutter, dem Brautvater und schließlich mit Sophie an.
»Schad', daß Wagner nicht hier ist«, murmelt er, ohne die Lippen zu bewegen, Sophie ins Ohr, »Wär' doch ein Gesicht unter Larven.«
»Danke sehr!« gibt Sophie lachend zurück und sieht neugierig auf die Menschen hinab, die sich zum Defilee formieren. Sie steht zwischen Ludwig und Marie. Neben Marie wurde Max postiert, dann Ludovika, Fürst Hohenlohe mit Gemahlin, Prinz Otto und weiteres »prinzliches Geschwerl«, wie Sisi zu sagen pflegt.
Im Hintergrund läßt sich ein Diplomat mit Stentorstimme über die guten Beziehungen Bayerns zu Preußen aus, in der Absicht, gehört zu werden, und schwärmt von dem hohen Ansehen des bayerischen Heeres bei Moltke. »›Die braven Bayern werden durchhalten bis zum letzten Mann‹, sagt Bismarck«, tönt es aus dem Hintergrund, mindestens dreimal – bis Ludwig endlich reagiert: »Ich zweifle keinen Moment, daß sich meine Bayern bis zum letzten Mann totschießen lassen«, sagt er leichthin und ohne den Herausforderer anzusehen, »ich frage mich nur, wieweit ausgerechnet Herr Bismarck die Eignung besitzt, das zu beurteilen?«
»Das ist ja auch noch Zukunftsmusik. Doch dann ... werden

wir als Großdeutschland Großes vollbringen.« Mit Wagnerschem Stabreim sich Ludwig anbiedernd, ruft er emphatisch: »Was seit Urzeiten im Urschlamm schlummerte ...«
»Wie bitte? Wo bitte?« fragt Ludwig scharf.
Sophie reicht dem Maler Kaulbach kichernd die Hand, während Fürst Hohenlohe leise Anweisung gibt, den Diplomaten zu entfernen. Er wisse gar nicht, wie der neben den König gelangen konnte. »Die erste Panne«, registriert er gelassen.
»Die Welt wird sich noch wundern«, schnarrt es geheimnisvoll unpräzise.
»Das fürchte ich auch«, meint Ludwig knapp und reicht Graf Bray die Hand.
Der fragt fein lächelnd in seinem baltischen Tonfall. »Was fürchten Majestät?«
Ludwig, so zackig wie möglich: »Ordre parieren! Maulhalten! Gottesfurcht im Gedärm haben!« Dann zitiert er lächelnd: »Ich kenne kein Land, das soviel Anzeigen, Kleingedrucktes, Professoren, Prügel, Strafanträge, Denunzianten und Heidelberger Fässer vorzuweisen hat.«
Ein Minister fragt, nachsichtig lächelnd: »Heine?«
Ludwig schüttelt den Kopf: »Jean Paul. Ein kreuzbraver Untertan meines Urgroßvaters. Und diese reindeutschen Absonderlichkeiten will man durch Zusammenschluß der Länder potenzieren. Furchtbar.« Ein paar Herren klatschen. Viele nicht.
Ludovika ist hinter Max und Marie kurz zur Tochter geeilt: »Schau, das mußt jetzt ausbügeln ... verbindlich sein, wo er's nicht ist ... diplomatisch, gell ... und grad halten!« fügt sie mit dem gewohnten Stoß in den Rücken hinzu und huscht davon.
Pfistermeister wird ausgerufen und von Ludwig mit einem achtlosen Kopfnicken abgetan. Doch Sophie reicht ihm lächelnd die Hand: »Pfistermeister!« sagt sie und beherzigt Ludovikas Rat: »Ich habe schon so viel Gutes von Ihnen gehört.«
Ludwig sieht Sophie sehr erstaunt an. Dann winkt er ab. Das Defilee ist zu Ende. Die Wartenden und jene, die sich eben erst in die Schlange gereiht haben, lösen sich frustriert in kleine Gruppen auf. Erneut wird Champagner gereicht.

Sophie und Ludwig stehen nebeneinander wie Fremde. Sie schweigen.
Seine Mutter küßt Ludwig auf beiden Wangen: »Ich freue mich ja so, mein Sohn, eine so schöne Feier.«
Ludwig blickt sich nervös nach allen Seiten um. »Was feiert ihr denn? Daß ihr nicht heiraten müßt? Oder wie?« und sucht verzweifelt Sophies Blick. Wenn sie ihn jetzt ansähe, ihm zulächelte! Doch nein, sie muß sich zu Ludovika umdrehen, die ihr im Vorbeigehen zutuschelt: »Schau der Zwehl mit seiner Frau! Hat sie's wieder geschafft. Mei, sind die Männer dumm! Er steht da wie's Kind vorm Dreck.« Sophie lacht, Ludwig wendet sich abrupt ab. Das Champagnerglas noch in der Hand, folgt er einem vorbeigehenden Minister, als wolle er auch mit ihm anstoßen, aber er fragt leise: »Wie spät ist es, Bomhard? Ich möchte noch ins Theater.«
Der Angesprochene flüstert erschrocken: »Aber Majestät! Alle sehen her. Ich kann doch unmöglich, während sie sich mit mir unterhalten, die Uhr ziehen.«
Ludwig drängt ihn in eine Ecke, stellt sich dicht an ihn ran. »So, jetzt sieht's keiner.«
Bomhard zieht die Uhr, murmelt: »Dreiviertel zehn. Das Ende des Stücks könnten Sie vielleicht noch ...«
»Danke.«
Bomhard flüstert hilflos: »Aber Ihre Braut ... Ihre hohe Braut ...«
Doch Ludwig ist schon die Treppe hinuntergestürmt.
Sophie, die am Champagner nippt, sieht, wie die Leute einem davoneilenden jungen Mann in Chevauxlegeruniform einen Korridor öffnen ... Der Mund bleibt ihr offen stehen vor Entsetzen. Ludwig! Sie hebt den Arm, läßt ihn wieder fallen. Der Boden tut sich auf. Sie versinkt. Warum versinkt sie nicht? Es wäre so gut zu sterben, statt zu leben. Max packt sie hart am Arm und murmelt, ohne die Lippen zu bewegen: »Kein Eklat ... kein Eklat ...«
Das Orchester beginnt mit dem Vorspiel zum *Delirien*walzer.
»Is' ihm schlecht?« Ludovika kommt entsetzt herbeigeeilt.
Sophie wendet sich lächelnd um: »Aber nein, Mama. Er hat weg müssen. Wir haben es so ausgemacht.«

Max ist so empört, daß er stottert: »Wie konn-test du dich nur dar-auf ein-ein-lassen!«
»Das glaubt kein Mensch!« wirft Ludovika dazwischen.
»Nein. Wirklich. Er mußte dringend fort.«
Da flüstert Ludovika verzweifelt: »Ja, aber wohin denn?«
»Das darf ich nicht sagen.«
»Also, du weißt es nicht«, konstatiert Max.
»Ein Eklat ohnegleichen ... « Ludovika kämpft mit den Tränen.
»Weißt du, er kann die Leute nicht länger als fünf Minuten ertragen.«
»Dich bald auch nimmer!«
»Der kann sich selbst nicht ertragen«, brummt Max.
In diesem Augenblick verkündet der Gastgeber, der Ludwigs Abgang noch gar nicht bemerkt hat, laut über Gäste und Musik hinweg: »Nun bitten wir alleruntertänigst das Hohe Brautpaar zum Tanz!«
Applaus brandet auf. Seine Frau tuschelt ihm aufgeregt etwas ins Ohr, und Hohenlohe murmelt: »Zweite Panne.«
Max packt seine Tochter am Arm und schiebt sie vor sich her aufs Parkett. Sie tanzen. Die Leute drängen sich an sie heran, starren ihr ins Gesicht. Warum macht sie sich eigentlich die Mühe, morgens aufzustehen? Zwei, drei interessante Momente hat es in ihrem Leben gegeben, denkt Sophie, den Rest kann man vergessen. Sie wird sich heute ins Bett legen und nie mehr aufstehen. Am besten gleich. Weg von den Leuten, die sie angaffen. Weg! Sie dachte, im Zentrum der Freude zu sein. Eins, zwei, drei – eins, zwei, drei. Jetzt steht sie im Zentrum des Mitleids – und der Häme, denn das gehört zusammen wie Pech und Schwefel – »Hat die wirklich geglaubt, sie würde Königin? Hehehe!« Laßt mich nach Hause! Nach Possenhofen, in mein Bett! Weit weg, nach Ischl! Nein, da kennt man mich auch. Und meine Schande! Jetzt kommt der liebe Otto zu ihr, grüßt sie, tanzt mit ihr und fragt, wie's ihr geht – er hat nichts mitbekommen, wie gewöhnlich. Sie sieht, wie Königin Marie ihrer alten Redwitz winkt. Also will sie das Fest verlassen, hat Angst, man könnte sie nach Ludwig fragen, und sie müßte Stellung beziehen oder gar mit Sophie spre-

chen. Viele werden ihr folgen. Nur sie, die beleidigte Braut, darf nicht gehen, muß bleiben und jeden Verdacht, sie könnte beleidigt sein, geheimnisvoll lächelnd von sich weisen: Alles habe seine Richtigkeit!

Es glaubt ihr nur keiner. O Gott, gib mir eine Hochzeitsnacht mit einem kotzenden und scheißenden Mann! Laß mich mit dir tauschen, Marie! Eins, zwei, drei - eins, zwei, drei. Wie beneidet sie Marie in Neapel! So weit fort sein zu dürfen! Auf der Burg von Gaeta zu stehen, umgeben von donnernden Kanonen, von Bewunderung umrauscht! Sie war eine Heldin! Heldin zu werden ist ein Kinderspiel, Braut zu sein bringt Verletzungen und Schande! Laßt mich Kanonen zünden, Kugeln abschießen, in der Gefahr mich suhlen, nur schafft mir die hämische Meute vom Leib! Ich will nach Neapel! Oder klaftertief unter die Erde! Im See verbrennen – im Feuer ertrinken – »Ja? Was hast du gesagt?«

»Reiß dich endlich zusammen, oder...«, herrscht Max sie zähneknirschend an, reißt sie aus Ottos Arm und zerrt sie vom Parkett.

22

Ludwig eilt an ein paar Gendarmen vorbei, die schnell noch ihre Gewehre präsentieren, die Treppen des Opernhauses hinauf, sinkt auf seinen Platz in der Königsloge – bedeckt die Augen, seufzt, endlich zu Hause, fort von der künstlichen Wirklichkeit dieses Balls zur einzigen Wirklichkeit der Kunst! Hier ist seine Heimat, hier sein Refugium!
Was will er denn von dieser Frau? Zuwendung? Liebe? Errettung aus der Einsamkeit? Mit ihr zusammen ist er noch einsamer als allein. Sie wird ihm niemals helfen, seine großen Projekte durchzusetzen. Im Gegenteil, ein Klotz am Bein wird sie sein. Ich habe die primitivste Vorsichtsmaßnahme außer acht gelassen: sich zuvor die Mutter anzusehen. Töchter geraten immer nach der Mutter. Entsetzlich. Und die Mutter wird immer in München sein – omnipräsent war sie schon in Possenhofen, heute auf dem Ball und immer! Worauf hab' ich mich da bloß eingelassen? Und aufgeregt flüstert er Düfflipp zu: »Für Sophie werden die Hofgartenzimmer instand gesetzt, in denen mein Urgroßvater gehaust hat ...«
»Sehr wohl«, nickt Düfflipp und setzt sich auf den Platz, den früher Graf de la Rosée innehatte. »Und Sie, Majestät? Welche Räume werden Sie bewohnen?«
»Ich bleibe in meinen alten Zimmern. Da ist alles, was ich brauche.«
»Sehr wohl.«
Nach einiger Zeit beugt sich Düfflipp vor und flüstert, spontan und einfühlsam: »Majestät, in diesem Fall würde ich weniger auf die Mutter als auf die kaiserliche Schwester sehen. Die stammt schließlich aus demselben Stall, wie man etwas salopp zu sagen pflegt.«
Ludwig drückt ihm dankbar die Hand. Ein wenig getröstet sieht er zur Bühne vor. Dort geht Maria Stuart zum Schafott.

Sophie geht zur Tafel, läßt sich auf ihrem Platz nieder. Links

von ihr sitzt Max, neben dem freien Stuhl rechts neben ihr Ludovika. »Vielleicht kommt er noch ... kann ja sein«, murmelt die Mutter ohne Überzeugung.
Das Orchester ist von Tanzmusik zu Tafelmusik übergegangen, spielt ganz nach Ludwigs Wunsch Musik aus der Zeit des Sonnenkönigs, laut und lärmend.
Niemand wagt Sophie anzusprechen. Doch alle unterhalten sich angeregt, als wäre nichts geschehen. Sophie sitzt hinter dem aufgetürmten Blumenarrangement, muß niemanden sehen, wird kaum gesehen. Jetzt ist sie froh über Ludwigs »Schnapsidee«.
»... die Perlen erhielt sie von Henriette von England. Doch bei dieser Feuersbrunst, die einen Teil des Schlosses zerstörte, sind sie schwarz geworden – rabenschwarze Perlen ...«
»Unglaublich ...«
»Ja, aber nicht nur die Perlen haben sich verändert, mein Kammerdiener ist durch den Brand ein ganz anderer Mensch geworden ... sogar seine Handschrift ist derart verändert, daß wir zuerst meinten, ein Spaßvogel will uns zum besten halten ...»
»Sie wäre eine hervorragende Mamsell geworden ... aber ein adeliges Mädchen ... und dazu fünf Brüder! Ja, wer kann die denn heiraten? An der hat Gott viel gutzumachen! Weiß Gott!«
»... Sie hat Beethovens fünftes Klavierkonzert studiert ... dann das vierte ... das dritte ... tiefer will sie nicht mehr sinken, schrieb sie mir ... «Gelächter.
Ein Lakai tritt hinter Sophie, reicht ihr ein Billett. Alle verstummen. Also kann man sie doch sehen. Wie peinlich! Diese Blicke! Kaum hat sie das gedacht, setzt die erste Stimme wieder ein: »... Leider hat sich nicht nur seine Schrift verändert! Aus dem grundsoliden Mann ist ein grauenhafter Säufer geworden. Wir mußten ihn entlassen.«
Sophie hat zitternd das Kuvert aufgerissen. Max beugt sich zu ihr herüber und liest mit: »Liebe Sophie. Kann nicht mehr kommen. Bin auf dem Hochkopf. Lüge folgt. Ludwig.«
Da steigt ein Haß in ihr auf, der alles, was sie jemals gefühlt hat, überschwemmt und tötet. Bis jetzt hat sie geglaubt, ihn zu verstehen, hielt ihn für einsam und verzweifelt, dabei ist er

nur anmaßend und unverschämt, ein egozentrisches Ungeheuer. Ihr Körper zittert vor Wut. Alles in ihr schreit nach Rache. Dabei lauscht sie scheinbar interessiert den Diskussionen über die einzig richtige Hundehaltung und verabschiedet Nora Wrede, die eben das Fest verläßt, mit herzlichem Lächeln und Winken.

23

Was ist denn schon passiert? Ihm wurde schlecht. Er mußte das Fest verlassen. Na und?
Diese Version wird so lange wiederholt, aufgewärmt und durchgekocht, zum Frühstück, Mittagessen und Nachtmahl serviert, bis es Sophie und Ludwig schließlich selber glauben. Sie haben zwar den Phototermin am nächsten Tag versäumt, weil Ludwig auf dem Hochkopf war, aber das spielt keine Rolle. Ludwig meint sogar, Sophie hätte ihn ruhig wahrnehmen können, der kopierkundige Hofphotograph hätte ihr Bild mit einem der unzähligen Ludwigbilder zusammenmontieren können. So stellt sich Ludwig die Entstehung des Verlobungsphotos vor? Und vielleicht könnte man die Ehe ähnlich handhaben? Das fände er wunderbar!
Wie ein Wahnsinniger ist er mit Düfflipp durch die Täler und auf die Berge geritten.
Sicher, auch Ludwig der Vierzehnte hatte eine Frau, und nach den Briefen der Sevigné muß sie unglaublich platt und dumm gewesen sein. Doch er, Ludwig der Zweite, will sich keine Scarron suchen – er will mit seiner Frau Wissen und Überzeugungen teilen, gemeinsame Meinungen haben gegen den Rest der Welt. Doch Sophie wird bald, davon ist Ludwig überzeugt, alle Gemeinplätze der Gesellschaft übernehmen und in den Chor derer einstimmen, die ihn verhöhnen. Jetzt wird sie noch mit ihm gegen ihre Mutter sein, in ein paar Jahren mit der Mutter gegen ihn.
Wie er zu der Meinung kommt? Er weiß es selbst nicht genau. Vielleicht weil sie sämtliche Modejournale sowie deren feinere Unterschiede kennt? Und – seit neuestem spielt sie Offenbach.
Elisabeth hat Stilgefühl, kann einen Schiller von Hölderlin, einen Heine von Freiligrath, sogar einen Uhland von Mörike unterscheiden und sie aus dem Stegreif zitieren – Sophie kennt alles nur halb, hat Michelangelos David für einen Thor-

waldsen gehalten, weiß nichts von Krumpper noch von Ignaz Günther! Sie kennt kein Wort des Alten Testaments – dafür die Kinderbibel für die bayerischen Schulen fast auswendig! Ist das nicht furchtbar? Ein süßes Dummerle hat für ihn gar keinen Reiz, das reizt ihn nur.
Ludwig bleibt am Rand des Abgrunds stehen, sieht schaudernd ins Tal und zum gegenüberliegenden verschneiten Hochwald, dessen Wipfel sich im aufkommenden Wind hin- und herwiegen. Er wendet sich zu Düfflipp um, der sich in sicherem Abstand an einen Baum klammert: »Selbst die Bäume schütteln die Köpfe und sagen nein!« Wie unbewußt schüttelt auch er verneinend den Kopf, schaut zum See tief unter sich hinunter – »Lieber spring ich in den Alpsee.«

24

Einer der wenigen gemeinsamen Auftritte von Braut und Bräutigam, den Ludwig selbst angeregt hat, ist ein Besuch im Damenstift. Die Pensionsmädchen zu beschenken, kleine trotzige Schülerinnen durch königliche Fürbitten bei der geschmeichelten Oberin aus dem Karzer zu befreien, macht ihm Spaß. Das ist die Rolle des guten Königs: gnädig sein. Alles ordnen – deus ex machina sein, rex superbus!
So werden Ludwig und Sophie im Damenstift eine kleine Tombola veranstalten, für bedürftige Familien in der Au. Ludwig steuert wie gewöhnlich eine große Summe bei; er ist der freigebigste aller Bayernkönige. Vielleicht sollte sie ihm das austreiben, wenn sie Königin ist? Ludovika hat's ihr dringend geraten.
Sophie sitzt schön geschmückt in der ratternden Kutsche und fühlt durch die Gassen und Münchner Häuser hindurch die Aufregung der Mädchen pulsieren. In ein paar Minuten werden sie den König und seine Braut an ihrem Tisch haben. Sie spürt das vielfache Herzklopfen, die erwartungsvolle Freude, so wie sie sich als Kind über jede Erhebung ihres Alltags freute. Sie fährt mit Max und Ludovika durchs glatteisige München und zählt die vorbeieilenden Laternen: zehn, elf, zwölf, dreizehn ...
»Eine Huldigungsoper auf Sophies Hochzeit! Er wollte doch gar keine Huldigung! Zu was braucht's da jetzt eine Oper? Ein Jagerbursch Walter heiratet einen bürgerlichen Trampel Eva!« Ludovika schlägt vor Empörung die Hände zusammen. »So eine unerhörte Frechheit! Da machen wir uns ja lächerlich! Das mußt du unbedingt verbieten, Max! Ich hör' sie schon lachen, die Coburgs, die Habsburgs ...!«
»Die Hochzeit wird man vergessen, die ›Meistersinger‹ wahrscheinlich nicht.«
»Da lachen ja die Hühner!« lacht Ludovika verächtlich auf.
Max deutet grinsend auf sie und nickt bestätigend.

Die Flügeltüren mit schweren Akanthusverzierungen aus versilbertem Metall öffnen sich wie durch Geisterhände. Zwei kleine Mädchen haben die Türen aufgezogen. Sie sind so klein, daß sie nicht einmal bis an die Glasscheiben reichen. Sophie und ihre Eltern treten in den Vorraum. Als die Sternbach Sophie den schwarzen Mantel aus Plüsch, Lamé und Seide von den nackten Schultern nimmt, ist auch schon Ludwig da und reicht ihr den Arm. Doch zuvor späht er noch neugierig hinter die Flügeltüren zu den zwei kleinen Kindern und drückt jedem einen Lebkuchen in die Hand.
Da wird in den Innenräumen ganz leise ein A am Klavier angeschlagen, das durch ein vorsichtiges Summen einer Lehrerin begleitet wird. Sie singt ein leises »Gott« in tiefem Alt, ein »Gott« in gehauchtem Mezzo, »Gott« im Sopran. Dann scheint sie das Zeichen zum Einsatz gegeben zu haben. Ein Mädchenchor singt laut und mit Emphase: »Gott mit dir, du Land der Bayern ...«
Mit Tränen in den Augen, doch ein ironisches Lächeln um den Mund, betritt Ludwig mit Sophie am Arm die Schulräume.
Nach einer Stunde läuft die Tombola auf Hochtouren. Ein kleines Schülerinnenorchester formiert sich auf der Bühne und spielt Tanzmusik: den *Delirien*walzer und einen Melodienreigen aus *La fille mal gardée*, Sophies Lieblingsballett. Immer wieder muß sie hinübersehen, wie sich die kleinen Schülerinnen in ihren nonnenhaften Trachten in den Hüften wiegen und mit den Köpfen und Schultern kreisen.
Sophie und Ludwig verteilen die Gewinne; zwei Nonnen helfen. Der König ist ohnehin schon seit jeher ihr hochverehrter und geliebter Held, nun sind sie dabei, auch Sophie ins Herz zu schließen. Die Mädchen suchen immer ihre Nähe, streicheln verstohlen ihr Kleid, betasten die silberfunkelnden Sterne auf der himmelblauen Seide, gaffen bewundernd auf die Anstecksterne in Sophies blonder Haarkrone – eine von Ludwigs unzähligen Brautgaben.
»Damit du nicht immer dieses Edelweiß trägst«, hat er dabei gesagt, um die Kostbarkeit des Geschenks, Platin mit Brillanten, herabzumindern und ihrenDank zu zerreden.

»Was haben dir denn die armen Edelweiß getan? Warum magst du sie nicht?« fragte sie auch gleich, statt zu danken.
»Sie duften nicht, sehen aus wie getrocknet, und sie sind isabellfarben ...«
»Isabellfarben?«
»Das ist die Farbe der nie gewaschenen Wäsche der Königin Isabella.« Auf Sophies fragenden Blick setzte er hinzu: »Sie hat den kühnen Schwur getan, nicht mehr ihre Wäsche zu wechseln, bis sie siegt.«
»Hat sie gesiegt?«
»Nach Jahren ...«
Sophie lachte und rümpfte die Nase.
»Was ist dagegen unser ordinärer Löwenzahl für eine prächtige honigduftende Goldblume! Dabei gilt sie als Unkraut, weil sie häufig ist und leicht zu erreichen. Die Menschen sind Snobs. Geschmacklose Snobs!«
»Und was ist deine Lieblingsblume, Ludwig?« fragte Sophie.
»Jasmin«, antwortete er sofort. »Jasmin! Dieser süße seltsame Duft! Und er blüht zur schönsten Jahreszeit – wenn sich die Rosen entfalten und die Pfingstrosen prangen – ja, prangen«, wiederholt er bestimmt, weil sie gelächelt hat, »– und dann öffnet sich die Quintessenz aller Schönheit, die Jasminblüte, und verströmt ihren Duft. Ich wollte dir Jasminblüten schenken. Ich hatte schon die Entwürfe gemacht – Email, Perlmutt, Perlen und Gold. Aber mein lieber Hofjuwelier hat sich geweigert – Jasmin bringe Unglück, sei im Volksglauben die schlimmste Totenblume, ärger als weiße Rosen – Jasmin sei ein katastrophaler Fauxpas! Der Name stamme aus Persien und bedeute Verzweiflung! Siehst du? So bin ich auf die Silbersterne gekommen!«
Sophie war gerührt. Niemals würde Max von seinen Lieblingsblumen sprechen, weil er gar keine hat. Nur Lieblingspferde. Sie kennt überhaupt keinen Mann, der auch nur einen Gedanken an Blumen verschwenden würde.
Mit brennenden, anbetenden Blicken umstreichen die Kinder die beiden Paradiesvögel. Was haben es Könige und Prinzessinen doch gut! Sie können so schön sein! Und immer feiern! Glanz, Feste, Rausch und Freude sind ihr Leben! Alle

Mädchen des Damenstifts wissen heute, was sie werden wollen: Braut des Königs!
Sophie ist durch den warmen Empfang der Nonnen und durch die Kinder fast wieder mit Ludwig versöhnt. Er erwähnt seinen abrupten Abgang vom Verlobungsball mit keinem Wort. Es ist ihr erstes Zusammentreffen nach dem Skandal. Soll sie ihn zur Rede stellen? Sie hatte eigentlich Zerknirschung erwartet, eine Erklärung, eine Bitte um Verzeihung.
Ein kleines Mädchen nimmt mit tiefem Knicks ein Flacon Eau de Cologne in Empfang. Ludwig beugt sich zu einem anderen, das ihm kaum in die Augen zu sehen wagt, und schenkt ihm ein Bild: Blumen auf Samt geschabt.
Hocherfreut preßt es das Bild an die Brust und läuft zu seiner Freundin: »Genau so was hat er auch der Lila Bulykowski 'schenkt!«
Die Freundin, neidisch: »Da derfst aber stolz sein!«
Eine andere kommt dazu, mustert das Bild abschätzig: »Woher weißt'n des mit der Bulykowski?«
»Majestät und die Schauspielerin san auf der Roseninsel spazierenganga. Er hat ihr Blumen pflückt, und wie's dann's Regnen anfangt und ihr die Blumen lästig waren, weil, ma ko ja ned ois gleichzeitig – Blumen hoiten und Rock hoiten –, hat er den Strauß wieder zuruckgnomma und gsagt, daß er ihn ihr in anderer Form wiederschenkt. Die Lila hat scho denkt, sie kriagt Blumen aus Perlen und Diamanten. Aber dann war's so was!« Kichernd zeigt das Mädchen auf ihr Bild aus Samt und Seide. »Sie is' platzt vor Wut!«
Die Mädchen lachen und tuscheln. »Woher weißt'n des?«
»Der Tante Fanni ihre Köchin hilft am Theater aus.«
Sophie hat alles gehört. »Eine begnadete Künstlerin« sagt sie leise zu Ludwig.
Ludwig kramt ungerührt im Geschenkekorb nach dem Gewinn eines Loses: »Wer?«
»Lila Bulykowski.«
Ludwig hat den Gewinn gefunden. »Sagen wir so: Mit Hilfe von sehr viel Geld ist es gelungen, aus ihr eine gute Komparsin zu machen.«
Sophie kichert, sucht im Überschwang ihrer Freude aus den

vielen Geschenken eine rote Wachsrose heraus und reicht sie ihm. Ludwig nimmt sie lächelnd und schenkt sie einem Mädchen weiter.

Ludovika flüstert Sophie ins Ohr: »Siehst, jetzt merkst allmählich selber, in was für ein Intrigennest du kommst.«

Max, der seine Frau nicht einen Moment mehr aus den Augen läßt, weil er einen Zusammenhang zwischen seiner Frau und Ludwigs skandalösem Benehmen auf dem Hofball argwöhnt, mischt sich ein: »A geh, was für Intrigen denn? Dem Ludwig g'fällt eine Schauspielerin. Is' doch famos!«

Und Sophie denkt: Die Hauptsache ist, daß ich euerem Nest entkomme. Lieber werd' ich Königin der Hottentotten, als eine Minute länger eure Tochter zu bleiben! Mit zwanzig noch bei den Eltern sein! Das ist so unerträglich ... so unerträglich, unerträglich ... mein Leben würdest du, sehr geehrte Frau Mama, höchstens zehn Minuten ertragen und dich anschließend in die Luft sprengen. – Ach, und dabei sehnt sich Sophie so sehr nach tröstlicher Sicherheit, nach einem Menschen, der ihr die Nase putzt, sie in den Arm nimmt, dem es egal ist, ob sie Königin wird oder Prinzessin bleibt. Plötzlich ist sie übler Laune, und der Raum paßt gar nicht zu ihrer Stimmung. Sie wünscht sich, todkrank zu sein. Schwindsucht, Syphilis. Malaria. Pest.

Die kleinen Musikerinnen beenden die Tanzmusik. Sie hatten so gehofft, Ludwig und Sophie würden sich am Tanz beteiligen. Sophie hätt' es sich auch gewünscht, doch wenn er sie nicht auffordert –?

Plötzlich geht ein kalter Windzug durch den Raum. Sophie fröstelt. Der alte Hofphotograph Hanfstaengl ist mit seinem Sohn Edgar gekommen. Ein Diener schleppt das Stativ hinterher. Sophie ist gerührt. Wie aus der Ferne längst vergangener Zeiten tritt da der alte Photograph aus Maxens Artusrunde quasi durchs Schlüsselloch in ihr Leben zurück. Max eilt gleich auf ihn zu, man umarmt sich, ruft »Franz!« und »Max!«, zieht sich in eine Ecke zurück, und Max freut sich, endlich eine gleichgesinnte Seele gefunden zu haben, denn Ludwig, Ludovika, Sophie und die Nonnen langweilen ihn unsäglich.

Inzwischen bittet Edgar Hanfstaengl in tiefer Unterwürfigkeit

den König und die Braut vor sein Objektiv, stellt Sophie neben ein ausladendes Lilienbouquet, das man eigens zu diesem Zweck aus dem Hanfstaenglschen Studio hierher transportiert hat, Ludwig bittet er, vor Sophie auf einem Hocker Platz zu nehmen und drapiert noch ein paar Mädchen mit offenem Engelshaar um die beiden herum. Ludwig läßt sich von Edgar eine Strähne aus der Stirn streichen und einen Spiegel bringen zur gnädigen Begutachtung. Dann wird probeweise die Strähne auch auf die andere Stirnseite gelegt. Ludwig lächelt ihn an. Edgar lächelt zurück. Sophie hüstelt verlegen.
Ludwig näselt gnädig: »Ach bitte, sehen Sie doch, ob irgendeine Tür offensteht. Es zieht meiner Braut.«
»Oh, das wollen wir sicher nicht!« Edgar eilt dienstfertig davon. Die Sternbach nützt die Minute, um Sophie fürsorglich ein Tuch um die Schulter zu legen. Doch der zurückkehrende Edgar schlägt entsetzt die Hände zusammen: »O nein! bitte nicht! Diesen herrlichen weißen Nacken, diesen Schwanenhals darf man doch nicht mit einem Schal bedecken!«
Da erhebt sich Ludwig empört: »Ich verbiete Ihnen, in dieser Weise von meiner Braut zu sprechen!« ruft er aus und tritt aus der Gruppe. »Das ist ja unerhört!« Die kleinen Mädchen flüchten entsetzt in die Küche. Er winkt Düfflipp und seine Adjutanten herbei, wendet sich ab und geht. Die Gefolgsmänner hinterher.
Sophie eilt ihm nach. Die Flügeltüren schwingen ihr rücksichtslos entgegen: »Aber Ludwig, was ist denn? Was hat er denn getan? Was hat dich so verletzt?«
Ludwig hält die Arme schräg vom Körper, läßt sich den Mantel überziehen: »Wer sagt dir, daß ich verletzt bin? Meinst du denn, so ein Ladenschwengel könnte mich verletzen?«
»Ja, aber ...« Sophie sieht sich geniert um, ob der junge Hanfstaengl vielleicht zugehört hat, und entdeckt ihn hinter den akanthusverzierten Glasflügeltüren. Natürlich hat er alles gehört. Das sieht sie an seinem eisernen Blick und daß er sich brennend gern rächen würde, wenn er nur könnte.
»Ach, jetzt ist aus dem Bild nichts geworden«, murmelt Sophie, weil ihr nichts Sinnvolleres einfällt – sie will ihn ja nicht reizen und doch ihre Kritik zum Ausdruck bringen.

»Oh, das ist allerdings schlimm«, meint Ludwig sarkastisch, beugt sich über ihre Hand, macht kehrt und verschwindet, Düfflipp und die Adjutanten ihm hinterdrein.
Da kommt Ludovika herbeigeeilt. Energisch schiebt sie die an den Flügeltüren lauschenden Nonnen zur Seite und läuft in den Vorraum hinaus. »Mei mei, des wird ja nie was!« ruft sie laut und hält ihre stark dekolletierte, frierende Tochter fest, damit sie ihr nicht etwa entkommt. Draußen fährt Ludwigs Kutsche ab. Sophie steht regungslos und flüstert wie in Trance: »Er wollte weg. ... das macht er immer so. Wenn er genug hat, provoziert er einen Streit ... dann kann er gehen ...«
»Aber so geht's doch nicht, so geht's doch wirklich nicht!« Ludovika ist der Hysterie nahe.
Die neugierigen Pensionsmädchen drücken sich an die Glastür, Max verscheucht sie und ruft seiner Frau zu: »Was ist denn jetzt schon wieder los?! Kaum läßt man euch eine Sekunde allein! Hat er wieder sein' Rappel, der – dieser ... nein, das sag' ich lieber nicht!«
»Also wenn du ihm nicht den Kopf wäschst, dann tu's ich!« kreischt Ludovika in höchster Verzweiflung: »Mein Gott, sie is' scho' zwanzig!«
Sophie hält sich die Ohren zu, schreit entnervt: »Hör auf! Hör auf! Hör auf! Hör auf! Hör auf! Hör – « Da klatscht eine schallende Ohrfeige auf ihre Wange, und Ludovika sagt ganz ruhig: »Hör auf!«
Stille. Sie sehen einander an. Sophie hält ihre glühende Backe. Edgar Hanfstaengl kommt durch die Flügeltüre herangedienert. Keiner beachtet ihn.
Ludovika schüttelt entgeistert den Kopf. »Also nein. Also nein, das ist mir nie passiert.«
»Was?« fragt Max. »Was ist dir nie passiert?«
»Daß mich jemand sitzengelassen hat.«
»Ja, wie viele Liebhaber hast du denn gehabt?« fragt er grinsend.
Ludovika versetzt ihrer Tochter, die mit den Tränen kämpft, einen derben, freundschaftlichen Stoß. »Früher, als mir dein Vater noch die Ehre erwiesen hat, eifersüchtig zu sein ...«, beginnt sie und unterbricht sich, als Max protestierend die Hän-

de hebt. »Geh, sei wenigstens ein Kavalier und leugne das jetzt nicht ...« In plötzlicher Erkenntnis schlägt sie sich an die Stirn. »Das ist es! Eifersüchtig mußt ihn machen, Sophie! Eifersüchtig!«
Max knurrt grimmig: »Mach ihn lieber verliebt!«
Sophie hat sich schon abgewendet. Wortlos geht sie durch die Flügeltüren an den Spalier stehenden Schülerinnen vorbei, zurück zu ihrem Platz am Tombolatisch. Sie will die Restgeschenke verlosen, bittet mit leiser Stimme die Sternbach und die Schwester Oberin, Ludwigs Stelle einzunehmen.
Edgar Hanfstaengl ist ihr gefolgt: »Es tut mir entsetzlich leid, daß Sie durch mich diese Unannehmlichkeiten ...«
Sophie winkt ab: »Ach, Sie können doch nichts dafür!«
Er tritt nahe an sie heran und murmelt halblaut: »Wie glücklich würde ich mich schätzen, eine so wunderbare Frau, ein so bildschönes Mädchen zu meiner Königin zu machen ...«
Die Sternbach unterbricht in scharf: »Ihr Stativ hat jetzt wohl keinen Zweck mehr, wie?«
Sophie hat sich abgewendet; ihre Miene ist starr vor Verzweiflung.

25

Zwei Tage später haben Ludwig und Sophie wiederum einen Phototermin bei Hanfstaengl für das offizielle Verlobungsbild. Und da von Ludwig keine Absage kam, bestätigt der Hofdisponent den Termin. Sophie ist schon früher eingetroffen. Ludwig läßt ausrichten, daß er sich ein wenig verspäten wird. Vater Franz und die Söhne Ernst und Edgar treffen einstweilen die Arrangements für eine Porträtaufnahme der hohen Braut. Der alte Hanfstaengl ist unzufrieden mit den graugestreiften Soffitten: »Das sind aber ziemlich nichtssagende Tapeten.«
Edgar reicht ihm einen anderen Stoff: »Sind die vielsagender, Papa?«
Sophie, die sich unterdessen in einer Kabine von der Sternbach umkleiden läßt, hat den Wortwechsel belauscht und lacht in sich hinein. »Ah«, ruft Edgar bewundernd aus, als sie mit dem neuen Kleid den Raum betritt. Alle starren sie an und bewundern ihre Schönheit. Wie gut ihr das tut! Sie läßt sich auf dem vorbereiteten Récamier nieder, Edgar ordnet die Falten ihres Rockes. Doch die Sternbach greift ein und drängt ihn fort und drapiert schließlich nach seinen Anweisungen weiter. Die Lichter werden versetzt, um Glanzpunkte ins goldene Haar zu bringen. Edgar glättet schnell noch eine Rockfalte, streift zufällig ihr Bein.
Der Alte verschwindet unter dem schwarzen Tuch. Sophie darf sich nicht mehr bewegen, nicht niesen, nicht schlucken, nicht blinzeln, auch das Lächeln, zu dem sie ihren Mund geformt hat, darf weder breiter noch schwächer werden.
Edgar macht Konversation, während sein Bruder im Hinterraum schon das Grundlicht für die Doppelporträts setzt: »Da haben's die Chinesen leichter, die lächeln ganz automatisch und immer – und erst die Japaner im ›Land des Lächelns‹! Also, die Japaner müßten Sie sehen, verehrte Prinzessin! Trotzdem, interessanter sind die Chinesen! Ich habe einmal Auf-

nahmen in einer Pekinger Schule gemacht: alle Kinder saßen in musterhafter Disziplin und haben gelächelt!«
»Was? Sie waren in China? Wie aufregend!« will Sophie fragen, doch sie muß unbewegt weiterlächeln. Aber als die Aufnahme schließlich vorbei ist, hat Edgar ihr schon alles von seinen Reisen kreuz und quer durch China erzählt: daß er Frauen beim Schweinemelken photographiert hat, spielende Kinder, Gefangene, die vor öffentlichen Häusern an Pflöcken angeschmiedet in der Sonnenglut schmachteten und manchmal auch vor seinen Augen verdursteten. Sophie wundert sich. Er hat verdurstende Gefangene photographiert? Aber hat er ihnen dann wenigstens Wasser gegeben? Nein, das war verboten. Aber er sei kein Feigling, das wolle er doch betonen. Und deshalb erzählt er ihr, daß er auch schwer bewachte Befestigungsanlagen photographiert hat, ganz ungeniert, als wär's das Selbstverständlichste der Welt. Seine Freunde und er hätten sich ins Fäustchen gelacht, denn das Militär dort wußte gar nicht, was er da tat. Die Soldaten schauten nur zu und staunten. Die Wachmannschaft ist lediglich angehalten, Zeichner als Spione zu verhaften, Leute mit Papier und Bleistift. So hätten die italienischen Soldaten vor Jahren Goethe verhaftet, der ganz unschuldig die Skaligerburg von Malcesine zeichnete. Er, Edgar, sei weniger unschuldig als der gute Johann Wolfgang gewesen und hätte seine Photographien für viel Geld ans Kriegsministerium verkauft.
Sophie lacht. Sie stellt sich Ludwigs Gesicht vor, wenn einer ihm die Notwendigkeit einer chinesischen Militärspionage einreden wollte.
Hanfstaengl winkt verächtlich ab: »Doch nicht in München! Nein! Berlin! Den alten Wilhelm scheinen ostasiatische Kolonien schon eher zu interessieren.«
»Und nur deshalb haben Sie diese weite Reise ...?« fragt sie ernüchtert.
Edgar lacht: »Nein, nein, um Handelsbeziehungen aufzubauen. China ist ein riesiger Absatzmarkt. Das Land Bayern sollte sich da ein bißchen umsehen und nicht nur Nabelschau halten. Ein guter Rat, den Sie weiterleiten könnten.« Er lacht. »Die Zukunft liegt nämlich in der Wirtschaft – nur im mög-

lichst weit gefächerten Handel kann ein Land prosperieren.«
»Und eine Firma«, murmelt der Alte. »Und wer zuerst kommt, mahlt zuerst.«
»Da hören Sie's«, sagt Edgar lächelnd und ordnet die Platten. Ludwig ist dann bald gekommen, äußerst verbindlich und liebenswürdig, und da er den Eklat im Damenstift anscheinend völlig vergessen hat, vergessen ihn die anderen wohl oder übel ebenfalls. In einem anthrazitgrauen Wollmantel, den ihm sein Schneider anscheinend für weiteres Wachstum angemessen hat, den er aber, um die Sache abzukürzen, gleich anbehalten will, steht er neben Sophie, die folglich auch wieder ihre Pelerine anziehen muß, und setzt seinen Photographienblick auf, schräg himmelwärts gewandt. Sophie lächelt in die Kamera, hinter der Edgar steht.

26

Karl Theodor sitzt im Zimmer, hält sich die Ohren zu und studiert in seinem Anatomiebuch. Sophie liest im Nebenzimmer wieder einmal *Die Jugend der großen Katharina.* »... Katharina begann bald, die sehr wichtige Rolle des Ehemanns vorsichtig mit ein paar Vertrauten aus der näheren Umgebung zu besetzen ...« Sophie ist immer wieder amüsiert: diese Aussage ist so raffiniert unverfänglich und simpel. Sie ruft durch die offene Tür: »Wie viele Liebhaber hat die Katharina denn gehabt?!«
Der Bruder reagiert erst nicht, nimmt dann entnervt die Hände von den Ohren: »Wer? Von wem redest du?«
»Katharina der Großen! Wie viele Liebhaber hatte sie?«
»Hunderte!«
»Dann sind die Romanows ja gar keine Romanows!«
»Du sagst es.«
Sophie ruft entgeistert: »Aber das ist ja schrecklich!«
Seufzend legt Karl Theodor sein Buch beiseite. »Was ist daran so schrecklich? Du würdest auch lieber vom Potemkin abstammen als von dem schwachsinnigen Paul! Oder wärst du vielleicht lieber ein legitimer Trottel? Unser berühmter Blauer Kurfürst Max Emanuel war zum Beispiel dem Hofarzt wie aus dem Gesicht geschnitten – ob der wohl ein Wittelsbacher war? Aber wen hat's gestört? Und glaub mir, ich hätt' auch lieber Herrn Fichte, Schiller oder Schelling zum Ahnherrn als den wahnsinnigen Pius!«
»Pius? Wer ist denn das?«
»Mädchen, wie willst denn du durchs Leben kommen! Du weißt ja wirklich gar nichts! Das ist dein Großvater väterlicherseits! Und ein Krüppel war er auch ...«
Sophie hat gar nicht zugehört, sondern ist in Träumerei versunken. – Vor kurzem hat sie ihn getroffen, den jungen Hanfstaengl. Er ging auf der Theatinerstraße. Sie fuhr im offenen Landauer, trotz des kalten Wintertags im offenen Wagen. Er

winkte ungeniert. Sie zog die Rechte aus dem Muff und hob sie ebenfalls ein wenig und lächelte, obwohl sie's gar nicht wollte. Ein paar Tage später, kurz vor ihrem Geburtstag, hat sie mit Nathalie Sternbach sein Atelier betreten, einfach so: betreten. Ihr Herz ging so rasend, daß sie glaubte, man müsse es ihr anmerken, und in der Tat war Edgar gleich mit Riechsalz und Eau de Cologne zur Stelle, führte sie in seine Privatgemächer – trug sie fast –, damit die Kunden sie nicht mit ihrem Gaffen belästigten, wie er fürsorglich meinte. Dann bettete er sie sorgfältig auf eine Chaiselongue. Nein, nein, sie wolle doch so gern seine Bilder aus China sehen; die Neugierde habe sie hergetrieben. Er hingegen legte ihre Arme um seinen Nacken, um sie bequem zu lagern, und es fiel ihr unglaublich schwer, die Arme wieder zu lösen. Was war das nur? Allein mit ihm wäre sie versucht gewesen, einen Ohnmachtsanfall zu mimen, der ihn gezwungen hätte, ihr das Mieder zu öffnen, ihr Luft zu verschaffen ... ach ... und dabei ohnmächtig sein ... ach ... in seinen Armen liegen ... hilflos, und er nützt die Hilflosigkeit zu schamlosem Tun ... Ist sie wahnsinnig? Allein der Gedanke an den Skandal lähmt sie. Aber sie möchte so gern wahnsinnig sein und völlig verantwortungslos, und das Versagen steigert ihr Verlangen.
Edgar deutet alle Zeichen sehr richtig, schließlich ist er weit herumgekommen. Er reibt sich innerlich die Hände: da hätte er ja seine Rache. Sie ist ihm mit der kleinen Prinzessin ganz von selbst ins Haus geschneit.
Er sitzt bei ihr, zeigt seine Alben, der Diener reicht Erfrischungen; er erzählt von London, wo er in einem Handelshaus Prokurist wurde. Sophie schließt die Augen. Die Figuren aus ›*Soll und Haben*‹ steigen aus der Dunkelheit auf: Sabine, Benno Tönnchen, Anton Wohlfahrt, Veitel Itzig und dazwischen immer wieder Fink – Baron Fink – Edgar Hanfstaengl – Baron Fink. Und wenn sie die Augen öffnet, sitzt Baron Fink neben ihr, und sie ist die halbohnmächtige Leonore, die er bittet, die Mutter seiner Dutzend Jungen zu werden. Jajaja, Edgar ist Fink und der Inbegriff eines jungen Lebemanns, der es eigentlich gar nicht nötig hätte, einen Finger zu rühren, und nebenbei doch die größten und gewagtesten Geschäfte

macht, kühn und gewaltig ins Leben greift, hier Eisenbahnaktien kauft und dort texanische Ölaktien ordert. Was ist dagegen die Apanage eines bayerischen Königs! Nie würde sich einer dieser nüchtern-siegreichen Geschäftsleute für einen Wagner ruinieren. Sonst aber wollen sie dem König in nichts nachstehen: erst kürzlich hätten sie sich ein Schloß gekauft, erzählt Edgar. Ein Schloß? Geschäftsleute kaufen sich ein Schloß? Verkehrte Welt! Als würde Max sich eine Fabrik kaufen! Schloß Pähl. Natürlich kennt sie Schloß Pähl, hätte aber im Traum nicht gedacht, daß dort die Hanfstaengls residieren. Diesen Menschen zum Vertrauten ihres Lebens zu machen – ihm alles hinzugeben, ihm alles zu opfern! Sophie sieht ihn an. Es bedarf gar keiner Worte, man errät sich gegenseitig. Man hat einander schon im Traum erblickt. Er sitzt auf einem Fußhocker neben ihrer Chaiselongue, hat die verschränkten Arme auf die Knie gestützt, das Gesicht zu ihr emporgewandt und sieht ihr aus nächster Nähe fest in die Augen. Sie riecht den Duft der Pomade, von der sein Haar glänzt, und eine Erschlaffung überkommt sie wie an Sommertagen, wenn sie trotz größter Hitze alle Kleider anbehalten muß – Handschuhe, Schutenhut und sogar das Fichu.

Dann erzählt er von Big Ben und dem Tower ... von Heinrich dem Achten, der am selben Tag Jane Seymour heiratete, als er Anna Boleyn köpfen ließ ... vom Guy Fawkes Day, und plötzlich singt er in einem rauhen angenehmen Bariton das alte Guy Fawkes Lied: »Remember remember / the fifth of November! / Gunpowder, treason and plot, / shall never be forgot! ... Sophie und die Sternbach klatschen begeistert Beifall. Und er erzählt weiter ... vom ewigen Hammelbraten mit Bohnen und anderen kruden Sitten. Sophie ist schließlich wie umnebelt vom Glanz dieses Mannes. Hanfstaengl lacht und zeigt seine schneeweißen Zähne, und auf den schwankenden Wogen des exotischen Liqueurs, des Dufts seiner Havanna, immer noch getragen vom Wohllaut seiner Stimme, taumeln die beiden Damen hinaus auf die winterkalte Maximilianstraße. Die Domglocken läuten zu Mittag, die Theatinerkirche fällt in das Gedröhne ein, hinkt dann beim Schlagen der Turmuhr ein wenig nach.

Sophie schlägt den Weg durch den sonnigstillen Hofgarten ein. Sie wandeln über vereiste Pfützen an Wintergärten vorbei. Im Englischen Garten umrunden sie den Monopteroshügel, der als reine Schneekuppe ohne Baum und Strauch aus der weißen Au aufsteigt. Darüber ein goldenblauer Himmel.
»Weißt du, was das Famose ist, Nathalie?« beginnt Sophie, und die schüttelt den Kopf. »Sein Horizont geht über die mystische Welt Richard Wagners weit hinaus. Er spekuliert und macht Geschäfte und kauft sich ein Schloß. Der träumt nicht, der weiß, was er will!« Sie ergreift die Hand ihrer Begleiterin. Seit neuestem sagt sie Nathalie und du zu ihr.
Dann unterhalten sie sich über Moral und Doppelmoral, was Schelling wohl mit dem Naturtrieb meinte und Kant mit dem »ehernen Gesetz in mir«? »Aber dieses Gesetz ist doch nur ein dürrer äußerlicher Zwang«, ruft Sophie empört, »ein Zwang, der den Kindern mit Nikolaus und Osterhasen verzuckert wird!« Woraufhin Nathalie genauso wütend zurückgibt: »Christkind und Osterhas machen sie uns aber schnell kaputt, und dann wird das ›eherne Gesetz‹ mit Ohrenbeichte, Sonntagsmessen und Höllenstrafen eingehämmert, bis du nimmer weißt, ob du ein Mandl oder ein Weiberl bist.«
»Nein!« widerspricht Sophie, »das weißt leider immer. Darauf schauen's! Und daß die Frauen leichter in die Hölle kommen, darauf schauen's auch! Apropos, was hältst du von den Feuerbestattungen?« fragt Sophie und stürmt jetzt über die Schneewiese zum schmalen Fußweg am Bach hinunter, den die Münchner wegen der Weiden und des Wassers den »Ophelienweg« nennen.
»Wie? Was? Wie kommen Sie jetzt auf Feuerbestattungen?« ruft die Sternbach verwirrt und versucht Schritt zu halten.
»Ich meine, die sind doch strengstens verboten! Einen verbrannten Toten verscharren sie im Hinterhof! Wie einen Selbstmörder! Oder?«
»Ja, sicher!«
»Aber wenn die Asche in der Urne zufällig der gewesene Verwaltungsgerichtspräsident ist oder irgendein Graf, dann wird sie trotzdem christlich beerdigt, mit allem Pomp!«

»Ja, sicher! Bei denen war der Wunsch, verbrannt zu werden, nur Marotte und keine Sünde. Da drückt man alle Augen zu!«
»Also, wenn man ein armes Mädel verdammt, weil's ... naja, du weißt schon ... dann würd' man bei einer Prinzessin darüber hinwegsehen .. über ... über ... du weißt schon!«
»Aber nur, wenn's ganz geheim bleibt!«
»Das muß es halt! Das muß es ...« Sophie stürmt blicklos den Weg entlang, ein Weidenast reißt ihr den Pelzhut vom Kopf und verwüstet ihre bayerische Zopfkrone dermaßen, daß die Flechten sich lösen. Mit bleichem Gesicht und glühenden Augen rennt sie dahin und macht dem Ophelienweg alle Ehre.
Die Sternbach hechelt mit dem Hut hinterher, holt Sophie endlich ein. »Das heißt also, Ihr hoher Bräutigam kann auch nicht mehr warten, wenn ich das einfach mal so schlicht bemerken darf?« fragt sie, sehr gleichmütig, während sie Sophie das Haar richtet und den Hut wieder aufsetzt. Sophie versteht. Sie muß Nathalie die Möglichkeit der Lüge lassen, sie habe nichts gehört, nichts gesehen, nichts geahnt und nichts gewußt.
Es ist Februar. Ein zarter Opalglanz liegt über dem gedämpften blauen Himmel und der menschenleeren Ludwigstraße. Aus den Fenstern der Palais strömt nachmittäglicher Kaffeeduft, in den kahlen Gärten singen die ersten Amseln. Es ist ein Tag, halb schwermütig, halb schwärmerisch, voll süßer, schmerzlicher Ahnungen für ein zwanzigjähriges Mädchen aus der zweiten Hälfte des neunzehnten Jahrhunderts.
Sophie hat sich hingelegt, um vor dem Theater kurz auszuruhen, womöglich zu schlafen. Denn die letzte Nacht war furchtbar. Ihr alter Traum war plötzlich wieder da – die Röhre, die sich über dem Kopf und unter den Füßen erbarmungslos schloß. Ihr Herz war gelähmt, und sie röchelte die ganze Nacht nach Luft, Luft! Aber es gab keine Luft.
Ob dem Ludwig noch immer die Weiße Frau erscheint? Dem Spinnstubengeschwätz nach zeigt sie sich ja nur Hohenzollernabkömmlingen, denen Unglück geschieht. – Ach, nicht an Ludwig denken! – Denkt er denn jemals an sie?
Die alte Amme tritt auf leisen Sohlen herein, legt mit vielsa-

gendem Schweigen ein rosafarbenes Billet auf den Nachttisch und huscht ebenso leise wieder hinaus.
Sophie reißt das Kuvert auf: »Hochverehrte gnädige Prinzessin, Ihr Besuch heute war wie ein Märchenglanz, das in ein einsames liebeleeres Männerdasein leuchtet. Ich würde meiner Fee noch gerne tausend Alben zeigen. Wann darf ich die schönste aller Frauen wiedersehen? Verfügen Sie über mich! In tiefster Verehrung, Ihr Edgar Hanfstaengl.«
Als Sophie am Abend zu ihrem Platz in der Loge geleitet wird, steckt ihr der Logendiener ein zweites Billet zu, diesmal himmelblau. Sie setzt sich, die Sternbach hinter sie. Sonst ist die Loge leer. Die Musiker stimmen ihre Instrumente. Sophie liest im Halbdämmer der Loge: »In tiefster Verehrung, in innigster Bewunderung, ewig, Ihr Edgar Hanfstaengl.«
Stille. Sophie starrt blicklos vor auf den großen Vorhang mit der Nachbildung von Guido Renis *Aurora.* Apoll zieht über der dunkelblauen Erde auf, der Reigen der Horen umschreitet Wagen und die Rosse. Und vornweg schwebt die schleierumwehte blonde Aurora aus Nacht und Wolkendunkel, eine Fanfare des Lichts. Der dunkelhaarige Gott sieht aus wie Ludwig, und ähnelt die blonde Göttin nicht ihr?Auch die Sternbach flüstert's ihr zu, heute falle es ihr zum ersten Mal auf – so eine Ähnlichkeit! Aurora ist die Künderin Apolls, sie sind unzertrennbar. Der Sonnengott und die Morgenröte! Apoll und Aurora – Bruder und Schwester. Schon als Kinder haben sie miteinander gespielt.
Der Dirigent tritt ans Pult, das Publikum applaudiert, die Musik setzt ein. Plötzlich überkommt Sophie ein so furchtbares Herzweh, daß sie glaubt vergehen zu müssen. Sie legt den Kopf auf die Brüstung wie zum Sterben. Die Sternbach berührt ihre Schulter: »Was ist, Prinzessin?« Sophie schüttelt sie ab; Tränen laufen ihr übers Gesicht. Das Leben ist trauriger als der Tod ... der arme Ludwig! Sie weint in die laute Musik hinein. Man spielt die Ouvertüre zur *Regimentstochter.* Ein dürftiges Stückchen – Ludwig kennt es schon; es lohne nicht zweimal, meinte er. Anno 46 habe sein Großvater diese Inszenierung befohlen in der Hoffnung, Jenny Lind könne sich nach München verirren und ihre Paraderolle singen. Viel-

leicht hätte der alte Knicker auch noch ein Salär bieten sollen plus Aufwandsentschädigung und Fahrtkosten wie jeder andere König oder Intendant auch? So kam sie halt leider nicht nach München.

Sophie sitzt, als würde sie aufmerksam lauschen. Plötzlich erhebt sie sich, winkt der Sternbach, sie solle ruhig sitzen bleiben, sie käme gleich wieder – huscht auf Zehenspitzen hinaus und eilt, ohne Mantel, ohne Schal, in ihrem dekolletierten Abendkleid die Treppe hinunter, durch den Portikus, an den korinthischen Säulen vorbei über die Freitreppe hinaus in die Winternacht. Es schneit dicke Theaterflocken. »Ein kranker Schnee«, würde die Amme sagen, »er wird bald krepieren.«

Sie läuft quer über den Platz. Die Flocken fallen schwarz am Licht der Laterne vorbei. Links hinter dem Schneevorhang sitzt dunkel und dräuend ihr Großvater Max I. Joseph auf seinem erzenen Thron und hebt segnend den erzenen Arm über den Platz und die wartenden Droschken und vielleicht auch über seine weinende Enkelin, die durch den Torbogen in die Residenz hinein huscht.

Ludwig liegt auf einem weinroten Kissen in seinem Kahn mitten im Kunstsee. Vor ihm auf dem zweiten Sitz steht Sophies Büste. Am Kunsthimmel hängt ein Halbmond. Düfflipp betritt den Palmengarten und meldet: »Die Prinzessin Braut!«

Ludwig fährt aus Träumen hoch: »O Gott, nein! – Muß das sein?«

Düfflipp meldet dringlicher: »Ihre Braut, Majestät! Ohne Mantel, ohne Hut, ohne Mutter, ohne Gräfin Sternbach!«

Ludwig sieht verstört um sich, ob er nun den Nachen verlassen soll oder nicht – schließlich sagt er entschlossen: »Ich bin nicht da! Ich bin schon im Bett!«

Doch Sophie ist schon hereingestürmt. Frierend, schneenaß, empört, schreit sie und zittert vor Kälte und Zorn: »So! Du bist nicht da?! Du bist im Bett! Schön, schön!« und ihr blaugefrorener Mund verkrampft sich zu einer bitterbösen Fratze, mit der sie Ludwig höhnisch mustert. Ludwig starrt auf seine Braut und stammelt schließlich tonlos: »Du wirst deiner Mutter immer ähnlicher.«

Langsam und leise seufzend lenkt er seinen Nachen an den Bassinrand. Doch als er aussteigen will, hebt Sophie den Rock bis zum Knie und stößt mit dem Fuß den Kahn mit aller Kraft wieder zurück. Beinahe wäre er ins Wasser gefallen, taumelt ins Boot zurück, lächelt nachsichtig, setzt sich. Düfflipp räuspert sich, um auf seine deplazierte Anwesenheit aufmerksam zu machen. Ludwig entläßt ihn mit einem Wink. Düfflipp geht.
»Ach nein!« ruft ihn Ludwig zurück. »Warten Sie, mein Lieber, eh ich's vergeß'! Bitte notieren Sie, daß ich die Besetzung Tichatschecks erneut und kategorisch ablehne! Auch wenn er Wagners Busenfreund ist ...« lächelnd wendet er sich an Sophie: »Ein Dreiundsechzigjähriger als Lohengrin, das geht doch nicht! Wo bleibt da der Rausch? Die Wonne? Überhaupt der Sinn? Bestellen Sie«, fährt er, wiederum an Düfflipp gerichtet, fort, »er kann zur Gründonnerstagsfußwaschung kommen, aber nicht in mein Opernhaus!« Düfflipp enteilt, Ludwig legt am Ufer an. »Übrigens habe ich nachgerechnet: die fünf jugendlichen Hauptdarsteller unsrer *Minna von Barnhelm* sind zusammen dreihundertzwei Jahre alt! Das geht doch nicht!«
Sophie schüttelt den Kopf: »Mußt du denn alle beleidigen?«
Er sieht erstaunt auf: »Wen beleidige ich denn? Ich wehre mich nur. Du wirst sehen, Tichatscheck singt den Lohengrin trotzdem.«
Sophie steigt hastig und aufgeregt zu ihm in den Kahn, ihre Worte überstürzen sich: »Aber ich bin nicht so, Ludwig! Du mußt keine Angst haben ... mußt mich nicht mehr beleidigen ... ich geb' dir dein Wort zurück ... du mußt mich nicht nehmen! Nein, nein, nein ... wir müssen nicht heiraten ...«
»Meinst du das wirklich?« Er küßt ihr die Hand, gerührt und erleichtert, daß sie's ihm so leicht macht.
»Nein, natürlich nicht! Aber du zwingst mich ja!« schreit Sophie gequält auf.
Ludwig streichelt ihr ratlos die Hand: »Meine liebe Sophie...« Er sieht zu ihr hinauf, die verzweifelt vor ihm steht . »Du hast so schöne Augen ... Himmelsaugen ... Wasseraugen ... Gletscheraugen ...« Sophie schließt die Augen, wartet, aber es ge-

schieht nichts, und sie öffnet die Augen wieder und setzt sich enttäuscht.
»Vorsicht!« ruft er. Sie fährt erschrocken herum. »Setz dich nicht auf dich!« Ludwig lacht und nimmt vorsichtig Sophies Büste in die Hände. »Sie ist heute gekommen. Zumbusch hat sich selbst übertroffen.«
Er streicht über die Locken der Büste, über Stirn und Nasenrücken, über den Hals. »Diana ... Pallas ... Brünnhilde ...«
Da flüstert ihm Sophie zu: »Sag mir, wie stellst du dir deine Frau vor? Bitte sag's mir ... bitte.«
Ludwig lacht: »Das hast du mich schon mal gefragt. Auch damals saßen wir in einem Boot ...« Er verstaut die Büste sorgsam unter dem Sitz. »Also, nur nicht wie unsere Mütter ...« Er drückt Sophie sanft auf den Sitz und sinniert: »Ja, wie sollte sie sein ...? Rein ... gütig ... warmherzig ... klug ... vornehm ... eine gute Ratgeberin ... und treu bis in den Tod.«
Sophie rutscht von ihrem Sitz und schmiegt sich an ihn: »Aber Ludwig, bin ich das nicht?« Sie küßt ihn, und der Kahn gerät ins Schlingern. »Das bin ich doch ... ach, bin ich unglücklich ...« fährt sie fort, während Ludwig versucht, sie vorsichtig von sich zu schieben und dabei Balance zu halten.
Sophie beginnt zu weinen.
Ludwig streichelt und tätschelt sie beruhigend mit der Linken, doch seine ganze Aufmerksamkeit gilt dem Ruder, mit dem er versucht, sich am Bassingrund abzustützen: »Aber Sophie ... mein liebe ... liebste Sophie ... du mußt doch nicht weinen ... Wie geht es denn deiner Schwester?« versucht er Konversation zu machen.
Sophie umfaßt ihn und zieht ihn zu sich hinunter auf den Boden des Kahns. Das stützende Ruder gleitet aus und schlägt aufs Wasser, das hoch aufspritzt. Der Papagei fliegt lachend auf, wie man lacht, wenn man erschrickt, und hüpft unter Gelächter von Palme zu Palme. Erstaunt sehen sie, wie der Vogel in stiller Wut gegen die blauleuchtende Lampe hackt, aus der das magische Nachtlicht fließt. Sophie bedeckt Ludwigs Gesicht mit Küssen, Ludwig versucht sich zu entwinden ...
Hilflos spielt Sophie die große Verführerin, flüstert mit heise-

rer Stimme: »Ich weiß, du bewunderst die Pompadour ...« Hastig öffnet sie ihr Mieder.
»O Verzeihung«, entschuldigt sich der Papagei oben auf der Lampe.
Ludwig ächzt: «Ja, ihre Intelligenz ... Nicht, Sophie, nein, Sophie.« Er hält ihr das Mieder zu. »Liebe Sophie, tu dir doch das nicht an!«
Sophies nackter Busen quillt aus dem geöffneten Korsett. »... und du bewunderst die Marie-Antoinette!« stößt sie atemlos hervor.
Ludwig wendet sich schamvoll ab und flüstert: »Ja, ihren unglaublichen Mut.«
Der Vogel hackt wieder wütend gegen das blaue Licht.
Sophie hat Ludwig umschlungen, sein Gesicht an ihre nackte Brust gepreßt, ihren Kopf auf den seinen gelegt. Die Zumbusch-Büste löst sich durch die Schieflage des Kahns langsam von ihrem Platz und gleitet langsam auf Ludwig zu, klemmt sich zwischen seine Beine. Ludwig stammelt, halb erstickt zwischen den Brüsten: »Ich bewundere ... ihren unglaublichen ... Mut ... im Tod!« Er wühlt sich aus der Umklammerung und schlägt wild auf die Klingel, dreimal, fünfmal, zehnmal. Der Papagei läßt von der Lampe ab und ahmt die Klingel nach: dreimal, fünfmal, zehnmal. Düfflipp erscheint.
Ludwig ringt nach Atem, weiß nicht, was er sagen soll; schließlich stammelt er: »Und noch eins, lieber Düfflipp! Ich möchte im Opernhaus keine Gendarmerie mehr sehen! Ist denn überall die Anwesenheit von Sozialisten zu befürchten?« Er lacht rauh und aufgeregt.
Düfflipp verbeugt sich stumm und zieht sich zurück.
Sophie setzt sich auf, ordnet ihre Frisur und schlüpft wieder in das Oberteil ihres Kleids. Sie kann die Haken am Rücken nur öffnen, nicht schließen. Ludwig wagt nicht, seine Hilfe anzubieten. Sich das Mieder haltend steigt sie aus dem Kahn ins Wasser, watet zum Beckenrand und verläßt stumm, die triefnassen Röcke hinter sich herschleifend und ohne Ludwig noch einmal anzusehen, den Raum.

27

Es ist ein strahlender Vorfrühlingstag. Sophie hat den Kutscher unten am Wirtshaus anhalten lassen, dann geht sie mit der Sternbach den Hang hinauf. Wie weit ist es nur bis zum Schloß? Von unten hat es ganz nah ausgesehen. Kaum hörbar rieselt das Schmelzwasser in schmalen Rinnsalen aus dem Wald. Auf den sonnenbeschienenen Lichtungen leuchtet es blau von zahllosen Leberblümchen, auf den Schneehauben liegen hingestreut schwarzgefrorene und orangegelbe Föhrennadeln. Vögel zwitschern.

Endlich sind sie am Schloß angelangt. Unruhig geht Sophie vor dem Schloßtor auf und ab, die Sternbach pflückt unterdessen Leberblümchen und Veilchen.

Sie hören eine Kutsche näherkommen und außer Sichtweite halten. Ein Eichelhäher stößt einen schrillen Schrei aus, das Gezwitscher verstummt. Aufgeregt schiebt Sophie die Sternbach vom Weg. Die läßt sich aber nicht so leicht abdrängen, sondern leistet indigniert Widerstand und sieht ihrer Herrin dabei groß und verwundert ins Gesicht. Da zieht Sophie kurzentschlossen ihren Smaragdring vom Finger und drückt ihn ihr in die Hand, woraufhin sich die Sternbach diskret in den Wald zurückzieht.

Im selben Moment kommt Edgar Hanfstaengl auf sie zu. Sophie reicht ihm die Hand zum Kuß, mit ausgestrecktem Arm, damit er ihr nicht zu nahe kommt. Er küßt ehrerbietig den Handrücken, dann dreht er die Hand, küßt die Innenfläche, das Handgelenk – und auf einmal reißt er sie an sich und küßt sie heftig auf den Mund.

»O Gott, nein! Was fällt Ihnen ein?!« Sophie reißt sich von ihm los.

Sofort nimmt Edgar Haltung an. »Gnädigste Prinzessin, wie freue ich mich, daß Sie mir gestatteten ..., daß Sie meiner Einladung Folge leisteten ..., daß Sie die Initiative ergriffen ... mir erlaubten ..., Ihnen mein Schloß zeigen zu dürfen ...

Nein, genug der höflichen Worte«, schließt er lachend, reicht ihr chevaleresk den Arm und summt: »Reich mir die Hand, mein Leben, und komm auf mein Schloß mit mir ...« so gehen sie eine Weile den steinigen Weg mit den Grasbüscheln und Veilchen entlang...
Doch dann macht sich Sophie energisch los und hält sich an einem Baum fest: »Lieber Hanfstaengl«, sagt sie, »wenn Sie mich ein bißchen lieben – und Sie behaupten es ja in allen Ihren Billets doux ...« Sie zieht einen Haufen rosa und blauer Kärtchen aus ihrem Pompadour, Edgar greift sich beteuernd ans Herz – »dann gehen Sie wieder. Bitte!«
Und als er vor ihr steht und sie ratlos anstarrt und schließlich sogar nähertritt, schreit sie: »Gehen Sie! Gehen Sie!« und scheucht ihn, völlig außer sich, mit der Hand fort.
Edgar sieht sich irritiert um, ob jemand zugehört haben könnte, dann zieht er sehr reserviert sein Jackett zurecht. »Aber gnädigste Prinzessin, Sie selbst haben mich doch gebeten ... Aber bitte ... wie Sie wollen ..., Adieu!« Er dreht sich um und geht.
Sophie sieht ihm nach, bis er hinter der Wegbiegung verschwunden ist.
»Edgar ...«, flüstert sie kaum hörbar.
Sofort späht Hanfstaengl hinter dem Gebüsch hervor.
Sophie läuft auf ihn zu, Edgar ihr entgegen, sie fallen einander in die Arme und küssen sich heftig. Nach einer Weile löst sich Sophie von ihm, nimmt ihn trotzig entschlossen bei der Hand und ruft: »Kommen Sie! Zeigen Sie mir Ihr Schloß!«
Arm in Arm gehen sie zum Tor, Hanfstaengl zieht verheißungsvoll lächelnd den Schlüssel hervor.
Ein Käuzchen schreit; Sophie zuckt zusammen.
Während Edgar am Schlüsselloch hantiert, erklärt er, daß der Turm jetzt bald renoviert werden müsse, der Putz abgeschlagen und das Fundament stabilisiert. »Aber zuerst werden wir die Käuzchen und Fledermäuse ausräuchern, dieses ganze lichtscheue Gesindel.« Jetzt greift der Schlüssel. Triumphierend öffnet er das Tor. Sophie tritt hindurch.
In einer lichteren Stunde hätte sie sich's wohl anders überlegt.

28

Sophie schreibt: »Lieber Herr Kapellmeister, werden Sie es ermöglichen können, pünktlich um elf Uhr in der Kanalstraße 33 zu sein? Ich erwarte Sie.« Richard Wagner ist pünktlich, Sophie nicht.

Nicht einmal der Besitzer der Wohnung, Sophies ältester Bruder Ludwig, und seine Frau, die Schauspielerin Henriette, sind da. Ludwigs sechsjährige Tochter öffnet Wagner die Tür. Sie hat sich Sachen der Mutter angezogen, hochhackige Pumps, und einen Rock über die Schultern gehängt, daß der gewaltige Cul de Paris ihr auf dem Rücken sitzt. So paradiert sie vor dem großen Spiegel, wendet sich nach rechts, wendet sich nach links und hat den fremden Mann gleich vergessen – »Jaja, wenn Sie warten wollen, dann setzen Sie sich hier ins Zimmer.« Und macht die Tür hinter ihm zu.

Erst als Sophie um Mittag kommt und nach einem Mann fragt, fällt der Kleinen ein, daß der Schneider vom Pappi im Besucherzimmer wartet. Sophie eilt atemlos in den Raum. »Entschuldigen Sie, Meister, bitte! Ich erfahre jetzt erst, daß Sie schon hier sind!« Sie reicht ihm die Hand und lacht. »Die Kleine hat Sie für einen Schneider gehalten.«

»Ach so? Die armen Schneider müssen so lange antichambrieren?« Er beugt sich über ihre Hand zum Kuß. »Dabei sind sie dem Adel doch weitaus notwendiger als ein Komponist, nehme ich mal an.« Er lacht.

Sophie stimmt in sein Lachen ein und bittet ihn leichthin, ihr nicht böse zu sein. Wagner meint, er fühle sich sehr geschmeichelt, daß ihm dieselbe Verwechslung passiert sei wie seinem großen Kollegen Mozart. Dem habe man in Frankfurt den Zutritt zu den Don-Giovanni-Proben verwehrt, weil man ihn für einen armen Schneider hielt. Nach weiteren Höflichkeiten erklärt Sophie, warum sie dieses geheime Treffen ohne Zeugen und böswillige Lauscher wünsche; sie habe große Sorgen. Ludwig fühle sich einzig und allein ihm, dem großen

Meister, verbunden. Auch nach den vielen Querelen und Mißverständnissen in München bleibe doch die Ermöglichung der Wageropern Ludwigs ganzer Lebenssinn. Ihn kümmere nur Wagner, nicht Staatswohl, Ehe und Nachkommenschaft. Wagner ein Festspielhaus zu bauen, das Gelingen des *Rings der Nibelungen* interessierte ihn weitaus mehr als Preußens Intrigen, die Erhöhung der Gewerbesteuern und die Untragbarkeit des Justizministern Bomhard ... oder gar seine Hochzeit mir ihr! Er richte sogar den Hochzeitstermin nach der Vollendung der *Meistersinger*! Sei das nicht bestürzend? Und seit neuestem rede er davon, daß mit des Meisters Tod auch sein Leben verwirkt sei.
Wagner beruhigt sie. Er habe sich mit den *Meistersingern* schon sehr beeilt, werde aber jetzt das Werk noch intensiver vorantreiben. Sie möge sich keine Sorgen machen. Ludwig habe immer sehr liebevoll von ihr geschrieben. Es freue ihn aber auch zu hören, daß Ludwig offenbar immer noch an der Butike auf den Isarhöhen festhalte. Er kenne nämlich anderslautende Gerüchte: Ludwig habe Sempers Pläne in den Ofen gestopft.
»Welche Butike?« fragt Sophie erstaunt.
»Nu, das Festspielhaus, pardon.«
Sophie lacht, ergreift seine Hand und weint. Wagner tätschelt ihren Handrücken, tröstet sie, wenn sie erst verheiratet wären, wovor Ludwig naturgemäß Angst habe ... »Oder haben Sie etwa keine Angst davor, liebe Prinzessin? Dann wären Sie wirklich die große Ausnahme?« Sophie flüstert Undeutliches von panischer Angst und großer Verwirrung.
»Eben. Das ist nun mal so. Doch wenn Sie erst verheiratet sind, liebe Prinzessin, werden Sie Ihrem hohen Gatten sicher genügend Festigkeit geben, daß er aequam mentem zwischen dem *Ring der Nibelungen*, den bayerischen Gewerbesteuern und einem Ministerwechsel findet.«
Sie sieht ihn scharf an mit ihren wasserblauen Augen, die noch in Tränen schwimmen, kann aber keine Ironie in seinem breiten gefurchten Vatergesicht erkennen.
Im besten Einvernehmen trennen sie sich. Wagner setzt sich in die wartende Kutsche, reist ohne Aufenthalt in die Schweiz

zurück, schreibt noch von der Fahrt aus: »Mein geliebter König, von Ihrer teuren Erwählten bin ich tief ergriffen! Nur Sorge und Liebe um ihren Geliebten in ihren beredten Zügen. O könnten Sie sich nur bald vereinigen!«
Zu Hause angekommen, arbeitet er zwar weiter an den *Meistersingern,* der Hochzeitsoper, doch nicht mehr unter demselben Druck wie bisher. Jetzt legt er wieder Geselligkeitsabende ein, spielt Tarock und Domino mit den Freunden, dichtet an der Walküre, füttert den Papagei und lehrt ihn Wörter wie »Schnepfe« und »dumme Gans« – und wenn man ihn auf die *Meistersinger*-Premiere anspricht, zuckt er die Achseln: »Da hab' ich Zeit, viel Zeit.«

29

Etwa alle vierzehn Tage kommt Ludwig, um einen Höflichkeitsbesuch abzustatten. Er erscheint gewöhnlich spätabends. Dann promenieren sie im Mondschein am See. Hinter jeder Hecke, hinter jedem Busch hat Ludovika Lakaien postiert, nicht um Sophie vor einem sittlichen Überfall zu schützen – im Gegenteil, nichts hätte Ludovika lieber gesehen –, sondern damit sie ihr vom Fortgang der Dinge berichteten.
Ludwig sind diese Menschen zwar überaus lästig, aber in gewisser Hinsicht sind sie ihm auch lieb. So kann er die angenehme Distanz wahren. Auch Sophie wagt, ständig belauscht, keine peinlichen Ausfälle mehr. Ja wirklich, eine Ehe unter den Argusaugen solcher Wächter könnte sich Ludwig als nicht allzu unangenehm vorstellen.
So erzählt er auch nur, weil er will, daß es unter die Leute kommt: »Bismarck hatte mir übermitteln lassen, Napoleon habe von ihm ein Stück Bayern verlangt. Ich war empört! Wie konnte dieser Usurpator ... Das wagte er doch nur, weil ich erst zwanzig war! Tage später brachte von der Pfordten einen Entwurf des Schutz- und Trutzbündnisses. Ich dachte, jetzt muß mir Bismarck helfen gegen den französischen Aggressor, und unterschrieb. Aber vice versa. Ich muß nun diesem Hohenzollern helfen, seine aggressiven Gelüste zu befriedigen ... Möchte wissen, wieviel von der Pfordten dafür bekommen hat?«
»Aber Napoleon wollte doch ein Stück Bayern ...«
»Ach, woher denn! Ich war in Paris. Napoleon hat mich so überaus liebenswürdig empfangen, daß ich ihn ungeachtet aller Warnungen Pfordtens fragte, was an diesem Gerede wahr sei. Napoleon war entsetzt, das könne nur ein Mißverständnis sein – man habe ohne Zeugen vor dem Kamin miteinander geplaudert, und er habe zu Bismarck davon gesprochen, wie gern er Augsburg wiedersehen wolle. Napoleon hat in Augsburg das Gymnasium besucht. Er versicherte mir, er habe ge-

sagt ›je veux voir‹ und nicht ›je veux avoir‹. Bismarck gibt jetzt offen zu, daß er sich wohl verhört habe. Wie primitiv! Wie raffiniert!«

»Von der Pfordten ist entlassen. Wie reussiert denn Hohenlohe?«

Dies hingegen muß geheim bleiben, und so flüsterte Ludwig ihr ins Ohr: »Selbst Bismarck ist loyaler zu mir als dieser Kretin.« Die Lakaien hinter den Büschen notieren: »Elf Uhr zehn: Der König tuschelt der Prinzessin etwas ins Ohr«, und jene, die sich einschmeicheln wollen schreiben: »Elf Uhr zehn: Liebesgeflüster!«

Wie Sophie sonst so ihre Zeit verbringt, was sie treibt und denkt, darüber hat sich Ludwig keine Gedanken gemacht. Aussteuer anschaffen, Klavierspielen, Freundinnen besuchen, die Mechthild Taxis, die Nora Wrede, die Toni, die Vroni, die Trude und Sophie, die Lene, die Irene und die Annemarie. Auch heute geht's wieder nach München. Ludovika fragt schon gar nicht mehr, wer heut zum Fest lädt. Ist ja klar, daß jeder die zukünftige Königin besonders hofiert. Die Sternbach steht schon ausfahrbereit.

Schloß Possenhofen liegt ruhig in der Abenddämmerung. Einige Räume sind vom Petroleumlicht erhellt. Irgendwo spielt jemand bei offenem Fenster die Zither. In ihrem Zimmer hält Sophie sich ächzend an einem Bettpfosten fest, während ihr die Amme die Taille immer fester schnürt.

Ludovikas Stimme ruft vom Park her: »Mach doch das Fenster zu! Alle Mücken kommen ins Haus!« Das Zitherspiel wird unterbrochen, das Fenster zugeknallt. »Und ich kann wieder nicht schlafen«, murmelt Ludovika grollend. Sie hat die Hunde in den Park geführt. Jetzt trudelt das Rudel ins Haus zurück.

Vom See her kommt eine dunkle Gestalt.

Sophie steht bis zur Ohnmacht geschnürt in großer Courtoilette vor dem Spiegel, eine halberblühte Gloria Dei im Haar. Die Amme legt ihr die Kette um den Hals, Sophie hebt die Arme wie eine große Puppe und läßt sich Armreifen über die Handgelenke ziehen. Sie sieht starr in den Spiegel, murmelt:

»Messalina – « Plötzlich zuckt sie zusammen und greift sich ans Herz.
Ludwig ist unangemeldet ins Zimmer getreten. Sophie muß sich erst fassen, sinkt in einen Sessel, einer Ohnmacht nah. »Ludwig« ruft sie matt, »wie schön!«
»Du willst fort? Komme ich ungelegen?« Er sieht sich um, wo er seinen großen Blumenstrauß deponieren könnte. Niemand will ihn ihm abnehmen, und Sophie, für die er bestimmt ist, scheint ihm zu schwach, um den Strauß zu halten.
»Natürlich nicht«, murmelt sie verlegen. »Wie sollte ich wissen, daß du kommst? Du warst ja gestern schon da.« Sie nimmt die Kette vom Hals. Auf ihren ungeduldigen Wink hin streift ihr die Amme die Armreifen ab.
»Wohin willst du denn?«
»Oh ... zur Putzmacherin! Sie hat mich eingeladen. Ist das nicht reizend? Sie fühlt sich so allein.«
»Du mußt sie sehr lieben.«
»Wie? Die Putzmacherin? Aber nein, weshalb denn?« Sophie lachte silberhell auf.
«Für eine Putzmacherin steckst du Rosen ins Haar?«
Sophie reißt sich wütend die gelbe Rose aus der sorgfältig geflochtenen Frisur: »Du kommst hier hereingeschneit ... völlig überraschend ... Was willst du denn? Ich bleibe ja!«
Ludwig ist sehr verwundert: »Warum bist du böse? Weißt du was, du kannst mit mir fahren! Ich muß nach München. Da kann ich dich bei ihr absetzen.«
Sophie steht auf, um für die Rose ein Wasserglas zu suchen. »Aber ... aber ...« stottert sie, »mußt du nicht nach Berg zurück?«
»Leider nein. Ist's dir so unangenehm, daß ich dich begleite?«
Sophie wendet sich verzweifelt um: »Wie kannst du nur so etwas denken! Es wäre das größte Vergnügen für mich! Aber – ich will ja gar nicht weg!«
Ludovika stürmt ins Zimmer: »Was hör' ich? Du willst weg? Du läßt anspannen? Nix da! Du bleibst hier, bei deinem Verlobten!« Sie wendet sich zu Ludwig, »Ja so ein schöner ... wunderschöner Strauß!« Endlich nimmt ihm jemand die Blumen ab. »Levkojen ... meine Lieblingsblumen!« Sie steckt tief

die Nase hinein. »Ahhh – Zimt und Nelken – was für ein Duft!«
Sophie ist zum Fenster gelaufen, ruft zum Kutscher hinunter, daß er sofort wieder anspannen soll, dann jagt sie wie eine Furie die Hunde aus dem Zimmer, wirft sich ans Klavier und hämmert einen Marsch.
Ein Kammermädchen erscheint, Sophies Mantel in den Händen: »Sie werden sich verspäten.«
Sophie trommelt sich mit den Fäusten gegen den Kopf: »Sei still! Sei still! Sei still!«
Das Mädchen fragt schüchtern: »Oder wollen Sie lieber den Pelz?«
Sophie springt auf und versetzt dem Mädchen rechts und links eine schallende Ohrfeige. »Du sollst still sein! Still sein! Still sein, hab' ich gesagt!!« und schlägt sie mit Fäusten und Füßen, wo sie gerade trifft. Das Mädchen sucht Deckung unter dem Klavier.
Ludovika fährt empört dazwischen: »Bist du nicht bei Trost? Hör sofort auf!«
In eine Atempause hinein murmelt Ludwig angewidert: »Ich wollte dir eigentlich nur sagen, daß ich morgen nach Paris fahre. Ich hätte es dir besser geschrieben.« Und geht hinaus.
Sophie stürzt ihm nach: »Ludwig, Ludwig, bleib, bitte bleib!« flüstert sie ihm zu, damit es die Mutter nicht hört. »Ich will ja nur bei dir sein ... wirklich ...« Er sieht sie voller Abscheu an. »Ludwig, ich friere ...« Sie legt seine herabhängenden Arme um sich und flüstert ihm ins Ohr: »Ich friere so, daß ich mit dem Zittern gar nicht mehr nachkomme ...« Sie sieht ihn an, ob er nicht wenigstens ein bißchen lächelt. Nein. Da flüstert sie mit schmelzender Stimme: »Ludwig, mein liebster Ludwig ...«
Ludwig löst seine Arme von ihr und geht.
Sophie wirft sich weinend auf ihr Bett.
»Bravo!« ruft Ludovika und klatscht in die Hände. »Bravo, du blöde Gans! Eifersüchtig solltest ihn machen!«
Sophie schluchzt: »Ich kann nicht mehr!«
»Das interessiert mich einen Dreck!« Ludovika wirft die Levkojen in die Ecke und verläßt das Zimmer.

30

»Lieber Edgar, ich habe das Herz so voll, als müßte es zerspringen. Warum mußte ich Dich kennenlernen, nun da meine Freiheit in Fesseln geschlagen ist. Ich liebe Dich so innigst, mein Edgar! Wenn Du bei mir bist, kann ich es Dir nicht so sagen, wie tief Dein liebes Bild in mir ruht. So tief, daß ich so schmählich alle Pflichten gegen meinen armen König vergaß. Warum, liebster Edgar, haben Sie mein Benehmen so verkannt? Ist es nicht aus Liebe, daß ich meinen leidenschaftlichen Gefühlen Zwang antat? O Edgar, vor allem bitte ich Sie inständig, kommen Sie bald wieder zurück. Jede Stunde bin ich bereit, Sie zu sehen. an meiner treuen Liebe dürfen Sie nie, nie zweifeln. Bitte, einige Zeilen! Ich liebe Dich so innig.«
Oder:
»Lieber Edgar, in welchem Zustand ich in Possenhofen ankam und wie es mir bis heute erging, kann ich Dir nicht sagen. Es ist ein trostloses Dasein, so hoffnungslos, so öd. Bitte lasse mich umgehend wissen, ob Du glücklich und unbemerkt aus dem Palais hinauskamst. Unsere Leute schienen nichts zu bemerken, und ich stellte mich möglichst leidend und mußte noch einen schauerlichen Kamillentee hinunterwürgen, wobei sich Nathalie zu Tode lachte. Wir dürfen uns nun volle vier Wochen nicht sehen. Es muß so sein, und sollte mir das Herz darüber brechen. O bitte schreibe mir, sooft es Dir möglich ist. Das ist das einzige, was mich bei Vernunft hält.«
Viele solche Wahnsinnsbriefe kritzelt Sophie an ihren Geliebten. Sie läßt sie durch einen Pagen überbringen, der warten soll, bis Edgar die Briefe gelesen zurückgibt, damit Sophie sie zu Hause verbrennen kann. Der Page wundert sich nicht, daß Edgar immer gar so lange braucht – er selbst ist Analphabeth. Und während Sophie zu Hause ungeduldig auf seine Rückkehr wartet und glaubt, Edgar bedecke die Briefe mit Küssen und Tränen, photographiert er sie mit akribischem Eifer und entwickelt dabei eine eigene Technik der photographischen

Nahaufnahme. Sicher nicht, um Sophie zu erpressen, aber als stolze Trophäe zur Erinnerung an seine Affäre mit der bayerischen Königin, um vielleicht später einmal gegebenenfalls ... wenn die Hanfstaenglschen Studios günstige Bebauungsflächen suchen ...
Ludwig schreibt in sein Tagebuch: »Ich fühle mich wie in einer lebensgefährlichen Krankheit. Ich kann nicht. Ich kann nicht.« Er steckt die Feder zurück in den Halter. Und immer noch steht dort die Statuette *Plus jamais*! Ludwig wendet sie um. *Plus jamais*. Nie wieder! Nein! Niemals!
Ludwig läßt den Hochzeitstermin verschieben, einen neuen festsetzen. Als dieser Termin herannaht, läßt er ihn wieder verschieben. »Zum Heiraten habe ich einfach keine Zeit. Das soll mein Bruder Otto besorgen!«
Max ist empört: »Wenn diesmal der Termin nicht eingehalten wird, dann... dann...« Ja, was dann? Ludwig ist verwundert über Maxens Empörung. Was will er denn? Er absolviert doch weiter seine Anstandsbesuche in Possenhofen? Und das ist bestimmt keine Freude.
Er bemerkt Sophies Veränderung. Während sie sich früher ganz auf seinen Sprachduktus eingelassen hat, spricht sie jetzt die Sprache der Geschäftsleute und Handelsvertreter. Er nimmt es mit Erstaunen zur Kenntins und sucht die Person, mit der er doch einmal befreundet war. »Weißt du auch, daß Preußen eine Flotte baut?« fragte er sie einmal, und sie erwidert darauf: »Ungelegte Eier!«
»Wie bitte?« fragt Ludwig, der glaubt sich verhört zu haben.
»Ungelegte Eier!«
»Aha, soso.«

31

Wie jede Mutter will Ludovika nicht verabsäumen, das Mädchen vor der Hochzeit aufzuklären. Da Ludwig gar so desinteressiert scheint, sollte Sophie vielleicht ein paar Möglichkeiten kennenlernen, selbst die Initiative zu ergreifen.
»Sophie, bevor schlechte Menschen es tun«, sagt sie mit gedämpfter Stimme, als sie miteinander allein im Park sind, »erzähl' ich's dir lieber selber. Wenn der liebe Gott will, daß ein Kind auf die Welt kommt, weiß es zuerst nur die Mutter. Dann ist es aber noch so klein, daß es sterben würde, wenn es schon zur Welt käme. Es bleibt noch so lange im Leib der Mutter, bis es ohne Schaden leben kann.«
Sophie unterbricht sie lächelnd: »Und wann sagt sie's dem Vater?«
»Sobald sie es weiß.«
»Und wie weiß sie es?«
»Sie weiß es eben.«
»Und der Vater nicht?«
»Nein. Erst wenn du's dem Ludwig sagst.«
Sophie grinst: »Dann sag ich's ihm gleich morgen.«
»Wie bitte? Was willst du ihm sagen?«
»Es ist also wie beim Christkind. Wenn man klein ist, denkt man, alles kommt vom Christkind, und dann ist's die Mutter, die die Bescherung macht.«
Dankbar drückt Ludovika ihrer Tochter die Hand: »Ich wußte ja, daß du's verstehst – «
»Aber natürlich, Mama – schließlich bin ich zwanzig.«

»›Gott sei's geklagt‹, hat meine Mutter aufgeseufzt. Und dann erzählte sie mir von den Bienen und Blumen, und ich soll mal bei der Wauzi und dem Troubadour, ihren beiden Lieblingshunden, das Geheimnis der Zeugung beobachten«, kichert Sophie in der Nacht, als Edgar sie heimlich besucht, und fährt ihm durch die Haare, zerzaust sie kreuz und quer zu einer

Struwwelpetermähne, was er haßt. »›Weißt', Kind, wenn die Bienen die Kirschblüten bestäuben ...‹«
»Warum gerade Kirschblüten?« Er entwindet seinen Römerkopf ihren Narrenhänden.
»Weil's gar so weiß und unschuldig ausschaun! Ranunkeln oder Löwenmaul san schon vui unanständiger.«
»Mein Gott, Eltern!« kommt es mit verächtlichem Lachen von Edgar, und er schlägt sich gegen die Stirn. »Eltern! Schreib sie als geschäftliche Ausgabe ab!«
»Man kann ihnen wirklich nicht trauen ...«
»Wenn du's einmal tust, dann brechen sie dich auf wie eine Nuß, um dir ihr Leben aufzuzwingen.«
»Dies ist deine Pflicht, und jenes ist deine Pflicht!«
»Ich kann das Wort nicht mehr hören. Pflicht! Da krächzen sie dir ewig die Litanei von der Pflicht ins Ohr. Zum Teufel! Unsere Pflicht ist, mit der Zeit zu gehen und sich freizuhalten von den ganzen Konventionen! Damit wir uns sagen können, wenn wir sterben, es hat sich gelohnt, und soundsoviel ist auf unserm Konto!«
»Ja!» ruft Sophie begeistert. »Auch Sisi sagt, unsere Zeit ist abgelaufen. Wir sind nur noch Geld verschlingende Monster! Ich will raus aus diesem Prinzessinenkäfig! Ich will arbeiten! Lernen! Geld verdienen!«
»Du mußt den Befreiungsschlag führen!«
»Aber wie denn, Edgar?«
»Heirate mich!«
»Ich hab' eine Idee!« Sophie setzt sich jäh im Bett auf. Sie ist nackt. Auf dem Rücken und in der Taille zeichnen sich unzählige blaue Striemen ab, Spuren der Einschnürung durch das Korsett. »Wir könnten jetzt ein echtes Wittelsbacher Baby zeugen, den Stammhalter. Ich glaub', Ludwig wär' dir dankbar.«
Edgar lacht. »Das bezweifle ich.«
»Aber das Baby wär' dankbar! Du würdest auch lieber von einem Geschäftsmann abstammen als vom Vater dieser preußischen Marie ... und den armen Otto zum Onkel haben«, setzt sie flüsternd hinzu.
»Also gut, nach eurer Hochzeit. Bleibt doch alles beim alten.«

Da zitiert Sophie mit Grabesstimme: »Remember remember / the twenty ninth of November, / Marriage, wedding and plot / shall never be forgot!«
»Märridsch nicht Marridsch – « korrigiert Edgar.
Sophie schlägt mit der Faust ins Kissen. »Der Hermelin ist gekauft! Der ganze Trousseau! Alles aus Paris! Tischwäsche, Bettwäsche, schwerster Florentiner Brokat, Bestecke aus purem Gold, der Hochzeitsschmuck, Saphire und Diamanten, die Hochzeitskutsche, Lindenholz und Gold! Aber er will nicht heiraten. Und ich auch nicht!«
»Bestecke aus Gold? Die Kutsche aus Lindenholz? Das legt man doch in Aktien an, läßt es arbeiten: Hapag-Lloyd, die Transsibirische Eisenbahn oder diese rheinischen Stahlbarone, aber doch nicht – eine Kutsche aus Lindenholz! Mein Gott! Ihr sinnlosen Verschwender! Wie hoch ist deine Mitgift?
»Was mir meine Schwestern übriggelassen haben ...«
»Psssst – « Edgar horcht erschrocken.
Sophie flüstert: »Viel kann ich Ludwig nicht bieten.«
»Dafür vieles andere«, flüstert Edgar schwül. Sophie stößt ihn spöttisch zurück. Sie lachen und balgen. Wieder ein Geräusch. Sie rappelt sich aus dem Kissengewühl hoch und läuft zur Türe, um zu horchen, verbeugt sich dabei graziös vor Ludwigs Porträtphotographie an der Wand: »Heil dir, König Heinrich! Heil!«
Edgar flüstert ihr nach: »Muß er nicht heute das Oktoberfest eröffnen?«
Sophie lauscht, kann aber nichts Verdächtiges hören. »Merkans' eana oans«, sagt sie und schreitet mit gestelztem Gang auf Edgar zu. »Mein hoher Verlobter muß gar nichts und hat sich auf seinen trauten Hochkopf zurückgezogen.« Mit einem Satz springt sie ins Bett zurück. Gleich darauf fährt sie erschrocken auf. »Was ist das?«
Aus der Ferne tönen die Rhythmen eines Defiliermarschs. Von den Lehm- und Schmutzwegen des Münchner Nordens nähert sich langsam, aber unaufhaltsam eine Blaskapelle.
Sophie kuschelt sich wohlig in die Kissen zurück. »Erzähl mir von China! Mein Gott, du warst schon in China! In London! In Stettin! Ich immer nur in Possenhofen und München. Fad .

Einmal in Ischl. Sagt man jetzt Kina? Schina? Oder China?«
»Du hast so schöne Augen ...«
»Ich weiß.« Sophie erhebt sich, tanzt nach der Marschmusik zum Fenster, hebt die schweren Portieren hoch und sieht hinaus, »Wenn du wieder nach Kina, Schina oder China fährst, nimmst mich dann mit?« Unten zieht im Morgengrauen eine einsame kleine Trachtenkapelle vorbei. Sophie summt mit, wirbelt herum – »Das ist der Hohenfriedberger!«
»Und so schöne Haare.«
»Ja, blonde Augen, blaue Haare – beinah wär' ich ein Albino geworden.«
»Dein Körper ist weiß wie Schnee ...«
»Ja – ?« fragt Sophie erwartungsvoll.
»Und dein Busen ...«
»Auch weiß wie Schnee?« Sie lacht spöttisch und dreht nackt eine Pirouette vor ihm, daß ihre Haare wehen. »Nimmst mich mit nach China?«
»Die würden schauen, wenn der Hofphotograph mit der Königin käm'...« »Herrje, diese Idioten wecken das ganze Haus.«
»Dann mach' ich dich zum Oberhofphotographen ...« – übermütig tanzt sie im Zimmer herum – »und dann mußt auf den Knien zu mir an den Thron rutschen ... Ludwig sitzt neben mir ... schaut sehr bedeutend ... und wir beide zwinkern uns heimlich zu.« Sie stößt einen Schrei aus und humpelt auf einem Bein zum Bett zurück. »Ein Spreißel! Ich hab' mir einen Spreißel eingezogen!« Sie hält Edgar den Fuß hin, damit er ihn herausziehen kann. Edgar küßt den Fuß, aber läßt ihn gleich darauf erschrocken los: die Kammerjungfer hat an die Tür geklopft: »Ist was, Prinzessin? Haben Sie gerufen?
Sophie beginnt laut zu ächzen und zu stöhnen. Edgar hastet, seine Kleider an sich raffend, zum großen Schrank, springt hinein und zieht die Tür hinter sich zu.
Die Kammerjungfer rüttelt an der Klinke: »Was ist los? Machen Sie doch auf!«
Sophie ächzt – »Es ist nichts ... ein Anfall ... ich öffne ... oh ... mir schwindelt ...« – und stürzt mit Getöse zu Boden.
»Prinzessin! Prinzessin!« Man hört die Frau davoneilen. Sophie liegt auf dem Boden. Edgar öffnet kurz die Schranktüre,

nickt ihr zu. Sophie kriecht ächzend zur Tür, und als draußen Stimmen zu hören sind und jemand am Schloß herumhebelt, flüstert sie matt: »Nein, nein ...« und dreht den Schlüssel herum. Die Sternbach, die Kammerjungfer, der Schlosser stürzen herein. Sophie sinkt ihnen entgegen. Schnell bedeckt die Sternbach den nackten Körper mit ihrem Schal und läßt Sophie in ihr eigenes Zimmer bringen. Dann sieht sie sich noch einmal sichernd um, schließt die Türe und folgt den anderen.
Vorsichtig steigt Edgar mit Sophies Hut und Mantel aus dem Schrank, horcht mit angehaltenem Atem und eilt mit kleinen Trippelschritten aus dem Zimmer. Im Gang sind Stimmen. Offenbar steht die Zimmertür der Sternbach offen. »Ich kenne das: akute Blutarmut! Anämische Fallsucht! Hatte ich auch als Mädel«, hört er sie sagen.
»Kommt vom Nixtun!« konstatiert die Jungfer.
Und der Schlosser sagt: »Das ist jetzt schon das fünfte Mal. Wir sollten es dem Herzog melden.«
»Bitte mischen Sie sich nicht in meine Obliegenheiten«, erwidert die Sternbach scharf, »ich werde zu gegebener Zeit ...«
»Wo bin ich?« meldet sich Sophie mit belegter Stimme ins Diesseits zurück. »Oh, ich hatte einen so schönen Traum –«
Edgar ist inzwischen auf der Straße angelangt. Die Morgensonne steigt über dem Hofgarten auf und gießt über alle Palais der westlichen Straßenseite ein orangefarbenes Licht. Edgar stöckelt über die Straße, frohgemut, weil er unerkannt entkommen ist, denkt ans Frühstück und frischen Kaffee, da tippt ihm jemand auf die Schulter. Er fährt herum. Vor ihm steht der Diener seines Vaters und verbeugt sich. »Junger Herr, Sie werden erwartet.« Und damit packt er Edgar am Arm und führt den über Damenmantel und Frauenschuhe stolpernden Hanfstaengl hastig zu einer Kutsche, öffnet den Wagenschlag und stößt ihn hinein.
Im Wagendunkel sitzt der alte Hanfstaengl. Edgar muß sich erst ans Dunkel gewöhnen, der Vater ans Licht der offenen Türe. Edgar starrt den Vater an. Der Alte starrt den Sohn an. Beide sind zu Tode entsetzt. Der Diener schlägt die Tür zu und die Kutsche fährt ab.

32

Es ist ein stürmischer Herbstnachmittag, ein Wetter wie Ritter, Tod und Teufel. Und da kommt auch schon der Ritter herangeprescht durch die Blätterwolken, die der Sturm ihm entgegenschleudert. Es ist ein Kurier des Königs. Er gibt das Schreiben an der Pforte ab. Dann zieht er sich in die Possenhofener Küche zurück. Nur ein Bier, dann wird er wieder zurückreiten. Denn auf Antwort braucht er nicht zu warten.
Die Familie sitzt in der Halle beim Tee. Sophie nimmt das Schreiben in Empfang, erbricht das Siegel, liest, fällt ohnmächtig vornüber. Ihr Kopf stößt hart auf den Tisch.
Max hebt den Brief auf, der zu Boden gefallen ist, liest mit gedämpfter Stimme: »›Liebe Elsa, Dein grausamer Vater reißt uns auseinander ...‹ Wie bitte?« ruft er empört. »Ich habe ihn lediglich um einen definitiven Hochzeitstermin gebeten!«
»O Gott«, ächzt Ludovika und würde ebenfalls gern umsinken. »Diese Blamage! Diese Blamage! Aber ich hab's ja kommen sehen ...«
Da lacht Sophie schrill auf – da sich keiner um sie kümmert, erwacht sie rasch aus ihrer Ohnmacht – und stürzt sich auf Ludovika, als wollte sie ihre Mutter erwürgen: »Du hast es wirklich kommen sehen?! Ist das wahr, du edle Kassandra?« Sie läuft zur Tür.
»Bleib!« donnert Max.
Aber Sophie verläßt laut auflachend die Halle. Die Sternbach folgt ihr auf einen Wink Ludovikas hin.
Der Sturm schlägt gegen die Fensterläden. Der Raum ist dunkel und kalt, denn die Schlafzimmer werden immer erst abends geheizt.
Sophie fällt der Sternbach in die Arme und flüstert heiser: »Nathalie, Nathalie ... ich bin frei ... ich bin frei ... Nathalie ... ich bin frei ... Wo ist Edgar?«
Da kommt es hastig und tonlos: »Den ganzen Tag wollte ich es Ihnen sagen. Edgar ist ... sein Vater hat ... vielmehr Ihre El-

tern haben ... Ja, Sie sind frei, aber Herr Hanfstaengl nicht mehr ... Ihre Eltern haben den Alten ... Tratschereien ... eine seltsame Koinzidenz ... Edgar mußte sich heute verloben.«
Sophie schreit auf, läuft schreiend durchs Zimmer, stößt an Klavier, Tisch und Bett und wirft sich schließlich auf den Boden. Sie schluchzt hysterisch.
»Den ganzen Tag wollte ich Sie sprechen ...«, schreit nun auch die Sternbach laut, um sich verständlich zu machen. »Sonst hätte ihn sein Vater enterbt ... und sein Bruder das Geschäft bekommen. Der Alte will keine Scherereien mit dem Königshaus.«
Sophie verstummt, dann flüstert sie: »Wo ist Edgar?«
»Auf dem Weg nach London.«
»Nein! Nein!« Ihre Schreie gellen durchs Haus.
Max hält sich unten in der Halle die Ohren zu: »Ich schlag' den Hund tot.«
Ludovika murmelt dumpf: »Man schlägt keinen König tot.«
»Er schreibt außerdem ein Postskriptum.« Max streicht mit zitternder Hand das Papier glatt. »›Wenn Du übers Jahr keinen andern gefunden hast, können wir uns ja immer noch vereinigen.‹«
»Ja, ist denn der Kerl ein Depp?!“ Ludovika ist außer sich. »Ein Kretin! Ein Idiot! Wenn s' ihn nur bald unter Kuratel stellen! Der weiß ja nicht, was er tut!«
Sophie stürzt herein mit wirrem Haar und entstelltem Gesicht. »Wo ist Edgar?« schreit sie rasend. »Was habt ihr ...«
Ludovika verliert die Nerven und brüllt: »Halt's Maul, du Photographenhure!«
Sophie wiederum schreit: »Ich bring' mich um! Ich bring' mich um!«
»Dann tu's doch endlich!« Ludovika hat sie überschrien.
Erschrockenes Schweigen.
Die Sternbach betritt auf Zehenspitzen den Raum und schließt vor der im Gang versammelten Dienerschaft die Tür. Sie flüstert: »Also wenn da irgend etwas gewesen wäre, wüßte ich es doch.«
Max donnert in höchster Wut: »Ihr Amt ist es, meine Tochter vor solchem Gerede zu bewahren! Sophie ist jedenfalls in Pähl

zusammen mit diesem Burschen gesehen worden, und wo waren Sie da, Frau von Sternbach?«
»Ich habe sie zum Blumenpflücken geschickt! Zum Blumenpflücken!« schreit Sophie.
»Was Sie hoffentlich nicht taten?« grollt es drohend aus dem Ohrensessel, in den sich Herzog Max erschöpft geworfen hat.
»Alles bösartige Verleumdungen«, flüstert die Sternbach mit weißen Lippen. »Und man weiß auch, aus welcher Ecke sie kommen. Ich kann mir gut vorstellen, wer diese Gerüchte in die Welt hat setzen lassen, um seinen Treuebruch zu kaschieren.«
Max nickt kühl: »Jaja, das wird unsere Version sein, aber ...«
Plötzlich stürzt Ludovika wie ein Geier auf die Sternbach zu und packt sie am Hals. »Sind das nicht Sophies Smaragde?«
»Die hab' ich ihr geschenkt! Ich darf also nicht mal mehr Geschenke machen?« wendet sich Sophie empört nach allen Seiten, als wolle sie Gott und die Welt zum Zeugen rufen.
»Achate hätten's auch getan« , murmelt Ludovika grob, und Max vermutet, daß dermaßen kostbare Geschenke mehr Bestechungscharakter haben, als daß sie Ausdruck der Freundschaft seien. Als die Sternbach sich rechtfertigen will, winkt er müde ab. Sie soll verschwinden. Er kann sie nicht mehr sehen.
»Also, ich schwöre Ihnen...«, flüstert die Hofdame zurückweichend.
»Jajaja, bleibt Ihnen ja gar nichts anderes übrig.« Max steht auf und drängt sie hinaus und schließt die Türe hinter ihr.
Eine Weile herrscht eisige Stille.
»Was willst du eigentlich werden?« Ludovika fragt so leise und gleichgültig, daß Sophie es ihr von den Lippen ablesen muß.
»Nur nicht wie ihr!«
»Als ihr – als ihr – so alt is' scho, und nicht mal Deutsch kann s'!«
Max grinst: »Nein, diesmal stimmt's.«
Da schreit Sophie ihrer Mutter höhnisch ins Gesicht hinein: »So alt is' scho – und nicht mal Deutsch kann s'!«
Ludovika flüstert müde: »Ich wünsch' dir ein Kind, wie du eins bist.«
»Ich bekomm' keins! Könnt ihr von mir nicht verlangen! Das

tu' ich doch keinem Kind an! So ein Leben! So ein grauenhaftes Leben!«
Max grinst bitter. »Wir verlangen nichts, als dich ernähren zu dürfen.«
»Und verheiraten!« ergänzt Ludovika.
Da schreit ihnen Sophie wild ins Gesicht: »Ich werde niemals heiraten! Niemals!« und läuft zur Tür.
»Da hast du recht! Tu das nur keinem an!« keucht Ludovika heiser hinterher.
»Und wenn dieser Feigling vor seinen Eltern kuscht! Ich tu' das nicht! Ich tu's nicht!« schreit Sophie und wirft die Tür mit voller Wucht hinter sich zu.
Da prallt sie gegen die gesamte Dienerschaft, die wie eine Mauer auf Horchposten steht. Entsetzt wankt sie zu den Eltern zurück. »Oh, mir ist so schlecht ... so schlecht«, murmelt sie und bleibt mit offenem Mund gegen die Türe gelehnt stehen, als müsse sie sich gleich übergeben und könne sich von allein nicht halten.
»Nein!!« Ludovika spring entsetzt auf. »Nein!!« kreischt sie, »Nein!! Das bitte nicht.«
Sophie grinst: »Doch. Das.«
»In welchem Monat?«
»Im vierten.«
Ludovika ist alles Blut aus dem Gesicht gewichen – »Sag, daß es nicht wahr ist«, fleht sie wie von Sinnen, »bitte sag, daß es nicht wahr ist.«
»Es ist nicht wahr.«
Und als Ludovika sich hilflos umdreht, nicht weiß, was sie glauben soll, Sophie anstarrt, Max anstarrt, tönt es noch einmal kühl und nüchtern: »Es ist nicht wahr. Ich wollte nur dein Gesicht sehen.« Sie wankt hinaus. Sie kann die Eltern nicht mehr sehen, weiß nicht mehr, wo sie geht, wo sie steht. Die Dienerschaft im Gang draußen, die sie angafft wie ein fremdartiges Wesen, nimmt sie wie durch einen Nebel wahr. Sie singt ihr Lieblingslied: »Abendstille überall, nur am Bach die Nachtigall ...«, besonders schön, hell und klar.
Max hört sie singen, und das Herz krampft sich ihm zusammen. Was ist es doch für ein Unglück, Kinder zu haben! Was

war Sophie für ein hoffnungsfrohes Kind. Was war Ludwig für ein vielversprechender Junge! Wie ist das alles unendlich traurig. Wie wird das noch enden?

»Jetzt kann ich ihr Photo wieder an alle Herzoghäuser schicken...«, kommt es dumpf und bitter aus Ludovikas Ecke. »Was meinst du, Grafen lassen mir vorläufig noch aus, oder? Wie mir das zuwider ist ... diese Bettelei. Welches Photo nehm' ich denn am besten?«

Max antwortet ätzend vor Hohn und Zorn: »Na das Verlobungsphoto mit dem König natürlich! Das dieser Kerl gemacht hat! Wo's so verliebt dreinschaut! Man weiß bloß ned, wen s' meint!«

In ihrem Zimmer stürzt Sophie zum Fenster, reißt es auf. Der Sturm jault durchs Schloß, läßt die Türen zuschlagen. Die geballte wilde Jagd reitet ihr am Himmel entgegen, vorneweg die Walküre mit irren Augen und gelbem Haar: ein stürmisches schwarzbraunes Herbstgewoge mit grellen Lichtern drin. Wolkenmassen jagen am Mond vorbei, Blitze zucken auf, und der Donner dröhnt, Krähen schwanken auf ächzenden Bäumen. Darüber stürzt eine Möwe mit weißen Augen aufs Wasser hinunter. Sophie klettert auf die Fensterbrüstung, krallt sich an den Läden fest und sieht in die Tiefe ... Nicht tief genug.

Die Sternbach hat die Amme zu Hilfe geholt. Die Alte setzt sich in die Kaminnische und läßt Sophie toben, wie man Irre toben läßt. Jetzt geht sie langsam, ganz langsam auf Sophie zu, spricht und murmelt, um sie nicht zu erschrecken: »Jaja Kinderl ... komm ... oiso in der Nacht mechat i ned sterben ... grad wenn's dunkel is' ... und's stürmt vielleicht gar ... und ausgerechnet da müssat die unsterbliche Seele naus ... ins Sauweda ...« Sie hat Sophie erreicht und nimmt sie sanft in die Arme. »Denn so gut is' ma ja nia, dassas glei in Himmi geh ... mit zwei ... drei Jahr' Fegfeuer müssma scho rechnen ... traurig, aber wahr ... is' ja gut, Kinderl ... is' gut ...« Und damit hat sie Sophie ins Zimmer gezogen und schließt das Fenster. Sophie liegt weinend in ihren Armen.

33

Ludwig schreibt an Wagner: »Ich bin frei, frei, frei. Das düstere Bild verweht.« Und Wagner antwortet: »Sie haben sich gerettet. Doch Sie haben eine sehr mächtige Partei, Ihre Familie, tödlich verletzt, und die sinnt auf Rache.«
Und Elisabeth schreibt Ludovika aus Wien: »Wie sehr ich über den König empört bin, und der Kaiser auch, kannst Du Dir vorstellen. Es gibt keinen Ausdruck für so ein Benehmen. Ich begreife nicht, wie er sich wieder sehen lassen kann in München, nach allem, was vorgefallen ist. Ich bin nur froh, daß Sophie es so nimmt. Glücklich hätte sie weiß Gott mit so einem Mann nicht werden können.«
Doch Ludwig mit Sophie auch nicht. Nein, das war nicht die Frau, die er wollte. Am besten keine, aber die bestimmt nicht. Wer es ihm zugetragen hat? Ob man's ihm überhaupt zugetragen hat? Er hätte jeden Verleumder empört in die Schranken gewiesen – und ihm alles geglaubt. Ach, er hat ihre Verwandlung doch selbst bemerkt, an vielen Kleinigkeiten: daß sie ihm öfter ins Wort fiel, statt der Musik des Meisters Wiener Walzer spielte, provozierend gähnte, wenn er über die Besetzung der *Meistersinger* nachsann ... Jedenfalls hat er im Rausch seiner Wut die Fenster des Palmengartens aufgerissen und Sophies Büste im hohen Bogen hinausgeschleudert, so daß sie auf dem Kopfsteinpflaster vor der Residenz in hundert Teile zerschellte. Daß sich unten kein Mensch aufhielt, war ein glücklicher Zufall.
Die Briefmarke mit König und Braut im Profil läßt er einstampfen. Über eine Kupferplatte mit ihrer beider Konterfei gießt er Vitriol. Alles, was an Sophie erinnert, wird ausradiert, weggewaschen, fortgeschafft, vernichtet.
»Ich bin frei, frei ... o Gott, ich war in einer lebensgefährlichen Krankheit!« Ludwig faßt Düfflipp an den Schultern, »Sorgen Sie dafür, daß aller Spektakel vermieden wird ... mit Einverständnis beider Teile ... und so weiter ... und so weiter ... Und

setzen Sie Frau von Bülow auseinander, daß es mir unmöglich ist, Liszt zu empfangen ... denn solang die Frau meines Vorgängers im Haus ist, herrscht keinen Moment Ruhe und Konzentration ... Dann möchte ich sobald wie möglich die Bühnenbildentwürfe zu den *Meistersingern* vorgelegt bekommen. Seitz kann um so eher daran gehen, als er für die Hochzeitsfeiern nichts mehr zu tun hat ...« So geht Ludwig zur Tagesordnung über und hat seine Verlobung mit Prinzessin Sophie bald verdrängt. Es war schön mit ihr, als sie ein Kind war, ganz reizend mit ihr als jungem Mädchen und ein Desaster in letzter Zeit. Et c'est tout, c'est fini.
Während Ludwig von Düfflipp noch die detailgenaue Zeichnung der Kutsche des Sonnenkönigs verlangte und andere Zeichnungen für seinen Vetter Karl, hört man Marie in den Nebenräumen lamentieren und toben. Jetzt hat ihre Empörung den Höhepunkt erreicht, und sie stürzt ins Zimmer. Sie denkt nicht daran, sich anzumelden. Ludwig ist für sie immer noch der kleine Bub, obwohl sie ihn fürchtet. Wie er ihr das nur antun konnte? Was er sich dabei denke, das arme Mädchen so zu kompromittieren? Diese Schande ... das könne er Sophie doch nicht antun! Und ihr, Marie, auch nicht!
Ludwig ruft dem sich entfernenden Düfflipp nach, er möge am Montag das Album für den Prinzen Karl mitbringen und »bitte nicht die Karosse Ludwigs des Vierzehnten vergessen!« Diese Schande, diese Schande, klagt Marie weiter, wie könne sie Ludovika je wieder in die Augen sehen? »Das verzeihen die uns nie! Nie! Das wird ein Todeshaß und Wasser auf die Mühlen des ehrgeizigen Luitpold. – Mein Gott, das arme Mädchen! Wie soll sie je noch einen Mann bekommen?«
»Oh, da muß sie sich halt an das Villiaumesche Heiratsbureau in Paris wenden, wenn à tout prix geheiratet werden muß!« meint Ludwig träge lächelnd. »Und das Bureau Defoy hat auch einen gewissen Ruf. Allerdings mehr durch den Umstand, daß die Giftmischerin Marie Lafarge durch seinen Beistand zu dem Mann kam, dessen sie sich gleich wieder zu entledigen wußte. Aber, Spaß beiseite: den Mann möchte ich sehen, der sich nach der Schwester der Kaiserin von Österreich nicht alle zehn Finger ableckt.«

Marie verhüllt ihr Gesicht, murmelt etwas von Hochmut vor dem Fall und fürchterlichem Ende und Menschen, denen nichts heilig ist, in der Hoffnung, daß Ludwig, überwältigt von ihren Argumenten und Schmerzen, sich noch einmal besinnen möge. Aber Ludwig räuspert sich nur und stampft leise auf.
Marie wirft die Türe ins Schloß.

34

Was tut man, wenn man nicht leben will und nicht sterben kann? Man vegetiert. Sophie öffnet morgens mit der Sonne ihre Augen und schließt sie abends mit dem letzten Strahl. Sie ißt und trinkt. Sie friert und schwitzt. Dann läuft ihr der Schweiß über den Rücken, ganz langsam, wie kleine Käfer, die sich vorsichtig vorwärtstasten. Auf Bälle muß sie nicht mehr gehen, das sieht selbst Ludovika ein: »Das bringt nichts mehr«, sagt sie. »Vielleicht stirbt irgendwo eine hoffnungsfrohe Braut, und du kannst einspringen. Die Schwindsucht ist wieder im Zunehmen und in Paris die Cholera. Wollen wir auf Gott hoffen!« Und Sophie hört, wie die Mutter dem Vater erklärt, daß die Schauspieler es nun dem Hochadel abgeschaut hätten und seit neuestem ihre Photographien an alle Bühnen schickten, »wie wir an die Höfe, in der Hoffnung, daß einer anbeißt«.
Es gibt wirklich keinen Grund mehr aufzustehen. Wozu soll sie sich waschen – sie hat es doch gestern schon getan. Die meiste Zeit verbirgt Sophie ihren Kopf unterm Kissen. Sie stellt sich vor, sie wäre tot. Und hat es einmal so intensiv gedacht, daß sie tatsächlich steif und steifer wurde und sich nicht mehr erheben konnte.
Aus Coburg kommt eine Antwort. Man habe zwar keinen passenden Kandidaten, doch da sei der zweite Sohn der lieben Victoire Auguste Antoinette, die den Herzog von Nemours geehelicht habe. Ihr erster Sohn, der Herzog von Chartes, sei schon verheiratet, aber der zweite, der kleine Herzog von Orléans-Alençon, sei im heiratsfähigen Alter, ein reizender blonder Junge, dem Vater wie aus dem Gesicht geschnitten und auch der Mutter ein wenig ähnlich, so wie sie Winterhalter als junge Herzogin malte, eine Mischung aus Windhund- und Mausgesicht, doch nicht häßlich.
Also gut, denkt sich Sophie, in diese Mischpoche werde ich nun hineinheiraten, in den Orléans-Coburg-Clan. Was hat sie

noch viel zu sagen? Schon einundzwanzig Jahre alt und eine verschmähte Braut.
Seltsam, das Hanfstaengl-Geschwätz nimmt keiner wahr, geschweige denn ernst. Die Braut eines Königs vergißt sich nicht in solcher Weise. Ein Photograph – völlig undenkbar! Das ist zu bösartig erfunden, um wahr zu sein. Niemand glaubt es, im Gegenteil: man empfindet Mitleid: Genügt es denn nicht, daß die Unschuld verschmäht wurde, muß sie noch mit Unflat übergossen werden?
Insofern hat Ludovika Glück gehabt – Ludovika; denn Sophie liegt nichts mehr an ihrem Ruf, ihrer Zukunft, überhaupt an ihrem Leben. Alles ist ihr gleichgültig. Sie weiß jetzt, wie armselig Leidenschaften in Wahrheit sind, daß sie nur in den Opern, Romanen und Schauspielen so lächerlich übertrieben dargestellt werden. Nie mehr wird sie auf Gefühle hereinfallen, sondern sich nur noch aufs Wohlleben verlegen: gut Essen, gut Trinken und den lieben Gott einen guten Mann sein lassen!
Und Nonne werden? Ludovika hat ihr auch diese Möglichkeit nahegelegt. Aber das kommt nicht in Frage. Das sähe ja aus, als trauerte sie ein Leben lang Ludwig nach, als hätte er sie versetzt und nicht sie ihn! Nein, nein, sie will heiraten, und möglichst bald. Ihn niederschmettern!
Die Franzosen haben eine vorzügliche Küche – keine Habsburger Mehlspeisen, keine bayerischen Schlachtplatten –, pikanter und raffinierter als die polnische, russische oder englische Kost. Leichte Speisen, wie sie es liebt, Gemüse, Pasteten, Salate und Cremes – daraus wird ihr Glück bestehen. Sie wird es sich gutgehen lassen und vergessen, vergessen! Gleichgültig werden, stumpf werden, dumpf werden!
Alençon will in die Armee eintreten und dort reüssieren. Wie wunderbar! Soll er reüssieren, soll er tun und lassen, was er will; und sie wird tun und lassen, was sie will. Aber was will sie denn? Nichts! Ihre Ruhe! Allein sein! Er ist sicher ein netter Bursche, doch die ehelichen Pflichten stoßen ihr sauer auf. Ihm wird es ähnlich gehen. Kein Mensch hat ihn nach seinem Willen gefragt. Auf dieser Basis könnten sie sich finden und ein Arrangement treffen.

Sie sind beide jung und müssen nicht jede Verlogenheit der Alten weiterbeten, können doch zusammenhalten gegen die Eltern und ihre vermodernde Welt!
Wie sich alles fügt. Nun kann der alte Meister in Muße munter an den *Meistersingern* modeln und wird nicht mehr von so einem lächerlichen Hochzeitstermin gehetzt. Oder – hatte etwa Wagner seine Hand im Spiel? Aus Angst vor einer Königin, die ihrem Mann die Großzügigkeit gegen einen gewissen Komponisten austreiben könnte?
Manchmal, wenn sie nicht ehrlich ist, kann sich Sophie die Rolle der furchtbar beleidigten Frau suggerieren: Ludwig hat sie in Schmach und Schande gestürzt! Dann haßt sie ihn dafür wie die Pest. Und hat sie nicht recht, ihn zu hassen? Was wußte er denn von der Geschichte mit Hanfstaengl? Nichts! Also hat er nicht irgendeine Konsequenz gezogen, sondern sie ohne Anlaß und aus freien Stücken beleidigt. Daß sie sich sozusagen schon im voraus gerächt hat, war reiner Zufall.
Alençon betritt den Raum, in dem Sophie auf ihn wartet. Aha, so sieht er aus! Nett. Schmal, blond, groß. Ein Kindergesicht. Und doch ist der Mund schon eng, schmal, pedantisch. Er und Sophie lassen sich am Tisch nieder, an dem einige Beamte sitzen. Maxens Freunde sind da, diesmal nicht als Ritter der Tafelrunde, sondern in ihrer Eigenschaft als Juristen und bayerische Staatsbeamte. Bayerische und französische Rechtsberater sind anwesend und zwei Sekretäre, die jedes Wort protokollieren. Es herrscht ein Gewirr von Sprachen und Fachausdrücken, Sophie versteht kein Wort, Alençon auch nicht. Darüber lächeln sie sich einmal kurz zu.
»... Und im Falle der Kinderlosigkeit fällt die Dos zu gleichen Teilen an die Häuser Orléans und Wittelsbach.« Sofort wird es auf französisch wiederholt. Überhaupt muß oft wiederholt werden, den Bayern, weil sie das Französisch zwar sprechen, aber nicht verstehen, wie den Franzosen das bayerische Französisch zu Mißverständnissen Anlaß gibt. Alençon erweist sich als guter Rechner, wie ihr Max später versichert. »Weißt du, was er gesagt hat? Du ahnst es nicht! Er wolle sich nicht erdreisten, dich zu heiraten, ohne über die sicheren Mittel zu deinem Unterhalt und den zu erwartenden Kindersegen zu

verfügen.« Max hat leise aufgeseufzt: »Ludwig war da angenehmer. Den hat deine Mitgift einen Dreck interessiert.« – »Ja, dann lassen wir's doch!« lacht Sophie silberhell auf und läuft heulend in ihr Zimmer hinauf.
Ein Franzose sagt auf deutsch zu Sophie: »Französisch ist eine schöne Sprache, die Sprache Napoleons, Voltaires ...«
»Und meiner Gouvernante.« Sie sieht zu Alençon hinüber. Er lächelt ihr zu. Als sie sein Lächeln nicht erwidert, blickt er düster vor sich hin.
Einen Mann zu bekommen, der sie liebt, darauf hofft sie nicht mehr. Sie will es gar nicht. Sie liebt ihn ja auch nicht und wird auch nie mehr jemanden lieben. Alençon hat einfach schlechte Karten. Er nimmt sie doch nur, weil sie Schwägerin ist. Franz-Joseph ist einer der wenigen Herrscher, die noch etwas zu sagen haben. Die Hohenzollern verhalten sich wie Parvenus und sind es wohl auch, nicht so schlimm wie Napoleon und Eugénie, aber doch erst mit ihrem Großen Kurfürsten ins Gedächtnis der Geschichte gelangt. Die Wittelsbacher sind ein edles, uraltes Geschlecht, katholisch und frankophil, Max Emanuel war's, Karl Theodor, Max Joseph, alle waren es! Auch Ludwig ist ein Franzosenfreund, zwar mehr der Franzosen des 17. und 18. Jahrhunderts, doch auch er hält den drohenden Krieg für absurd und verwerflich. Es gibt viele Berührungspunkte zwischen den beiden Familien, doch keine, die dem Erbgut der gewünschten Kinder schaden könnten. Nichts spricht gegen die Verbindung. Auch der kleine Verlobungsskandal, bei dem Ludwig als der Schuldige gilt und Sophie als armes Opfer seiner Schrullen, erhöhen den Reiz dieser Heirat. Die Zeitungsschreiber jubeln, und das ist in einer Zeit der aufkommenden Macht der Presse und der untergehenden Macht der Bourbonen ein nicht zu verachtender Umstand, so verachtenswert er auch ist, denkt Alençon. Außerdem ist Sophie schön und präsentabel.
Bon.

35

Mit einem Schrei fährt sie aus dem Schlaf. Alençons Kopf liegt neben ihr auf dem Kissen, und seine Hände tappen ungeschickt an ihr herum. Sophie schreit wie irrsinnig. Die alte Amme stürzt herein. »Is' ja gut ... is' ja gut ...«
Sophie stößt Alençon mit all ihrer Kraft aus ihrem Bett.
»Was machst denn? Laß doch das Plumeau im Bett! Ja, spinnst du? Die Amme wirft das Plumeau energisch zurück, klopft es zurecht. Dann drängt sie Sophie wieder ins Bett, stopft das Plumeau rings um ihren Körper fest. »So, und jetzt wird geschlafen.« Müde tappt sie in ihr Zimmer zurück.
Sophie liegt da, schließt die Augen, öffnet sie, sie schließt sie wieder. Plötzlich blickt sie hinter sich, springt aus dem Bett, sie duckt sich und sucht hinter dem Ofen Deckung. Dann kriecht sie unters Klavier. Sie hält sich an der Pedalsäule fest, als wollte sie jemand herauszerren. Sie reißt sich los, flüchtet auf den Balkon, kauert sich in eine Ecke mit schreckgeweiteten Augen, und ihr Herz hämmert. Sie sieht die Morgendämmerung über dem See, und die sepiafarbenen Wolken nehmen haifischähnliche Formen an. Sie flüchtet ins Haus, legt sich dort auf einen Teppich und schließt wimmernd die Augen.
Als sie sie wieder öffnet, zwinkern ihr ein paar Mäuse munter zu. »Um Gottes willen, bin ich im Delirium?« flüstert sie heiser und schlägt sich heftig ins Gesicht. Da entfernt sich der Mäusetrupp langsam und majestätisch unter den Klängen des Lohengrinmarsches.
Eine nüchterne Septembersonne liegt auf dem Possenhofener Park, Astern und Dahlien blühen in den Einfassungen und Vasen. Im Küchengarten wuchert die tiefgrüne Petersilie für den Winter, spreizt sich das Gerüst der Stangenbohnen. Unter den Klängen des Lohengrinmarsches, den die kleine Trachtenkapelle mit den üblichen vollgespuckten Blasinstrumenten sowie einer Zither und Maultrommel spielt, zieht die Hochzeitsgesellschaft durch den Park zur kleinen Kapelle. Alle tra-

gen Enzian- und Edelweißsträuße, Alençon, sein Vater, seine Mutter, Sophies Eltern.
Hohenlohe schreibt in seinen Memoiren über diese Szene: »Die Braut war in weißer Seide mit Orangenblüten garniert, mit Coiffüre von Orangenblüten und Tüllschleier. An den Ärmeln Atlaslitzen, nach Analogie des Leibregiments. Eine Hofdame der Nemours war in feuerfarbener Seide mit strohgelbem Besatz. Als alles beisammen war, ging man in die Kapelle. Das Brautpaar kniete vor dem Altar. Links dahinter Prinz Albert, hinter diesem wir beiden Minister und dann hinter uns die Herren des Hauses Orléans. Auf der anderen Seite der Duc de Nemours und die Herzogin sowie alle Prinzessinen. Haneberg begann die Zeremonie mit einer passenden Anrede. Niemand weinte, nur der Herzog Max hatte einige Male ein weinerliches Aussehen. Die Braut sah sehr gleichmütig aus ...«
Nun ist also Hochzeit – nach nur acht Wochen Brautstand. Ludovika hat es sich so ausbedungen. Sophie war's egal. Ob früher oder später, was macht das schon aus? Eine Galgenfrist verhindert nichts. Sie will es ja auch gar nicht verhindern – sie muß von hier fort, sonst wird sie wahnsinnig! Sie kann Possenhofen nicht mehr ertragen, den verfluchten See, die verfluchten Berge mit dem verfluchten Schnee auf den Spitzen. Alles erinnert an den verfluchten Ludwig und eine glückliche Kinderzeit. Wenn sie durch die verfluchten Münchner Straßen geht, meint sie Edgars Kutsche zu hören, mit der er einst neben ihr herfuhr und sie überreden wollte einzusteigen. Ob im Münchner Palais oder in Possenhofen – in allen Räumen, auf jedem Tisch, auf jedem Sofa liegt jetzt noch ein Gotha, und Sophie hat die Geburtsdaten aller ledigen Prinzen und Witwer der Jahrgänge 1837 bis 47 hundertmal hören müssen. Ludovika hatte sich in ihrer Verzweiflung einen Spielraum von 1820 bis 1850 gegeben, hätte Sophie also durchaus auch mit einem alten Mann oder einem siebzehnjährigen Kind verkuppelt.
Nun also ist Hochzeit!
Was ist das für ein Leben, in dem man immer auf etwas hofft und dann froh ist, wenn das Erhoffte vorbei ist?

Abt Haneberg fragt den Bräutigam, ob er gewillt sei, die Ehe einzugehen. Alençon verbeugt sich vor seinem Vater, vor seiner Mutter, vor Sophie, vor Ludovika und Max, dann erst sagt er: »Oui«. Sophies »Ja« kommt sofort, laut, klar und gelangweilt, fast schulterzuckend, wie: »Meinetwegen«. Was soll sie ihren Eltern Komplimente machen? Sicher, wenn die Ehe Sinn und Zweck eines Lebens wäre – was sie nicht sein kann, wie ihre Eltern beweisen –, müßte sie Ludovika ewig dankbar sein. Sie ist es nicht.
In diesem Jahr haben sich Störche auf dem Wirtschaftsgebäude niedergelassen. Das hat es nie zuvor gegeben. Ein gutes Omen? Und obwohl heut' schon der achtundzwanzigste September ist, haben sie sich immer noch nicht nach Afrika aufgemacht. Es ist ein langer Sommer gewesen, der noch nicht zu Ende ist. Wieder ein gutes Omen? Als die Gesellschaft aus der Kapelle strömt, klappern die Störche aufgeregt vom Dach. Alle lachen. Ein Storch schwingt sich schwerfällig in die Luft und schwebt zum Seeufer hinab. Übermütig geht man in Deckung, flüchtet unter die Buchen, denn die Exkremente eines Storches können gewaltig sein. Sophie flüstert ihrer Amme ins Ohr: »Was werd' ich für Kinder bekommen?« Und die Amme kichert und tuschelt zurück: »Frösche und Grashüpfer! Frösche und Grashüpfer!«
Das Abendessen findet im großen Saal im ersten Stock statt, der nur zu besonderen Anlässen geöffnet wird. Man sitzt an großen enzian- und edelweißgeschmückten Tischen. Die Trachtenkapelle spielt bayerische Schnaderhüpferl, und wie Sophie entnervt um eine andere Musik bittet, kommt wieder der Lohengrinmarsch: »Treulich geführt, ziehet dahin ...« Aut Lohengrin aut Schnaderhüpferl! Sie können anscheinend nichts anderes. Sophies Kopf dröhnt. Vom Nacken her zieht ihr ein dumpfer Schmerz ins Gehirn.
Fünfhundert Honigwachskerzen an den Wänden und auf den Tischen werden von den Dienern diskret geschneuzt und ausgewechselt. Ein süßer Honigduft schwebt im Saal, der später vom Wildgeruch des Bratens überdeckt wird. Durch die offenen Fenster nutzt eine einsame Grille die Musikpausen, erinnert an Sommer, Nacht und Träume ...

»Warum isser auch so blöd und geht nach Mexiko und läßt sich erschießen?«
»Charlotte ist darüber verrückt geworden.«
»Des war's zuvor schon«, konstatiert Ludovika, und sie erzählt, daß Charlotte, wo sie geht und steht, nur noch »Halleluja« singen hört. Doch wenn sie genau aufpaßt, ist's »Ratatouilla«, was die Engel singen. Und Ratatouille ist Charlottes Leibgericht.
Alle lachen. Sophie bemüht sich, über die Musik hinweg etwas aufzuschnappen. Die Hinrichtung von Sisis armem Schwager, und besonders der plötzlich auftretende Wahnsinn seiner armen Witwe interessieren sie sehr. Sie erzählen von der Prinzessin Salm-Salm, die Maximilian retten wollte. Wie sie den Oberst Palacios bestechen wollte, und es wäre ihr bestimmt gelungen, wenn sie die einhundertausend Dollar in Gold wirklich gehabt hätte und nicht nur einen Wechsel darauf. Palacios hat den Wertbrief neugierig angesehen, ihn zwischen seinen braunen Indianerfingern hin und her gewendet und ihn vorsichtig in ihre Hand zurückgelegt. Er konnte nicht glauben, daß das Gekritzel dasselbe sein solle wie ein Beutel Gold. Doch weder der preußische noch der österreichische und erst recht nicht der belgischeGeschäftsträger, der sich wie ein Schwein benommen haben soll, hielten es für nötig, Geld aufzutreiben. Baron Lago, der österreichische Minister, habe vor Maximilian den Wechsel unterschrieben und später, als er allein war, mit der Schere seine Unterschrift wieder weggeschnitten.
»Also hat Palacios ganz recht gehabt. Des Geld hätt' er nie gesehen«, resumiert Max.
»Das ist doch kein Hochzeitsgespräch«, moniert Ludovika lachend und fährt dann doch fort: »Die Preußen hatten zwar kein Geld, aber immerhin schon einen Arzt bestellt, einen Leichenpräparator. Da war's noch gar nicht sicher, wann und ob er überhaupt hingerichtet wird. Sophie vernimmt mit angenehmem Grausen, wie dann dieser Arzt, Dr. Licea, die Eingeweide in Portionen geschnitten habe und in Alkohol eingelegt verkaufen wollte. Die Kleider, die blutgetränkte Schärpe, die Kugeln im Körper, das in sechs kleine Teile zerstückelte

Herz, die Haare, die Barthaare, alles zerschnitten oder zu kleinen Bündeln geschnürt und für den Verkauf handlich verpackt. Das sollte das Geschäft seines Lebens sein, doch dann wurde er verhaftet. Sophie atmet auf, wie aus einem Alptraum erwacht. Gott lebt noch. Aber er hat Charlotte wahnsinnig gemacht. Wofür? Was hatte sie verbrochen? Oder hält man solchem Unglück mit gesunden Sinnen nicht stand?
Ludovika, ganz große Herzogin und Königstochter, wendet sich an einen kleinen Jungen: »Schmeckt dir die Suppe, Kind?«
»Zu wenig Pfeffer.«
Alle lachen wie befreit.
»Pfeffer! Der junge Herr braucht Pfeffer!« wendet sich Ludovika fast singend an den Lakai hinter ihr, der ihn alsbald herbeischafft.
»Tante Ludovika«, sagt der Kleine, hochentzückt über die Aufmerksamkeit von allen Seiten, »wissen Sie eigentlich, wieviel Sie im Jahr essen? Ludovika schüttelt lächelnd den Kopf.
»Zwölf Zentner. Nur das Essen. Nicht Trinken.«
Max ruft über den Tisch hinweg: »Ich hätt' auf mehr getippt!«
Ludovika sieht lächelnd von der Suppe auf: »Also hab' ich bis jetzt – wieviel gegessen?«
Der Junge seufzt. Das hat er nicht gewollt: »Muß man auch bei einer Hochzeit lernen?«
»Jetzt mußt ihm aber auch sagen, wie alt du bist.« Max grinst schadenfroh über den Tisch, sucht Ludovikas Augen.
Mit einem Mal tritt Stille ein, nur Sophie lacht. Alle sehen auf Ludovika. Die beugt sich zu dem Jungen nieder und flüstert ihm etwas ins Ohr. Da kneift der Junge die Augen zusammen und rechnet laut: »Zweiundvierzig mal zwölf ist ... ist ... Nein, nein!« unterbricht er sich energisch, »jetzt ist Hochzeit!«
»Mama ist sechzig!« sagt Sophie zwischen Suppe und Braten.
Alençon fühlt sich angesprochen und freut sich. Er hat nur nichts verstanden: »Pardon?«
Ludovika verbirgt ihren Zorn nur mühsam: »Vor ihrer blühenden Phantasie müssen Sie sich in acht nehmen!« rät sie dem Schwiegersohn.
»Jaja, Mama hört auf diesem Ohr schlecht!« lacht Sophie. »Sie

kommt allmählich in das Alter, in dem man auf keinem mehr hört.«
»Sûrement pas!« protestiert Alençon und lächelt Ludovika zu. Er hat jetzt in etwa begriffen, worum es geht.
»Une dame n'a pas d' âge.«
»Vous dites du vrai, Monsieur!« Ludovika hebt Alençon dankbar ihr Glas entgegen. Sie stoßen miteinander an.
Sophie hebt lächelnd ihr Glas: »Ich bin schon einundzwanzig! Und kompromittiert! Da darf ich schon froh sein, daß endlich geheiratet wird! Zum Wohl!«
Alençon denkt, sie hätte einen Toast angebracht und prostet freudig zurück. Eine verlegene Pause entsteht, dann sprechen plötzlich alle auf einmal. Ein Herr fällt durch sein schrilles Lachen und seine Geziertheit auf: »Ah, vous savez, un paysan fraîchement marié répondu à ma question comment il allait: ›Très mal, très mal! Dans la journée, je travaille comme un bœuf et dans la nuit comme un taureau!‹ Hahaha!«
»Vouz avez des élans en Bavière?« fragt daraufhin der Herzog von Nemours in achtunggebietendem Ton, um solche Witze künftig zu unterbinden.
»Jaja, Elan hamma!« stimmt ein Bayer sehr entschieden zu und nickt.
»Aber Elche nicht. Die gibt's a bissel weiter oben«, stellt Haneberg richtig.
Und Klementine von Coburg, Alençons Tante, schwärmt: »Ja, die Johannisburger und Rominter Wälder. Das muß man gesehen haben, wie die Elche langsam an den Seen entlangziehen und Schwärme von schwarzen Schwänen aufscheuchen.«
»Gibts da nicht auch Auerochsen?«
»I war schon lang nimmer oben«, beteuert Haneberg witzig.
In das Gelächter mischen sich dumpfe Böllerschüsse.
Plötzlich sind alle still, halten den Atem an. Max bedeutet den Musikanten zu schweigen. Rote, grüne und silberne Lichter flackern in den kerzenerleuchteten, dämmrigen Saal. Die Gäste stürzen zu den Fenstern. Über dem nächtlichen See blüht eine gigantische Kaskade bunter Funken auf und regnet in weiten weißen Glitzerschleiern zurück in den See. Ludovika lächelt böse: »Ludwig. Wie geschmackvoll.«

»Er verabschiedet die Zarin«, sagt Max.
»Ja, gestern war sie da, wollt' mich sehen ...« Ludovika erzählt stolz von dem Überfall: Mitten in die Hochzeitsvorbereitung sei die Zarin hereingeschneit, wollte die »liebe Cousine« besuchen und sehen, wie es ihr gehe. Diese Verwandtschaften seien schon eine Krux, hat Max geseufzt, unter dem Vorwand der Verwandtschaft könne man jede Peinlichkeit begehen. Als Gastgeber mußte Ludwig sie natürlich begleiten, und genau das hat die Zarin gereizt: Ludwig in das Haus seiner einstigen Braut zu zwingen, die im Begriff steht zu heiraten. Alençon werde ja wohl auch dort sein und vielleicht würden die beiden sich treffen? Doch diese Rechnung ging nicht auf. Alençon besuchte zu der Zeit ein Waisenhaus. Außerdem hat Ludwig ihn und seinen Vater schon in München empfangen und beiden den Hubertusorden verliehen. Parbleu!
Doch da bleibt noch die Braut ... Wann haben sie sich zum letztenmal gesehen? Die Zarin freut sich. Und Sophie tut ihr den Gefallen und erscheint.
Ja, sie will wissen, ob sie die Kraft hat, Ludwig zu sehen, und sie will feststellen, ob sie nicht doch einen Funken Trauer in seiner Miene entdeckt oder wenigstens Freude, sie zu sehen. Nein, nichts! Sie hätte sich's denken können. Nur heitere Ruhe und verbindliche Liebenswürdigkeit ohne einen Anflug von sentimentalem Bedauern! Er unterhält sich mit Sophie genauso gleichmütig wie mit Mutter Ludovika und der Zarin. Die erzählt viel vom Sterben eines Großfürsten, das gar nicht würdig gewesen sei, im Gegenteil – so unwürdig, daß die Verwandten aus dem Zimmer gelaufen seien und ihn in seinem grauenhaften Todeskampf alleingelassen hätten. Mit Recht – die Zarin schüttelt sich vor Entrüstung. Kein bißchen Contenance! Er hatte geschrien wie ein Kind, geheult vor Angst. Dazu fällt Ludwig die Erzählung seines Großvaters ein: Als Freund Schwanthaler das Zeitliche segnen mußte und die Ärzte ihm dies auch bestätigten, soll er sich auf den Donnerstag als Sterbetag konzentriert haben. An einem Donnerstag wollte er sterben, damit die Beerdigung und Trauerfeier auf einen Sonntag fielen und die Belegschaft der Gießerei keinen freien Tag hätte – was für seinen Sohn einen Geschäftsausfall

bedeutet hätte. Und in der Tat: er starb an einem Donnerstag! »Das nenne ich Disziplin!« Man lacht. Diese Haltung vor dem Tod habe etwas Großes, meint Ludwig, auch wenn sie bourgeoisen und kleinlichen Motiven entspringe. Haltung vor dem Tod, das gelte es zu finden, nicht in entwürdigende Panik zu verfallen, wenn's hinübergeht in das unbekannte Land. Ja, für ihn, Ludwig, sei das auch ein großes Problem. Wovor hätten wir Angst? Vor den Schmerzen des Sterbens? Oder vor dem Unbekannten danach? Vor Gott – falls es ihn gibt, und wovor sonst, falls es ihn nicht gibt?
»Ich dürfte es eigentlich nicht verraten, aber entre nous«, kichert die Zarin. »Alexander glaubt ganz fest an Gott und Gottes Sohn und sein eigenes Gottesgnadentum. Trotzdem, sagte er mir, er hätte Christus auf jeden Fall hinrichten lassen, denn er sei ein religiöser Fanatiker gewesen, und es gebe nichts Gefährlicheres als religiöse Fanatiker.«
»Den Himmel kann ich mir nicht vorstellen ...«
»Ich schon, kleine Sophie, ich schon«, meint die Zarin und weist auf die Buchen vor den Fenstern, »hier ist er! Hier ist dein Paradies! Du wirst's schon noch merken.«
»...aber die Hölle kann ich mir vorstellen«, fährt Sophie fort. »Die Flammen der Hölle werden so furchtbar sein, daß uns die echten Flammen auf Erden dagegen wie gemalte vorkommen werden. Das hat der alte Dorfpfarrer zu uns Kindern gesagt.«
Die Zarin lacht. »Zu euch Kindern? Das war ja ein rechter Gemütsmensch! Doch ich denke, unsere gute Ludovika sitzt zwar noch nicht in den Flammen der Hölle, aber auf Kohlen – hat noch soviel zu arrangieren und anzuordnen.«
Ludwig hat nicht zugehört, er taucht aus tiefen Träumen empor und sagt, noch immer beim alten Thema, er bewundere sehr diesen ehrwürdigen Thomas Morus, auch wenn dieser die alles andere als ehrwürdige papistische Religion verteidigt habe, und seine großartige Haltung vor dem Tod. Als man ihm vor seiner Enthauptung den Bart abschneiden wollte, protestierte er lächelnd: Nein, nein, meine Herren, mein Bart ist unschuldig!
»Das ist Größe«, sagt Ludwig ergriffen, »davor verblassen Napoleons Siege und alle diese neumodischen Genies, die zum

Namen ›Genie‹ auf ähnlich dubiose Weise kommen wie die Kellerassel zum Namen ›Tausendfüßler‹. Nämlich nicht, weil sie so viele Füße hat, sondern weil die Leute nicht bis vierzehn zählen können.« Er lacht, greift nach seinem Kirschsaftglas, setzt es zum Trinken an, entdeckt gerade noch rechtzeitig die Fliege, die sich darin verirrt hat, tritt ans offene Fenster und schüttet Saft und Fliege in den Abgrund. Wird das jetzt auch als eine irrsinnige, nicht gesteuerte, unreflektierte Fehlleistung ausgelegt und irgendwo notiert? fragt sich Sophie, denn Max hat ihr erzählt, daß die Minister seit neuestem Fakten, Eindrücke und Mutmaßungen sammeln, um irgendwann mal eine Handhabe gegen ihren unbequemen Monarchen zu bekommen. Ach, wie hat das alles nur soweit kommen können? Jetzt, wo für sie der Name Hanfstaengl nur noch ein Begriff ist, den man verachtet, kann sie sich den Lauf der Dinge nicht mehr erklären. Sie ist Ludwig ans Fenster gefolgt. Rund um das Wasserbecken, in dem an heißen Sommertagen eine kleine Fontäne hochschießt, blühen weiße und lilafarbene Dahlien und spiegeln sich im Wasser. Wenn der Wind, wie jetzt, über die Blumen streicht, zittern die Spiegelbilder und verschwimmen ineinander. Nein, sie muß nicht weinen, das hat sie sich längst abgewöhnt. Sie hätte ihn nur gern gefragt, ob er noch Träume hat wie früher, von dem Mann, der neben seinem Bett die Mauer durchhackt, oder von der langen blutigen Haarnadel der Orlamünde. Ob er schreie in der Nacht wie sie? Und ob dann jemand komme? Und wer?
Bis jetzt hat sie, Sophie, ihre Amme gehabt – doch das wird in ein paar Tagen vorbei sein, dann hat sie niemanden mehr. Dann sind sie beide einsam!
Ludwig tritt ins Zimmer zurück. Der Lakai reicht ihm ein frisches Glas. Er lehnt dankend ab. Sein vertrauter, leuchtender Blick! Er gilt jetzt der Zarin. Sophie hält es nicht aus, wendet sich ab. Höflich verbeugt er sich vor Ludovika, Sophie küßt er zum Abschied die Hand, sehr liebenswürdig, äußerst zuvorkommend und höflich. Das kostet ihn nichts.
Und nun, am Tag ihrer Hochzeit, steht Sophie am Fenster und betrachtet sein Feuerwerk. Eine giftgrüne Flamme fährt auf und knickt und knattert ins Dunkle.

»Wissen Sie, woher dieser Brauch stammt?« flüstert ein Kavalier ihr ins Ohr. »Aus China! Die haben schon lange vor uns das Pulver erfunden.« Er lacht.

»Nicht aus London? Oder Stettin?« fragt Sophie müde. In ihrem Kopf rumort es, und sie hat das Gefühl, daß mit jeder Explosion ihr Hirn sich ausdehnt und gegen die Augen preßt. Außerdem hat sie Zahnweh: im linken Backenzahn bohrt und klopft es, und die Schneidzähne frieren. Maximilians Frau ist wahnsinnig geworden denkt sie. Ihr Kopf wurde plötzlich porös, durchlässig. Für den Beobachter kann ein Wahnsinniger sich bei keinen Gedanken länger als eine Sekunde aufhalten, er verzischt ihm schneller als die Rakete überm See, während der Wahnsinnige selbst den Eindruck hat, Stunden um Stunden über demselben Gedanken zu brüten.

Sisi hat in Wien eine Anstalt besucht und ein irrsinniges Mädchen gefragt: »Wie alt bis du? Sind deine Eltern schon tot? Bist du schon lange hier? Gefällt es dir hier? Und auf jede Frage hat das Kind mit einem raschen, empörten »Na und? Na und? Na und?« geantwortet. Wie kommt so etwas? Sophie würde es zu gerne wissen. Wie kann es geschehen, daß der Kopf seinen Dienst versagt?

Einer aus dieser unerträglichen Trachtenkapelle – er ist längst ausgeschieden und in einer Verwahranstalt oder schon tot – soll mit seiner Tuba mitten in der Nacht auf den Pöckinger Friedhof geschlichen sein und dort zwischen den Gräbern wandelnd auf seiner Tuba geblasen haben, so daß das ganze Dorf zusammenlief. Er wolle die Toten erwecken, sagte er, als man ihn abführte, und war traurig, daß keiner erwachte.

Also bis zu welchem Punkt ist man normal und entspricht der traditionellen Vorstellung von Gefühl und Sitte? Der Wahnsinn ist ein einengender Zustand – man findet keinen Ausweg mehr aus seinem Stumpfsinn, seiner Fixiertheit, seiner Bösartigkeit, und doch muß der Wahnsinnige keine Rücksicht nehmen, lebt losgelöst von jeder Bindung und verwirklicht vielleicht als einziges Wesen auf Erden seine Freiheit. Ach Gott ...

»Gibt es da nicht bald eine Hochzeit?«

»Wer mit wem, bittaschen?«

»Louis veut se marier avec la fille de l'Empereur russe!«

»A geh, die is' doch erst vierzehn!«

»Charmante!«

»Das arme Madel!« Das war Ludovika.

Sophie starrt hinüber zum Feuerwerk. Ludwig will die Zarentochter heiraten? Niemals! Das ist nur diese ordinäre Gerüchteküche – schnell noch einen Happen, um ihr den Hochzeitsabend zu verderben. Es funktioniert doch immer! Vor dem Fenster flammt eine feuerrote Lohe auf. Plötzlich hört sie Loges Zwerge aus *Rheingold* im stampfenden Rhythmus die Steine behauen. Und sofort bildet sich ein Gesetz der Rhythmen und Erscheinungen: sechs Takte ein rotes Feuerwerk – sechs Takte – ein silbernes Feuerwerk – sechs Takte – ein goldenes Feuerwerk ... Alençon ist hinter sie getreten. Sie nimmt seine Hand und legt sie sich kühlend auf die Stirn.

36

Schloß Bushy bei Feddington nahe London. Nun hat sie einen Franzosen geheiratet, doch sie lebt im trübseligen England. Sie ist selber schuld – in ihrer Gleichgültigkeit hat sie zu allem genickt und ja gesagt. England im Winter dürfte man seinem ärgsten Feind nicht antun – man sollte es nur im Sommer besuchen, wenn der Hagedorn blüht und die Rapsfelder leuchten.
Sie sehnt sich so nach dem bayerischen Schnee, der den Winter zu einer neuen, aufregenden Jahreszeit macht statt wie hier zu einer sechsmonatigen regennassen Finsternis, den sechs Monaten vergleichbar, die Persephone bei Pluto hausen mußte. Doch Sophie kann nicht mehr zu Ludovika zurück. Wie sehnt sie sich jetzt nach ihr, nach hysterischem Zank und zugeschlagenen Türen.
Auch mit der Sprache kommt sie nicht zurecht. Das Dienstpersonal versteht sie grundsätzlich falsch, wenn eine Anweisung Arbeit bedeutet. Jeder hat die Entschuldigung parat, Myladys Aussprache lasse zu wünschen übrig. Die große steinerne Halle, die breiten offenen Türen zur Bibliothek, die Peter Lelys und van Dycks an den Wänden, die schwarzgeschnitzte Treppe zur Galerie, alles kalt, kalt, kalt – und keine Gäste, keine Geschwister; nur Engländer. Es liegt ohnehin schon etwas so Lautloses und Dumpfes darin, daß die Jugend verwelkt, denkt Sophie und reißt die Fenster auf. Luft will sie, Luft! So geht sie von Stockwerk zu Stockwerk. Und der Butler folgt ihr von Stockwerk zu Stockwerk und schließt die Fenster wieder mit seinen behandschuhten Händen. Denn der Wind schlägt die Scheiben in die Fassungen zurück und dann wieder gegen die Mauern, so daß die Gläser »immediately will burst«, wie er empört vermeldet.
Überall herrscht dieser unangenehme dumpfe Geruch! Trotz aller Düfte von Flieder und Rosen, die im Sommer hier eindringen mögen. Und der augenblickliche schmutzige Regen

verstärkt den Geruch natürlich. Jeder Luftzug büßt schnell seine Frische ein und wird eins mit den dumpfen Räumen, den geschnitzten Paneelen, der dunklen Decke, den schweren Portieren. Und im Schlafzimmer staut sich der Geruch wie in einer alten rostigen Kirche.

Sie will nicht mit ihm schlafen, es graut ihr davor. Dann wieder denkt sie: Warum eigentlich nicht? Es ist doch egal. Sie entkommt dieser lästigen Prozedur ja doch nicht. Deshalb nennt man sie wohl die ehelichen Pflichten. Sophie hatte zwar gehofft, Ferdinand würde wie sie empfinden – schließlich hat er eine große Mitgift erhandelt, und das dürfte doch genügen. Aber es genügt ihm nicht! Sie hört ihn im Badezimmer hantieren, ganz allein, ohne Kammerdiener, sich präparieren und pomadisieren. Gut; vermeide unnützen Zank und Verweigerung, die dann doch mit schmählichem Nachgeben endet. Hier bin ich, bringen wir's hinter uns. Allons! Und Alençon kommt mit glasigen Augen zur Türe herein und hat sich ein bißchen Mut angetrunken.

37

»Im fernen Land, / unnahbar euren Schritten / liegt eine Burg, / die Monsalvat genannt - «

Sophie hat ihr Pianola geöffnet und spielt leise und wehmütig, singt auch ein bißchen und will niemanden stören. Als sie vor der Zeile »Wer nun dem Gral zu dienen ist erkoren« innehält, um sich die Noten für den Kopf und die Hände zusammenzusuchen, kommt Alençon herein, sehr laut, will also stören. Sophie spielt weiter. »Bitte hören Sie auf, liebe Sophie!«, und als sie immer noch nicht verstehen will, ruft er: »Hören Sie sofort auf!«

Sophie legt die Hände in den Schoß, aber sie dreht sich nicht zu ihm um.

»Wenn Sie noch mal Wagner spielen, werde ich das Klavier abschließen müssen! Sie wissen, ich kann diese Musik nicht ertragen. Ein bißchen Boieldieu, ein Stückchen Beethoven oder Donizetti, dagegen ist nichts einzuwenden ...«

Langsam klappt sie den Klavierdeckel und das Notenheft zu, steht auf und verläßt das Zimmer. Alençon folgt ihr, was sie gar nicht wollte. »Ich habe Sie vertrieben? Das tut mir leid.«

»Vertrieben? Aber nein. Ich wollte mir nur die Langeweile des Tages vertreiben. Ich kann freilich auch Blumen pflükken.«

»Jetzt im Winter? Ach, Sophie, was reden Sie denn? A propos, Doktor Fisher rät uns, sofort nach Ihrer Niederkunft England zu verlassen.«

Sophie wäre ihm um den Hals gefallen, wenn sie nicht zu träge und gleichgültig gewesen wäre. »Kuhschwer« nennt Marie ihre Schwangerschaftsbefindlichkeit.

»Fisher meint, das englische Klima sei Gift für Ihre Nerven ... Hoffentlich sind nicht alle Klimata Gift für Ihre Nerven!«

Später im Park vertraut er ihr an: »Außerdem warnt Fischer vor häufigeren Besuchen Ihrer Schwester Marie. Aus Unzu-

friedenheit mit ihrem vertanem Leben und dem verlorenen Königreich Neapel will sie Neid erwecken. Und Sie, meine Liebe, fallen prompt darauf rein.«
Sophie sieht mit blassem Gesicht einen verspäteten Storch hoch über dem Park von Bushy fliegen. Sie murmelt zwischen den Zähnen – seit Sisi den Mund nicht mehr öffnen will, ahmen sie ihre Schwestern nach, dabei sind deren Zähne gesund –: »Marie war wenigstens einmal im Leben glücklich! Sie hat auf der Festung von Gaeta eine phantastische Zeit erlebt. Die Augen der ganzen Welt waren auf sie gerichtet. Ich weiß noch, wie wir in Possenhofen auf Nachrichten warteten, und die internationalen Zeitungen kamen ins Haus – ›Herald Tribune‹, ›Le Matin‹, ›New York Times‹, und in allen Zeitungen war die Rede von Marie und ihrem heldenhaften Mut. Eine Jeanne d'Arc aus Bayern! Sogar Sisi war neidisch, und die wandelt doch ständig auf Höhen. Aber ich«, sagt sie leise wie zu sich selbst, »ich wäre genauso mutig gewesen. Ich hätte gekämpft bis zum Untergang und hätte genauso jede Schonung für mich und die Festung abgelehnt.«
Alençon ist wütend. »Aber das sind doch Kindereien. So viele junge Soldaten hat sie mit ihren schmachtenden Augen für eine von vornherein verlorene Sache in den Tod getrieben. Ein verbrecherischer Heldenmut einer einzelnen verwöhnten Dame. Und mit Verlaub, er hat sie nichts gekostet. Während die armen Jungen niedergemetztelt wurden oder in Gefangenschaft gerieten, ist sie mit ihrem Gemahl auf das Schiff des französischen Kaisers geflüchtet und nach Rom gesegelt und war die Heldin von Gaeta. Dann hat sie ein uneheliches Kind bekommen. Auch nicht gerade eine Ruhmestat. Und nun überfällt sie der Reihe nach ihre Schwestern und wiegelt sie gegen ihre Männer auf, weil ihr der ihre nicht gefällt. Sollen die doch auch unglücklich sein. Unglück zu bringen, Unruhe zu schaffen ist für Marie der einzige Lebenszweck. Verzeihen Sie, wenn es ein Stratege so sieht.«
»Stratege« ist das Stichwort, um Ferdinand nach dem Erfolg seiner Bemühungen um Eintritt in die französische Armee zu fragen.
»Absagen! Nichts als Absagen! Die Kaiserlichen haben Angst,

einen Orlèans in die Armee aufzunehmen.« Er lacht bitter. »Sie fürchten Sabotage – was soll ich sagen?«
»Das ist doch lächerlich! Dann dürften sie keinen aus einem legitimen Haus nehmen. Das würde ein Viertel der Armee ausmachen.«
»Eben. Ist das nicht lächerlich? Nur bin ich natürlich nicht nur aus irgendeinem legitimen Haus, sondern der Enkel von Louis Philippe!« hebt er mit ironischer Emphase hervor, um nicht als stolz zu erscheinen, »– was soll ich sagen.«

38

Am nächsten Tag besichtigen sie London. Sophie will im Tower Anne Boleyns Hinrichtungsblock befühlen. Sie soll ihren König betrogen haben. Für Sophie ist Annes Betrug weniger sicher als ihr eigener am armen Ludwig. Unter dem Aspekt einer möglichen Bestrafung hat sie ihre heimlichen Nächte mit Edgar nie gesehen, sondern für sie war es eher eine sportive Leistung, alle an der Nase herumgeführt zu haben. Die Briefe sind verbrannt, Hanfstaengls gelegentliche Andeutungen werden als übles Renommieren abgetan, und das Kind, das sie sich gewünscht hat, ist gottlob nicht gekommen. Und dafür wurde dieser unglücklichen Frau der Kopf abgeschlagen. Anne war sicher treu. Wer läßt sich schon mit einem Höfling ein, wenn das den Tod bedeutet? Vielleicht war es eine ähnlich entsetzliche Prozedur wie bei der armen Maria Stuart, wo der Henker erst nur die obere Kopfhälfte traf und dann erst nach weiterem Rumgehacke fluchend sein Werk zu Ende brachte, während Marias Lieblingshündchen, das sie in den Falten ihres Kleids mitgenommen hatte, entsetzt aufschrie, aus dem Rock sprang und mitten in den Blutstrahl fiel. »Und stellen Sie sich vor, Heinrich der Achte hat am selben Tag die neue Frau geheiratet. Ich hätte das Blut an seinen Händen gerochen, den Leichengeruch aus seinem Maul ...« – »Mais enfin, Sophie!« Ferdinand verfärbt sich grüngrau, als hätte er mit den Beschwernissen einer Schwangerschaft zu kämpfen. Wie in Trance entwirft Sophie ein Hinrichtungszeremoniell: »Solange die Verurteilte den Weg durch die Towergänge und die Stufen zur Hinrichtungskammer hinabsteigen muß, wird mit der großen Glocke des Turms geläutet. Im Augenblick der Hinrichtung werden drei Kanonenschüsse abgefeuert: der erste, wenn sie aufs Schafott steigt, der zweite, wenn sie sich auf das schwarze Tuch legt; der dritte, wenn sie den Kopf abhacken ... Ludwig wollte die Todesstrafe abschaffen. Das ist ihm nicht gelungen.«

»Gott sei Dank!« ächzt Alençon. »Das hieße ja die Opfer schmähen und die Anarchie feiern.«
»Aber die Gefahr eines Fehlurteils ...«
Er zuckt die Achseln: »Sterben müssen wir alle.«
»Das könnte man auch den Opfern sagen.«
Alençon wird übel. Immer, wenn seine Frau eine Meinung äußerst, wird ihm schlecht. »Dann halt den Mund«, hätte Ludovika ihr geraten – was sie selbst bei ihrem eigenen Mann aber auch nicht konnte.
Sophie will noch Guy Fawkes Wegen unter dem House of Parliament nachspüren. Ein Führer hat sich ihnen angedient, erzählt nun, wie Fawkes mit seinen Kumpanen vom Ostflügel in den Westflügel schlich und emsig Pulver hortete, und erfindet um des Trinkgelds willen genaue Details. Schade, daß sie nicht allein sein darf und mit einer Kerze alle Winkel ausleuchten. Dann hätte sie die Kerze gelöscht, sich in eine Ecke gekauert, den Grabesgeruch eingeatmet und den Rattenpfiffen gelauscht. Sophie rezitiert mit hohler Stimme und schreitet mit schwankender Laterne im Rhythmus der Verse den Gang entlang: »Remember, remember / The fifth of November, / Gunpowder, treason and plot / Shall never been forgot.«
»Was Sie alles wissen!« Alençon betrachtet überrascht seine Frau. »Woher haben Sie das denn?« Doch ehe ihr eine Antwort einfällt, erzählt er frohgemut: »Wissen Sie, daß es mein Bruder geschafft hat? Der Herzog von Chartres ist in die französische Armee aufgenommen! Endlich!«
»Wie das?«
»Mit falscher Namensangabe. Er fungiert im Moment als ein Monsieur Jean de Dubois –«
»Äußerst originell!«
»Nun ja, Jean ist vertrauenerweckend, Dubois erst recht«, und das kleine ›de‹ ermöglich den Oberst ... was soll ich sagen?«

39

Soll das die »Erfüllung eines Frauenlebens« sein, wenn es den Körper zerreißt in einem furchtbaren Schmerz, der über alle Maßen unerträglich ist? Und das Geschrei – da schreit jemand ganz unerhört! Kann man das nicht abstellen? Das ist ja schlimmer als der Tod. Wenn die Frauen wüßten, was auf sie zukommt, und wenn sie nicht dieses grenzenlos gutmütige, kurze Gedächtnis hätten, das sie die Geburtsqualen vergessen läßt, sobald sie vorbei sind, es wäre das das Ende der menschlichen Rasse.

»Nein, nein, sie spürt nichts. Das sind Reflexe. Sie weiß in Wirklichkeit gar nicht, was sie tut. Sie ist im Dämmerschlaf, steht unter Narkose«, beruhigt der Arzt Alençon, der im Vorraum im Gebet verharrt. »Nein, sie spürt nichts«, sagt dieser Mensch, während Sophie glaubt, vor Schmerzen zu sterben. Hat dieser Kretin je ein Kind geboren? Und Alençon glaubt es natürlich, weil man immer dem Arzt glaubt und weil er's glauben will. Die Männer sind doch verachtenswert. An sie wendet sich der Schwätzer nicht, wohl wissend, daß sie ihn ermorden würde, wenn sie könnte.

Und alle haben gelogen. Niemand hat ihr gesagt, daß es so unsäglich schmerzhaft ist. Und dieser Schüttelfrost und Zähneklappern und dünne Spinnenbeine, die unkontrolliert unter dem fetten Spinnenleib zucken. Sie schwört sich, daß sie nie mehr ein derartiges Martyrium auf sich nehmen wird. Nie mehr. Hoffentlich wird es ein Sohn, damit sie eine solche Todesqual nicht noch einmal ... Viele Frauen sterben dabei. Es geht auch über jede Kraft und Vorstellung. Sisi hat einmal zu ihr gesagt, sie sei froh um jede Stunde, die das Kind länger im Leib sei, damals hatte sie Rudolf erwartet. Sophie hatte nicht nachgefragt, sich nur gewundert: will man nicht möglichst bald das verborgene Leben sehen, über dem man neun Monate gebrütet hat?

»Wir müssen schneiden«, murmelt jemand, es wird der Arzt

sein. Ja, schneidet, schneidet nur! Damit der Schmerz sich verlagert. Wieder ein gellender Schrei und dann hört sie auf einmal ein einsames leises Quäken, das todtraurig klingt, als hätte ein Säugling seine Mutter verloren. Sophie hebt den Kopf. Wer ist denn noch alles im Raum?
»Eine Tochter! Eine gesunde kleine Prinzessin! Gratuliere!« sagt der Arzt betont forsch und munter, denn er weiß, daß sich die Menschheit im allgemeinen und insbesondere die durchlauchten Herrschaften männliche Erben wünschen. Und die Hebamme zeigt ihr ein zappelndes Ding, mit wildem hellen Blut gestreift, und flüstert gerührt: »Da ist Ihr hochwohlgeborenes Mädchen.«
Als sie das winzige Gezappel berühren will, ergreift jemand ihre Hand. Es ist Alençon. Er bedankt sich bei ihr für das erste Kind, das sie ihm geschenkt hat. Sophie schließt die Augen. Wozu bedankt er sich? Hatte sie denn eine andere Wahl? Wenn sie es hätte verhindern können, sie hätte es getan. Und alle Umstehenden denken: Was für ein feiner Mensch, dieser Herzog! Läßt sich seine Enttäuschung nicht anmerken, sondern bedankt sich sogar für eine Tochter. Aber wo ist jetzt das Kind? Sophie sieht sich um. Sie wollte doch dieses seltsame Wesen berühren – wo ist es denn?
Man hat es schon fortgebracht, hinaus ins feindliche Leben, ins dunkle Reich der Amme.

40

Nach der Geburt beginnt Sophie zusehends abzumagern, leidet unter Depressionen und Halluzinationen. Vielleicht dachte sie, nach der Geburt müßte sich alles wenden, doch nichts geschieht. Im Gegenteil, es hat sich eine Grauzone von Aggressionen und Überdruß gebildet, wie immer bei Menschen, die ohne Aufgabe sind und immer noch auf der Suche nach ... ja, die nicht einmal wissen, wonach. Alençons Vorwürfe häufen sich. Wenn das Kind quengelt, ist Sophie eine Rabenmutter. Das spürt das Kind und wird davon nicht ruhiger, weiß nun, wer schuld ist an seinem Lebensüberdruß und seiner Langeweile. Die Arbeitskraft einer Amme und dreier Kindermädchen ist ausschließlich für die kleine Louise bestimmt, doch Alençon ist unruhig, kann seine Frau nicht lesen sehen, tigert im Park auf und ab und weiß nicht, was er mit sich anfangen soll. Sophie seufzt; wenn seine berufliche Laufbahn nicht bald gesichert ist, wenn die französischen Militärs ihn nicht endlich in die Armee aufnehmen, wird sie mit Louise verschwinden müssen. Sie kennt diese Unruhe: irgendwann wird sie sich gegen Frau und Kind richten. Unter den Wittelsbachern gibt es auch ein paar unverbesserliche Kampfhähne, doch mit Abstand die meisten dieser Sorte stellen die Hohenzollern.

Sie versteht ihn ja. Da braut sich Unheil gegen Frankreich zusammen, und er steht abseits, muß in englischen Moderzimmern sitzen, und statt zu den Waffen zu eilen und sich und andere umbringen zu dürfen, schwebt seine Zukunft immer noch frei im europäischen Raum; diese Unruhe muß sich ja im Zank entladen. Trotzdem sieht Sophie nicht ein, daß sie sich ständig taktisch verhalten soll. Wenn jemand Rücksichtnahme braucht, ist sie es, nicht er! Und so ist sie zu jedem Zank bereit, schreit wie ein Fuhrknecht und fletscht die Zähne. Die übrige Zeit liegt sie vormittags, nachmittags und abends in eine rote Kaschmirdecke gewickelt und tut, als würde sie lesen.

Die kleine Familie reist nach Palermo. Man ist schließlich nicht an England gebunden. Und seine Bewerbungsschreiben kann Alençon von jedem beliebigen Ort aus abschicken und überall die Absagen empfangen. Wie sie gerade auf Palermo kamen, weiß allein Gott, Sophie jedenfalls nicht mehr. Aber sie hat sich noch nie so wohl gefühlt wie in dieser Stadt und Alençon mit ihrem neuem überschwenglichen Lebensgefühl gleich angesteckt. Diese wundervolle Duftkomposition von Sykomoren, Rosen, Orangenblüten, Pferdeäpfeln und Verwesung, diese Hitze, das in der Ferne glitzernde Meer, das alles hat sofort ihre Verkrampfungen gelöst. Sie könnte ewig tanzen und springen, durch die Straßen flanieren und »O du mein Palermo« singen. Nachts hat sie einen Sternenhimmel über sich, einen Himmel von unendlicher silberschwarzer Pracht, den sie tief einatmen kann als warmen, luftigen Glanz – Wie war der Himmel über England? Eine dämmerige Dunstglocke, in der man, halb erstickt, das Verlangen hatte, an den Rand zu kriechen, um die Glocke anzuheben und die Luft zu erahnen.
Und dann: in der Nähe der großen Victoria zu leben und selbst politisch bedeutungslos zu sein, immer nur wegen der großen Schwester und Schwägerin eingeladen zu werden, das hat beide am Ende fast zermürbt und um ihr letztes Selbstvertrauen gebracht. Hier in Palermo gibt's keine große Gesellschaft, nur Abenteurer und einen Adel, der nicht zählt.
Und noch einen Vorteil hat diese Stadt: Während Sophie in England als typische regenblasse Landlady unter anderen regenblassen Landladies nicht auffiel, macht sie hier Furore. Was sie auch trägt, das Schottenkleid mit den Stiefmütterchen, den silbernen Organdybolero mit den rosaroten Rosen, das blaßblaue enganliegende Kostüm mit Maiglöckchen am Revers – auf der Straße sehen sich die Menschen nach ihr um, und nicht nur die Männer, was Alençon beruhigt. Sie besuchen Geschäfte und öffentliche Gasthäuser, den Dom und natürlich das Grab Friedrichs II., und manchmal trinkt Sophie aus einem der vielen öffentlichen Brunnen, bespritzt sich das Gesicht und auch den Hintern der nackten, sonnenheißen Brunnenfigur. Alençon überlegt ernsthaft, welches der Häu-

ser er kaufen oder mieten solle. Denn sie wollen sich hier in Palermo niederlassen, aber nicht mehr im Grandhotel.
Besonders seit ein paar Tagen ist das Hotelleben unerträglich geworden: seit Herr Wagner, Frau Cosima und ein unendlicher Troß von Bedienten und Kindern hier abgestiegen sind und das Hotelpersonal durch ihr Geschrei, ihre Sonderwünsche und arrogante Anmaßung vereinnahmt haben.
»Das alles bezahlt dein ehemaliger Verlobter«, zischt Alençon zwischen den Zähnen und sieht zu dem kulinarischen Fest auf dem Tisch in der Ecke hinüber, an dem die hohe, hagere Cosima und der kleine Wagner residieren. »Es ist nicht zu fassen.«
»Ludwig meint, dem Genie gebührt ein Platz im Olymp, und damit hat er doch recht. Soll Wagner verhungern wie der arme Lortzing?«
»Wer spricht denn von Verhungern? Krasse sybaritische Verschwendungssucht ist das!«
Sie sehen wieder hinüber. Sophie zückt ungeniert ihr Lorgnon. Sie hat gemerkt, daß Wagner sie mit einer gewissen Unruhe betrachtet, und offenbar nicht weiß, wo er sie einordnen soll. Das ist ihr sehr recht, und sie denkt nicht dran, seine Unruhe zu beheben. Er muß sich aber inzwischen beim Personal erkundigt haben, denn heute scheint er sie zu kennen und wartet auf ein Zeichen. Sophie jedoch bleibt indifferent. Worüber sollten sie auch sprechen? Ludwig wäre das einzige Thema, vielleicht noch die Hochzeitsoper – ob sie schon fertig sei, schon aufgeführt? Ein pyramidaler Erfolg! Wie schön für Sie!
Endlich haben sie ein Landhaus vor der Stadt gefunden, mit herrlichen Gärten und Spielmöglichkeiten für Louise und mögliche Geschwister, da eröffnet ihnen der Militärgouverneur, daß sie Sizilien verlassen müssen. Er könne nicht für ihre Sicherheit garantieren. Auf Sophies Einwand, sie seien doch reine Privatpersonen, geht er nicht ein. Im Hause Orléans gebe es keine Privatperson, und das sehe auch die Nationalbewegung so.
Sie reisen nach Neapel, doch auch hier sind sie unerwünscht. Gerade hat man Sophies Schwester verjagt, trotz Gaeta, trotz

Heldenmut, trotz Schönheit, samt ihrem degenerierten Franz, da wollen sie auch keine degenerierten Orléans in ihren Mauern.
Sie ziehen nach Rom. Im Palazzo Farnese wird der Papst sie schützen, denken sie, aber sie haben sich geirrt. Der Papst will selbst geschützt werden. So haben sie eigentlich nur den Vatikan, die Villa Borghese, den Palazzo Farnese und die Katakomben gesehen und sitzen schon wieder im Coupé erster Klasse auf dem Weg nach Bayern.

41

Ostern in Possenhofen. Klein-Louise hält erstaunt ein lilafarbenes Osterei in den kleinen Fäusten und läßt es fallen. Sisi residiert im benachbarten Garatshausen und kommt mit ihrem Säugling Valerie, zwei Monate älter als Säugling Louise. Ein Treffen junger Mütter mit Schlüsselblümchen und Veilchen auf den Wiesen am See, mit Leberblümchen und Buschwindröschen auf dem Hang des Kalvarienbergs. Sophie atmet auf. Nun, mit Mann und Kind, in durchaus ehrenwerter Position, kann sie sich endlich bei Mutter und Vater zu Hause fühlen. Sie ist zwar nicht mehr Lieblingskind wie während der Verlobung mit dem bayerischen König, aber auch nicht die Ausgestoßene wie vor und nach der Verlobungszeit. Jetzt ist sie wohlgelittenes Mitglied der Familie. Sie hat ihr altes Zimmer, Alençon den Raum nebenan, Louise schläft bei der Amme. Wenn Ferdinand jetzt auch noch eine Anstellung fände, wären sie eine recht zufriedene hochachtbare Familie.
»Ihr seid beneidenswert!« versucht ihnen Sisi zu suggerieren. »Reich, beneidet und ohne alle Verpflichtungen! Ich würde stante pede mit euch tauschen.« Sophie glaubt ihr nicht, hält Sisi für eine Heuchlerin. Sie würde sofort mit Sisi tauschen. Alençon spürt den Ehrgeiz seiner Frau durch die Wand zwischen ihren Zimmern brennen, und wenn er nachts am Fenster steht, fühlt er, daß nebenan auch seine Frau am Fenster steht und nach Berg hinüberstarrt.
Wenn er nur fort könnte, mit Frau und Kind nach Frankreich fahren. Doch jetzt ist Krieg, und die kaisertreuen Franzosen würden den Enkel von Louis Philippe für einen Subversiven halten, der dem Untergang des Kaiserreichs mit Schadenfreude entgegensieht. Und noch dazu mit einer deutschen Frau, einer Bayerin! Nein, er kann nicht nach Frankreich zurück. Dabei wünscht er Frankreichs Sieg. Eine Niederlage wäre entsetzlich, Bismarck würde das Kräfteverhältnis in Europa aus dem Gleichgewicht bringen. Der bayerische König sieht

das genauso, ebenso der sächsische. Trotzdem wurden beide von den anmaßenden unsympathischen Hohenzollern in einen Krieg gegen den kultivierten verbindlichen Napoleon gezwungen. »Die Bayern kämpfen wie die Wahnsinnigen, um sich um ihre Freiheit und Unabhängigkeit zu bringen!« schreibt Sisis Schwiegermutter an ihre Schwester Ludovika. Aber als Entgelt für ihre Siege werden sie nichts bekommen, nicht einmal die versprochenen Teile des Elsaß, nur die Bevormundung ihres Reichs. Bayern wird Preußens Mündel werden. Sic transit Gloria Bavariae! Und am anderen Seeufer wird Ludwig mit Zahnweh und Fieber über den vermaledeiten Kaiserbrief brüten. Er will ihn nicht schreiben. Der Brief liegt schon vor, vielleicht von Wilhelm skizziert, jedenfalls von Bismarck ausformuliert, liegt vor seiner Nase, und er muß ihn nur noch abschreiben. Das wird er doch gerade noch können! Nein, er kann es nicht. Alles sträubt sich in ihm. Seine Berater werden ihm immer wieder zusetzen und ihn nicht in Ruhe lassen, denn sie schwitzen Blut um ihre Provisionen. Ludwig wird krank, schwer krank. Ein derart folgenschwerer Schritt muß doch überlegt sein! Nein, da gibt es nichts zu überlegen, heißt es. Er habe keine Chance! Das Volk will es, von Kiel bis Überlingen, will sein ein einig Volk von Brüdern unter preußischer Ordnung, Pickelhaube, Zackzack und Hurrageschrei!
Sophie bildet sich ein, das Licht in Ludwigs Zimmer zu sehen. Über den See hinweg blicken ihre Luchsaugen, Schlangenaugen, Aquamarinaugen. Ach, könnte sie ihm raten! Schreib nicht! Dein Freund Holnstein ist bestochen. Dreihunderttausend Mark soll er bekommen, und zwar jährlich. So ausweglos, wie er dir die Lage schildert, ist sie nicht. Und das Hurrageschrei übertönt nur das millionenfache Schweigen. Unterschreib nicht! Sie wollen dich entmachten, für unmündig erklären. Du bist ihnen zu unbequem. Sie suchen jetzt schon nach dem Hebel und werden ihn auch finden. Dein kranker Bruder wird ihr Trumpfas sein, der arme, liebe Otto, der seinen Kopf kaum halten kann vor unsinnigen Schmerzen, und doch aufs Schlachtfeld ziehen muß und Bayerns Sache vertreten. Soeben spottet Preußens Kronprinz über ihn: »Habe ge-

rade mit Prinz Otto über die Notwendigkeit der Einheit von Militär und Diplomatie konferiert. Ick globe, er hat keen Wort kapiert! Wahrscheinlich jar nich zujehört.«
Sie möchte Ludwig in die Arme nehmen und trösten. Wenn er den Brief schreibt – und er wird ihn schreiben, der Druck ist zu groß –, wird es ihn sein Leben kosten. Er wird nie mehr froh werden. Sein unantastbares Königtum war der fraglose Grund seines Lebens.
Schreib nicht! Sie werden sich so taktlos benehmen, wie es nur den Hohenzollern möglich ist! Sie werden deine Truppen inspizieren, deine Beamten auf sich einschwören, überall ihre Nase hineinstecken und sie über alles rümpfen. Und wenn du Wilhelms Sohn den höchsten bayerischen Orden verleihst, nicht weil du wolltest, sondern weil es dir deine Minister dringend rieten, wird er sich zieren und schnarren, daß er erst einmal bei seinem Vater, dem Kaiser, nachfragen müsse, ob er die Auszeichnung überhaupt annehmen dürfe.
Schreib nicht! Glaub Holnstein nicht, was immer er sagt! Sie wollen dir weder die Pfalz zurückgeben noch im Elsaß Gebiete abtreten. Nichts wirst du dafür bekommen, daß du alles hergegeben hast. Gar nichts! Du wirst dich in die Berge zurückziehen, der vergangenen Größe des kleinen Bayern nachtrauern und darüber grübeln, wie nur alles so hat kommen können. Und du wirst Schlösser bauen und nicht mehr wissen, wo eigentlich dein Platz ist, und bereuen wirst du und wütend deiner Schwäche hinterherjammern.
Und dann, wenn du ihm den Kaiserbrief geschickt haben wirst, wird Wilhelm auch noch klagen, daß er »das befremdliche Kaiseransinnen seines Neffen« so zur Unzeit wie möglich fand, daß es ihm einige Tage lang sogar die Freude an den erfochtenen Siegen verdarb.
Derart gezwungen und gestoßen wird der jute olle Willem schließlich doch Kaiser werden müssen, so sauer es ihm angeblich auch wird. Wenn ihr alle wollt, muß ick mir halt opfern! Ähnlich wie manche Schauspieler zum Applaus nicht einfach vor das Publikum treten können, sondern immer nur wie von begeisterten Kollegen und Bühnenarbeitern aus den Kulissen gestoßen, ganz gegen ihren Willen auf die Bühne

stolpern, taumelnd von der Wucht des Stoßes, bescheiden den dadurch noch gesteigerten Applaus entgegennehmen und halb empört, halb verzeihend in die Kulissen drohen, wo natürlich niemand steht.

Die Mondsichel hängt über Aufkirchen. Eine schwarze Wolke verdeckt die Spitze, die nach Starnberg zeigt: als hätte sich ein goldener Haken fest in die schwarze Wand gerammt. Sie möchte Ludwig wie damals im blauen Georgsrittermantel auf der Mondsichel sehen – und Sphärenklänge hören. Statt dessen hört sie den gellenden Pfiff einer Lokomotive, und dann rattert ein Zug am Possenhofener Schloß vorbei durch die kahlen Wälder auf Starnberg zu.

Wie er jetzt wohl den heißen Kopf über die Schreibtischplatte beugt, die Statuette dreht und wendet – *Plus jamais* und nocheinmal *Plus jamais* – und so verzweifelt ist ... unendlich verzweifelt, daß er sterben würde, wenn er könnte.

Hätte sie nur magische Kräfte wie die alte südfranzösische Bäuerin, von der Marie ihr erzählt hat. Sie sah die Leiche der Leopoldine Hugo auf dem Seinegrund liegen, nachdem alle Suchaktionen vergebens waren. Die Alte saß währenddessen gemütlich in ihrem Dachstübchen und aß ein Butterbrot. Exakt an der von ihr beschriebenen Stelle lag Leopoldine, die Tochter Victor Hugos, als hätte die Alte selbst sie über Bord geworden. Wenn sie solche Kräfte hätte, würde sie leise hinter Ludwig treten, ganz sanft seine Hand in die ihre nehmen und gemeinsam mit ihm schreiben: »Ich, Ludwig, König von Bayern, tue hiermit kund und zu wissen ...« Und dann stünde auf dem blütenweißen Bütten in wunderbarer Reinschrift dreimal das Götzzitat. Und dann Stempel drauf und Siegel, und ab geht die Post!

»Oh, übrigens, du erinnerst dich doch an die Nora von Wrede«, sagt Ludovika am nächsten Morgen, beim Frühstück zwischen Tee und Ei.

»Nora? Natürlich!« lacht Sophie. »Sie wollte die Zwiebelsuppe essen, in die wir alle hineingespuckt hatten!«

Alençon hebt irritiert den Kopf, sucht in den Gesichtern der anderen, ob sie auch so Ungehöriges verstanden haben wie er. Oder ob ihn sein mangelhaftes Deutsch narrt.

»Sie hat sich den Kopf rasiert und ist Klarissin geworden«, fährt seine Schwiegermutter fort und köpft ihr Ei mit einem Messerhieb. »Aber nicht ohne zuvor den Schmuck ihrer Mutter verscherbelt zu haben. Soviel verlangten die Nonnen als Aussteuer. Mit dem Diamantring der Mutter hat sie in ein Fenster geritzt: ›Ich bete für dich, Mama!‹ und ins nächste Fenster wieder: ›Ich bete für dich, Mama!‹ und so in alle Fenster im ganzen Palais ...«

Sophie beugt sich lachend zu Alençon hinüber: »Und da denken Sie immer, ich sei verrückt!«

Alençon küßt ihre Hand. »Alles läßt sich steigern, meine Liebe.«

»Jetzt pflanzt sie Kohlrabi in Bamberg«, schließt Ludovika.

»Im Kloster oder in der Anstalt?«

»Wird wohl dasselbe sein«, seufzt Ludovika. »Alle sind daneben. Keine aus eurer Generation hat sich richtig entwickelt. Ich weiß wirklich nicht, woran das liegt.«

»Laßt es uns auf den Kometen schieben«, schlägt Sisi vor, »oder den Föhn oder die üblen Ostwinde, die der Schah von Persien hinterläßt, wo er geht und steht!«

»Ich hatte so große Hoffnungen auf euch gesetzt! Besonders auf euch Töchter!«

Sisi lehnt sich über den Tisch, nähert ihr Gesicht dem der Mutter – überhaupt macht sie sich ständig zu schaffen, beugt sich hierhin und dorthin und neckt die Hunde, damit keiner merkt, daß sie nichts ißt: »Gib es doch zu, liebe Mama, worauf du eigentlich stolz sein wolltest, sind deine Schwiegersöhne! Doch nicht wir!«

»Nein, so einfach ist es nicht. Mit meinen Schwiegersöhnen kann ich ja mehr als zufrieden sein.« Sie schenkt Alençon und Franz von Neapel, der mit seiner Frau Marie aus München nach Possenhofen geritten ist, ein betörendes Lächeln. »Nein, meine Schwiegersöhne sind wunderbar, die besten, die man sich wünschen kann! Nur meine Töchter... wie soll ich sagen... sie sind sonderbar, und meine Schwiegersöhne haben's alle schwer. Vielleicht weil Sophie und Mädi dir alles nachmachen, Sisi? Weil sie glauben, sich ein kapriziöses Verhalten schuldig zu sein?«

Ein vielstimmiges Gelächter bringt Ludovika zum Schweigen. Nur Alençon ist empört. Das hieße ja, er sei schwach. Innig küßt er Sophies Hand und legt sie auf den Tisch zurück. Sophie ist verwundert. Immer wenn er sich ärgert, küßt er ihre Hand.

»Ach, was für eine schöne, rührende Familienszene!« lacht Marie schrill auf und hält sich die Schläfen, weil sie wieder diesen stechenden Schmerz spürt, wie so häufig in letzter Zeit. Sophie springt auf und tritt auf die Terrasse hinaus. Klein-Louise spielt friedlich mit Klein-Valerie, sie tauschen die Schnuller aus wie Friedenspfeifen. Die Ammen stricken. Sie hört Ludovika drinnen abschließend sagen: » Ich muß einfach aufhören, mir Sorgen um euch zu machen. Ich hoffe, ihr seid mir deshalb nicht böse ...«

»Nein, nein, gewiß nicht«, beteuert man allenthalben, und auch Sophie auf der Terrasse ruft: »Nein, da sind wir nur froh!« und schreckt die Kinder aus der Ruhe.

»Vielleicht seid ihr nur einfach hoffnungslos sentimentale Weiber ...?« Die Schwestern lachen, aber Franz und Ferdinand stimmen ihrer Schwiegermutter schmunzelnd zu. »Eins weiß ich: Wenn Mädi aus Rom oder London schreibt und anfragt, ob der alte Starenkasten noch an der Birke hängt und ob die Goldammer wieder singt, dann ist es Zeit, ihr Bett zu beziehen.«

42

Der Krieg ist verloren. So sieht es Alençon. So sehen es Kaiser Franz-Joseph und Sisi, und auch Ludwig, dem dieser Sieg seiner Truppen nur Nachteile bringt. Preußen ist selig. Auf einem der vielen Siegesfeste, die in Berlin und geschmackloserweise in Paris gefeiert werden, zieht Bismarck die Fürstin Donnersmarck beiseite, vormals eine kleine Jüdin aus Kiew. Sie ist ein Finanzgenie, hat das Donnersmarcksche Vermögen verwaltet und verdoppelt. »Liebe Fürstin, geben Sie mir einen Rat. Wieviel können wir gerechterweise von Frankreich verlangen?«

»Verlangen Sie sechs Milliarden Goldfrancs und lassen Sie sich auf fünf herunterhandeln. Das ist reell, und Marianne hat ihr Gesicht gewahrt.«

An dieser Unsumme muß Frankreich jetzt bluten. Entsprechend der Regel waren nach der Vertreibung Napoleons wieder die Bourbonen beziehungsweise Orléans an der Reihe, und Alençons Vater macht sich berechtigte Hoffnung, König von Frankreich zu werden. Doch der Herzog von Chambourg setzt alles dran, das zu verhindern. Er erhebt selbst Anspruch auf den Thron, verscherzt ihn sich aber durch dumme Etikettenfragen – die Farbe der Flagge paßt ihm nicht, ohne weiße Lilien tut er's nicht. Oder will er Fransen an den Fahnen? So wird Frankreich Republik.

Die Familie des Herzogs von Alençon lebt jetzt in Vincennes. Die kleine Louise hat von Tante Marie aus Neapel eine große Puppe bekommen, die man Schritt für Schritt durchs Zimmer führen kann. Tante Marie hat sie ihr mit den Worten gegeben: »So, die darfst du so lange behalten, bis du dich im neuen Haus in Frankreich zu Hause fühlst.« Louischen hat sofort beschlossen, ihre Eingewöhnung schwierig zu gestalten.

Schwierig ist sie auch ohne ihr Zutun. Das Haus in Vincennes ist zwar sehr schön, hat viele Zimmer und einen großen Garten, man braucht auch gar nicht lange, um nach Paris zu kom-

men, und Papa hat endlich einen Beruf – am 4. Dezember ist er Hauptmann des 12. Artillerieregiments geworden, Weihnachten ist auch bald ... Aber die Mama! Mama ist furchtbar! Sophie ist schwanger. Die Geburt wird Mitte Januar sein, und sie ist sicher, daß sie diesmal sterben wird.
Sie küßt Louise wohl zwanzig Mal am Tag ganz unvermittelt, als müßte sie Abschied nehmen, und statt ihr von Weihnachten zu erzählen und vom Christkind, das Geschenke bringt und auch bald eine kleine Schwester oder einen Bruder, sagt sie: »Ach, diese gute Luft! Ach, der schöne Schnee! Er ist ganz schwarz! Gut, daß es bald vorbei ist!« oder »Jetzt leben wir tatsächlich in Paris. Wer hätte das gedacht. Die letzten Monate meines Lebens verbringe ich in Paris. Ich möchte aber auf dem Dorffriedhof von Vincennes begraben sein und nicht in der Familiengruft der Orléans!« Und sagt das vor der Kleinen, die nichts begreift und alles genau versteht.
»Du stirbst ned, Kinderl« beruhigt sie dann ihre alte Amme und lacht, um Louise zu beruhigen, »nur beim ersten Mal is' schlimm! Aber beim zweiten is' ja der Körper vorbereitet, dann geht ois viel besser! Viel besser!«
Ludovika hat ihr die Amme nach Vincennes geschickt, damit sie bei der Erziehung der kleinen Louise hilft. Louises erste Sprechversuche sind ein gutturales Kauderwelsch, eine bayerisch-französische Kakophonie, die Alençon recht bedenklich findet. Nun, es ist nur eine Tochter, und die Anwesenheit der Amme war Sophies Herzenswunsch. Doch falls jetzt ein Sohn geboren wird, muß anderes Personal ins Haus, das ist klar.
Seine Frau wird ihm immer unerklärlicher. Einmal ist sie apathisch, dann wieder hektisch, einmal liebevoll gegen alle, dann haßerfüllt, und wehe dem Unglückseligen, der ihr dann in den Weg kommt. Klein-Louise hat jetzt noch eine rotgeschwollene Backe, und es ist schon drei Tage her.
Einmal verweigert Sophie tagelang die Nahrung, dann ißt sie wahllos, was auf den Teller kommt. Ihre neueste Marotte: Sie läßt sich den Mantel bringen und geht einfach fort. Ohne ein Wort und ohne Begleitung ist sie einfach verschwunden. Spätabends kehrt sie wieder und verweigert jede Auskunft.

Daraufhin beginnt Alençon ihr seinen Kammerdiener nachzuschicken. Wie peinlich, das Personal überwacht seine Frau. Abends berichtet Jean bei einer vom Herzog gestifteten Zigarre: Ihre Durchlaucht habe auf dem Marktplatz eine Droschke genommen – er sei gleich in die nächste gestiegen und im Karacho hinterher. Sie habe sich nach Paris fahren lassen, unter die Seinebrücken, erst zum Pont Neuf, dann zum Pont d' Austerlitz. Sie habe lange mit dem Lumpenpack verhandelt, manchem habe sie Geld gegeben, wie er deutlich gesehen habe. Und nicht zu wenig, setzt er hinzu. Die armen Frauen haben ihr die Hände geküßt. Dann sei ein Ordensbruder der Dominikaner aufgetaucht ...«
»Bist du sicher, daß es ein Dominikaner war?«
Selbstverständlich, das sehe man doch genau, die weiße Kutte und die Tonsur ... Und zwei Frauen seien dabei gewesen, mit schwarzen Mänteln und Hauben, vielleicht auch Ordensangehörige. Mit denen habe die Herzogin gesprochen und einer der Frauen ebenfalls Geld gegeben. Dann sei sie in die Kutsche gestiegen, die während der ganzen Zeit gewartet habe, und nach Vincennes zurückgefahren. Er immer hinterher. Aber sie sei nicht nach Hause gefahren. Nein, vor der Kapelle Marie Magdalene habe sie halten lassen. Er sei natürlich nicht mit hineingegangen – die Kapelle sei ja viel zu klein, und die Herzogin hätte ihn sofort erkannt. Aber er sei draußen auf dem Friedhof ein paarmal am Fenster hochgesprungen, und da habe er jedesmal die Herzogin vor dem Altar knien sehen. Stundenlang habe sie da gekniet, stundenlang, immer das Gesicht in den Händen. Sie müsse ganz wunde Knie haben, zumindest blaue Flecken, besonders jetzt, wo die Frau Herzogin so schwer sei.
Alençon winkt ab. »Jaja, ist gut.« Er haßt Vertraulichkeiten vom Personal. »Diese Marotte der Herzogin kann zu einer schlimmen Erkältung führen, die wir jetzt ganz besonders vermeiden sollten. Veranlasse morgen den Küster, daß die Kapelle geheizt wird.«
Diese erbetene Fürsorge macht den zuständigen Pfarrer auf den hohen Gast aufmerksam. Er besucht jetzt ebenfalls seine Kapelle, kniet ebenfalls im Gebet – und sie kommen ins Ge-

spräch. Er spricht über Gott und die Welt, und Sophie überlegt verzweifelt, wie sie ihn endlich los wird. Allmählich versteht sie Ludwig, der jedes ungewollte Gespräch, jede ihn nicht interessierende Meinung als unverschämte Einmischung in seinen Lebensplan empfindet. Verlorene Zeit! Jetzt, kurz vor ihrem Ende, will sie die Zeit besser nutzen als für höfliche Konversation. Sie sprechen über die bevorstehende Geburt. Einen Sohn wünsche sie sich, sagt sie, nicht aus grundsätzlicher Bewunderung für das männliche Geschlecht, eigentlich im Gegenteil, aber mit einem Sohn könne sie das lästige Geschäft des Kinderkriegens beenden. Dann hätte sie ihre Hauptaufgabe auf Erden geleistet, mehr würde nicht verlangt. Auch die lästigen ehelichen Pflichten wären dann vernachlässigbar, denn deren Ziel und Zweck sei der Sohn, alles andere Zugabe oder mitleidiges Gewähren.

Wie der Pfarrer schüchtern und neugierig zugleich Einwände gegen ihre Einstellung zum Geschlechtlichen vorbringt, sagt sie kühl: »Aber ich liebe meinen Mann nicht!«, worüber er so tief erschrickt, als hätte sie gesagt: »Aber ich habe ihn ermordet!« Sophie lacht. Doch er geht immer noch nicht. »Wir sprechen hier doch unter dem Siegel des Beichtgeheimnisses, oder?« fragt sie ihn beiläufig. Er nickt eifrig, viel zu oft, als daß sie ihm glauben könnte, aber ihr ist's egal. Soll er ruhig zu Alençon gehen und ihm berichten, daß seine Gattin ihn nicht liebt.

»Der Herzog ist ein so fürsorglicher Gatte. Jedermann weiß das.«

»Ja, er ist sehr demonstrativ. Deshalb weiß es auch jedermann. Woher wüßten Sie es sonst? Er erfüllt mir jeden Wunsch, den ich vor anderen ausspreche.«

Darauf weiß der Priester nichts zu sagen, fragt sie, warum sie so oft und gerade in diese Kapelle komme. Etwa weil sie der Maria von Magdala geweiht sei, der reichen adeligen Frau, die so viele Sünden des Fleisches zu bereuen hatte?

Sophie nickt. »Ich habe einen armen unglücklichen König noch unglücklicher gemacht, und wissen Sie –«, sie beugt sich zu ihm hinüber und flüstert: »Wenn mich plötzlich in Wellen das heftigste Bedürfnis anfällt, mich umzubringen, bin ich hier gut aufgehoben. Die Fenster sind ebenerdig, und draußen gleich der Friedhof. Auch wenn mich der übermächtige Impuls überkommt, Alençon den Kopf abzuschlagen, bin ich hier richtig, denn er ist nicht da. Nur Sie.«

Jetzt endlich empfiehlt sich der Priester, und Sophie hat wieder ihre Ruhe und kann ihr inniges Zwiegespräch mit der Heiligen fortsetzen, das dieser Mensch nun fast jeden Tag stört.

43

»Liebe Maria Magdalena, wie wird es nach dem Tod sein?« Sophie sitzt mit der Amme und ihrer Schwester Marie von Neapel am Holztisch in ihrem verdunkelten Zimmer. Sie fassen sich an den Händen. Eine Kerze brennt und wirft riesige Schatten an die Wände. Sie rufen einen Geist. Diese okkulten Séancen sind jetzt große Mode. In Possenhofen werden Tische gerückt, in Wien, Moskau, London, und besonders in Paris. Das ist die Folge der Depression. Man hat den Krieg verloren. In der Nacht vibrieren die Lüfte von Totengesängen, Unkenrufen und salamandrischen Hexensprüchen.

»Wie wird es sein nach dem Tod? Wie wird das Jenseits sein?« Sophie glaubt, den Geist Maria Magdalenas in ihren medialen Kreis gebannt zu haben. Der Tisch klopft. Marie übersetzt: »Deins oder meins?« Sie fragt dich, welches Jenseits du meinst: Deins oder ihres?«

»Gibt's denn da Unterschiede?«

»Anscheinend.«

Die Amme kichert.

Sophie räuspert sich: »Lieber Geist – sag mir – was wird es werden? Ein Mädchen oder ein Junge?«

Stille. Atmen. Klopfen ... Marie übersetzt: »Wie – du willst –«

»Wie du willst?« flüstert die Amme. »Des san doch keine Antworten!«

»Wie ich will – also ein Sohn.« Sophie nickt zufrieden. »Und wer in diesem Kreis wird als erster sterben?«

Entsetzt schreit die alte Amme auf: »So was fragt ma doch ned!«

»Pssst, pssst«, fahren sie die Schwestern an und packen wieder ihre Hände, die sie losgerissen hat.

Sophie wiederholt: »Wer in diesem Kreis wird zuerst sterben?«

Stille. Atmen. Die Amme stirbt fast vor Angst – vielleicht erübrigt sich die Frage sowieso.

Klopfen. Marie übersetzt: »Wer – fragt –«
»Wie? ›Wer fragt?‹ Was soll denn das bedeuten? ›Wer fragt?‹ Ist das eine Frage? Oder«, flüstert Sophie mit ersterbender Stimme, »oder ist das die Antwort?« Sie verstummt, dann sagt sie feierlich dumpf. »Also ich. Ich hab's gewußt.« Sie bläst die Kerze aus.
»Sophie! Du wirst dich doch nicht von so einer alten Heiligen ins Bockshorn jagen lassen!« Marie zündet die Lampe an.
Sophie sitzt auf ihrem Stuhl mit hohem dicken Bauch und lächelt. Fast erfüllt es sie mit Genugtuung. So also ist ihr Leben verlaufen, so unglücklich, und so unglücklich wird es enden. Sie wird natürlich in die Hölle kommen. Wie hat der Dorfpfarrer damals gesagt? – »Die Flammen der Hölle werden so entsetzlich sein, daß uns die wirklichen irdischen Flammen wie gemalte vorkommen werden.«
»Gott ist furchtbar« flüstert sie dem Priester zu, der sich am nächsten Tag schon wieder neben sie setzt, »furchtbar gemein.«
Der erschrickt wieder, bleibt aber an seinem Platz. Hat Alençon ihr den Mann auf den Hals geschickt? Sophie späht aus den Augenwinkeln zu ihm hinüber, während sie tut, als betete sie. Soll er sie überwachen? Vorhin bei den Clochards unter den Brücken glaubte sie einmal Jeans dummschlaues Gesicht zu entdecken. Ist sie überall von Alençons Kreaturen umzingelt? Sie hat den armen Frauen und ihren Kindern Brot und Decken gebracht! Sie wird sich doch um diese gottverlassenen Wesen sorgen dürfen, deren einzige Schuld es ist, die Brutalität und Faulheit ihrer Männer zu büßen. Sie wird sich doch im letzten Moment noch einen Platz im Himmel ergattern dürfen.
»Laßt mich doch meine letzten Lebenstage sinnvoll verbringen! Ein bißchen für mein Jenseits sorgen!«
Hat sie laut gesprochen? Jedenfalls murmelt der Mann neben ihr: »Sie werden nicht sterben, doch mit Ihrer Einstellung zur Ehe sehr unglücklich werden.« Und tut so, als betete er. Also doch von Alençon geschickt, kein Zweifel.
Nervös fragt sie: »Wie kann ich meine Ehe ernst nehmen, wenn ich weiß, daß sie verlogen ist – wie jede Ehe verlogen

ist? Es ist lächerlich, wenn die Frau ›Ja‹ sagt, noch lächerlicher, wenn der Mann ›Ja‹ sagt. Aber nichts wollen die Menschen mehr, als ›Ja‹ sagen, sich aufgeben und ruinieren.«

»Mit dieser Einstellung erwarten Sie ein Kind?« Der Priester ist empört.

»Mein zweites. Ja.«

»Denken Sie doch an Ihre edlen Eltern und Geschwister.«

Sophie nickt: »Das tue ich. Das ist freilich nicht so leicht. Ich habe so viele Halbgeschwister. Nicht einmal mein Vater weiß, wie viele.«

»Versöhnen Sie sich mit Ihrem Mann.«

»Wieso? Wir verstehen uns prächtig.«

«Sie hassen ihn ohne Grund.«

»Ich war einem anderen versprochen.«

»Sie haben das Bündnis selbst gebrochen?«

Sophie zuckt die Achseln: »Da sehen Sie, wie lächerlich das Jawort ist. Doch er hat Glück gehabt. Wäre er mit mir belastet, könnte er jetzt nicht dieses wahnwitzige Neuschwanstein bauen.« Sie lacht böse. »Eine Drakulaburg wie von Doré entworfen, so unheimlich, mit Zinnen und Türmen und Erkern und Verliesen und sicher schon mit einem Geist versehen, einem Vampir, einer Weißen Frau. Vielleicht sind ihm selbst schon die Eckzähne gewachsen, und jede Nacht muß er sich die Felsen hinabstürzen, um unten im Tal bei seinen nächtlichen Schlittenfahrten wieder neue Lebenskraft zu schöpfen. Mit mir könnte er bestimmt nicht sein ganzes Restgeld Richard Wagner in den Hintern schieben und sich zum Erznarren machen. Mit mir wäre er arm dran«, sie lächelt, »beziehungsweise reich.« Plötzlich läßt sie ihr Gesicht in beide Hände fallen. Sie weint.

Da flüstert der geistliche Mann neben ihr beschwörend: »Weihen Sie Ihr Leben dem Herrn, treten Sie dem dritten Orden bei. Und alles, was Ihnen bisher sündhaft, wirr und ohne Ziel erschien, wird einen wunderbaren Sinn erhalten. Glauben Sie mir, Herzogin, die Dominikaner könnten Ihnen zur Heimat werden. Und wenn niemand Sie liebt, Christus liebt Sie.«

Zu Hause sitzt Sophie vor dem Kamin und starrt düster und

unentwegt in die Flammen. Sie fühlt sich kuhhaft, dumpf und abwesend. In ihr bewegt es sich zart, wie ein Klimpern von Wimpern dicht an der Magenwand. Im Raum hinter ihr werden die Weihnachtsbäume zersägt; das Feuer vor ihr ist von den dürren Zweigen genährt. Ein in den Nadeln verheddertes Lametta dehnt sich, streckt sich und hutzelt schwarz in sich zusammen.

Alençon und ein Arzt stehen am Tisch und beobachten sie. Der Arzt beruhigt Alençon. Er spricht laut, denn er weiß, daß Sophie ihn ohnehin nicht hört: »Die Geburt wird sie aus diesem Zustand reißen. Das garantiere ich. Und wenn es diesmal ein Sohn wird ...« Er lächelt vielsagend: damit seien dann alle Sorgen behoben.

44

Es wird ein Sohn. Am 18. Januar erblickt Emanuel das Licht der Welt, wie man so schön sagt. Die Geburt war wie die erste – unerträglich, kaum zu überstehen, grauenhaft und quälend, doch eine leichte, wie die Ärzte behaupten.
Nun hat sie also einen Sohn. Wie ein Weltwunder liegt er vor ihr. Ein Sohn. Und sie hat überlebt.
Wäre sie nur gestorben. Sie hatte sich auf den Tod eingestellt. Eins hat sie gelernt: Gott tut nie das Nächstliegende, Erwartete. Jetzt gibt er ihr Gelegenheit, ihr Leben zu revidieren, auf daß das Jenseits lichtvoller werde. Nun ja.
Düster und abgemagert kauert sie im Sessel und starrt an der Wiege vorbei auf irgendeinen Punkt des Parkettbodens. Die Bretter bewegen sich, verrutschen. Jemand wirft sie mit großem Gepolter von unten her ins Zimmer hinein, manche Holzbohlen treffen die Wiege. Das Baby schreit. Sophie bewegt sich nicht. Es zischt leise wie eine Dampfkanne auf dem Feuer. Aus dem schwarzen Erdloch steigt mit giftiggrüner Feuerlohe Luzifer ins Zimmer empor, ein großer feuriger Mann mit dunklem Haar, bleichem Gesicht und leuchtenden mächtigen Augen. Er packt sie, umfaßt sie. Endlich ein Mann, der sie zu nehmen weiß! Endlich ist es warm im Haus. Viel zu müde, um sich zu wehren oder zu wundern, legt sie den Kopf auf seine Schulter, den Arm um seinen Hals und fährt zischend in die Hölle ab.
Leise tritt Alençon herein. Als Sophie nicht reagiert, setzt er sich und wartet. Nach einer Weile räuspert er sich, schließlich beginnt er zu sprechen: »Also, wenn Sie wirklich in den dritten Orden der Dominikaner eintreten wollen, dann, was soll ich sagen, werden Sie die Chlochards mit Schnaps versorgen müssen und ihre Huren bedienen und uns Wanzen und Flöhe ins Haus bringen.« Jetzt spricht er wie zu einem Kind: »Wir werden Sie entmündigen müssen, weil die natürlich auf Ihr Geld aus sind, wie all diese Bettelorden und religiösen Vereine.«

»Mein lieber Alençon, wie müssen Sie mich hassen«, sagt sie leise und kalt. »Doch jetzt ist es zu spät. Wir haben einen Sohn.«
»Und wie kommen Sie ausgerechnet auf Marie Madeleine? – Sœur Marie Madeleine? Nennen Sie sich Marie-Eulalie oder auch Maria Philomena, aber bitte nicht Maria Magdalena! Überlegen Sie doch! Daraus könnte man Rückschlüsse ziehen, die für Sie äußerst peinlich wären – von mir und den Kindern ganz zu schweigen.«
»Sie waren nicht der erste, mein bester Ferdinand. Ich hatte schon einen ...«
»... kleinen Photographen! Ich weiß, ich weiß. Eine fixe Idee! Ihre Mutter warnte mich schon.«
Sophie hat gar nicht zugehört. »Und Sie werden auch nicht der letzte sein.«
»Ich weiß, ich weiß«, sagt er gelassen und bewegt die Wiege. Das Kind beginnt leise zu weinen. Sofort humpelt die Amme herbei. Seit kurzem lahmt sie auf einem Bein. Sie nimmt das Kind auf den Arm, das jetzt schreit. »Der junge Herr will zur Mama«, grinst sie und reicht ihn Sophie hin. Die lächelt geistesabwesend, erhebt sich und verläßt den Raum. Alençon streicht dem schreienden Kleinen nervös über den Kopf.
»Wohin gehen Sie?« ruft er seiner Frau nach.
»Zu den Clochards und ihren Huren.«
»Das ist nicht nett von Ihnen«, sagt er ruhig und melancholisch.
»Ich weiß es«, sagt sie kühl. Er wird jetzt alles tun, um sie vor der Amme ins Unrecht zu setzen.
»Nehmen Sie Jean mit, liebe Sophie«, rät er ihr, ganz die Stimme der Vernunft und Liebe, »es könnte gefährlich sein!«
»Das ist meine Sache.« Das Mädchen bringt ihr den Mantel.
»Sie könnten ermordet werden!«
»Auch das ist meine Sache«, meint Sophie gelassen und läßt sich in den Mantel helfen.

45

Gestern, am 21. August gegen neun Uhr abends ist Ludwig auf dem Straßburger Bahnhof eingetroffen. Er nennt sich Graf von Berg und will Paris und insbesondere Versailles besichtigen. Ob er sich auch bei ihr melden wird, fragt sich Sophie.
Man hat ihn mit Händen und Füßen von dieser Reise abhalten wollen, von dieser »idée fixe«, wie sie sagen. Ausgerechnet ins feindliche Ausland will er, aber Berlin, Stuttgart, Dresden zeigt er die kalte Schulter. Dabei wäre der Besuch dieser Städte sinnvoll gewesen: er hätte in Stuttgart und Dresden Kombattanten suchen und gemeinsam mit ihnen gegen Berlin ziehen können! Doch dazu hat er wohl nicht den Mut, oder ist er zu scheu?
Man hält ihm vor, sein Besuch könnte bei den Franzosen Hoffnungen auf bessere Friedensbedingungen wecken, die Bismarck bestimmt nicht beabsichtigt. Auch das Choleragespenst wird beschworen: jedes Jahr sterben in Paris Hunderte von Menschen. Und die Wachen! Und die Soldaten! Was das alles kostet! Ludwig bleibt fest: Er will ja nicht als König reisen, nur als Privatmann, den man wie einen König behandelt.
Vom Straßburger Bahnhof fuhr man ihn zur deutschen Botschaft. Er dankte und zog sich in seine Gemächer zurück.
Heute ist der Empfang für die Herren der Botschaft. Sie stehen im Vorraum mit Frack und weißen Krawatten und werden einzeln in Ludwigs Zimmer geführt. Was er wohl jedem zu sagen hat? Am Nachmittag besucht er zum erstenmal Versailles, liest Sophie in der Zeitung.
Am 23. August läßt er sich zur Conciergerie bringen. Er steht in der Zelle Marie Antoinettes und versinkt in Meditation. Er versucht mit dem Geist der großen Frau in Verbindung zu treten. Die Begleiter warten ratlos vor der Tür – bei Ludwig wissen sie nie, ob sie lachen oder schimpfen sollen. Später läßt sich der König zum Pont Neuf fahren und erkundigt sich, ob

die Statue des Henri Quatre dem echten Henri Quatre ähnlich sei oder einfach nur so eine Phantasiefigur mit Spitzbart. Nach dem Besuch von Notre Dame, der Ruinen des Hôtel de Ville, des Panthéon besichtigt er die Baustelle der Großen Oper. Die Pariser warten voll Ungeduld auf deren Fertigstellung, damit endlich die Steuerbelastung ein Ende hat. Ludwig betrachtet den Bau mit kundigen Augen, läßt sich den Grundriß zeigen. Ein komplizierter Bau, aber Neuschwanstein ist ungleich komplizierter. Dann will er noch zum Invalidendom. Auf der Fahrt erfährt er, daß dort der Kommandant von Paris mit allerlei Honoratioren auf ihn wartet. Sofort läßt er wenden und sich zur Botschaft zurückbringen. Er will keine gesellschaftlichen Ereignisse! Hat er das nicht klar und deutlich gesagt? Kann man ihn nicht in Ruhe lassen? Er ißt allein in seinem Zimmer, fährt ins Théâter Français. Sie geben *L'avare* von Molière.
Sophie läßt die Zeitung sinken: Wie, wenn sie nun auch gekommen wäre und sich ganz zufällig in der Loge neben ihm niedergelassen hätte wie früher in der Münchner Oper? In ihrem schönsten Silberkleid, juwelenfunkelnd wie ein Christbaum hätte sie plötzlich dagesessen.
Sein Gesicht! Wie hätte er wohl zu ihr hinübergeblickt? Eisig und abweisend? Oder resignierend, als wollte er sagen: »Mir bleibt doch nichts erspart!« Oder gerührt: »Endlich ein Gesicht unter Larven!«, vielleicht gar liebevoll: »Endlich, wo warst du denn so lange?« Erst hätten sie stumm nebeneinandergesessen, nur durch die Logenwand getrennt. Dann hätte sie ihm ihr Rubinkreuz gezeigt, es hin und herbaumeln lassen: »Schau, was ich da hab'?«
»Sehr reizend«, hätte er gesagt und zur Bühne geblickt. Sie hätte es ihm unter die Nase gehalten: »Sind das Rubine oder Granate?«
»Ja, wenn du es nicht weißt ... Hast du kein Zertifikat?«
»Nein, ich hab's ja von dir!«
»Ach ja? Dann werden es wohl Rubine sein.«
»Erinnerst du dich denn an gar nichts mehr?«
»Doch, doch. Wie du am Klavier gesessen bist und deine riesigen Puffärmel immer unabsichtlich mitgespielt haben ...«

»Ist ja nicht wahr!«
»Und an meinen tödlichen Schrecken, als alle behaupteten, wir seien verlobt.«
»Ich wollte dich heiraten und auch wieder nicht.«
»Wieso?«
»Weil ich dich geliebt habe und einen anderen auch.«
»Ich wollte dich nie heiraten. Ich habe dich geliebt. Kaum sollte ich dich heiraten, habe ich dich gehaßt.«
»Jaja, es ist furchtbar. Ich will in der Stadt leben und zugleich auf dem Land. Ich liebe Wagner und zugleich Verdi. Ich wollte ins Kloster und auch wieder nicht, meine Mutter umbringen und liebe sie doch.«
»Das letztere ist ganz normal. Aber sonst muß man sich vor dir fürchten. Du bist eine zerrissene Seele.«
»Und du? Du wolltest nie den Kaiserbrief schreiben und hast es trotzdem getan! Wolltest in keinem Krieg mitmischen und hast es trotzdem getan!«
»Und wie geht's deinem Mann? Was macht er denn? Obwohl ich zugeben muß, daß es mich nicht interessiert.«
»Mich auch nicht. Er will in allem so vortrefflich und vollkommen sein, daß wir gewöhnlichen Sterblichen um ihn herum zwangsläufig unvollkommen sein müssen. Er gibt niemals ein Versagen zu oder gar eine Schuld. Immer sind's die anderen.«
»Oh, so bin ich auch, und du ebenfalls, gib's nur zu«, hätte Ludwig daraufhin gesagt und wieder zur Bühne geblickt.
»Er ahmt seinen Vater nach, macht alle Moden mit und will doch als origineller Mensch gelten. Ein Langweiler par excellence.«
Dann hätte sie ihm ihr Leben erzählt, wie es verlaufen ist seit damals, als sie sich das letzte Mal sahen. War das nicht bei einem nächtlichen Gang am See entlang? Aber Ludwig hätte das alles nicht im geringsten interessiert. Er hätte auf die Molièreschen Dialoge gehorcht und nach ihm unverständlichen Sätzen oder Wörtern gefragt. Die Schauspieler sprechen so schnell. Dann hätte sie's ihm übersetzt. Denn jetzt kann sie Französisch besser als er. Früher war's umgekehrt.
Irgendwann hätten sich über der Logenbrüstung ihre Hände

getroffen, und Sophie hätte geweint über vertanes Leben, nie mehr gutzumachende Versäumnisse und nichterkanntes Glück. Schnell wäre seine Hand zurückgezuckt ...

»Liebe Cousine, was für eine peinliche Szene. Mußt du dem Pöbel dieses Schauspiel bieten? Schau, alle sehen her und keiner mehr auf die Bühne. Es scheint spannender zu sein als Molière.«

»Verzeihung«, hätte sie dann gesagt und sich die Tränen getrocknet. »Ich war schon immer sehr impulsiv.«

»Du warst schon immer eine peinliche Person. Du solltest allmählich erwachsen werden.«

»Und du?« wäre sie hochgefahren, »wann wirst du erwachsen? Läßt dich gehen wie ein Kind! Mußt alles essen, alles haben, wie ein Kind. Bist scheu wie ein Kind. Faul wie ein Kind. Ein Misanthrop! Ein Angsthase! Allmählich wirst du eine Witzfigur – und nicht die schlankeste! Le roi de fées de Bavière qui prend de l'embonpoint! Und dieses Genuschle! Kannst du den Mund nicht aufmachen?« Woraufhin er ihr mit einem Wink zu schweigen befohlen hätte: er wolle den Molière hören.

»Oder sind deine Zähne so schlecht, und du willst sie nicht zeigen?« hätte sie weitergestichelt.

»Psssst – der Monolog des Coquelin!«

»Früher hast du nach Lavendel gerochen, und jetzt nach Moschus! Fi donc!«

»Du bringst es noch fertig, mir durch dein ewiges Geplapper den Molière zu verderben. So wie du nie auf der Höhe einer Situation sein konntest, nie auf der Höhe des Gefühls und der Gedanken! Hinterher hast du dich immer gewundert, aber dann war's zu spät.«

»Du siehst aus wie ein verfetteter Zigeuner.«

»Und du wie ein silberner Lackaffe!«

»Warum lachen Sie?« Alençon blickt von seiner Patience auf und sieht seine Frau an. Sophie ist über ihrem Journal eingenickt und fährt überrascht auf: »Nichts, nichts. Habe ich gelacht? Wie seltsam, dabei gibt es doch gar nichts zu lachen!« sagt sie schnippisch und beugt sich wieder über die Zeitung.

»Dienstag, den 25. August. Seinen Geburtstag und Namenstag

feiert der bayerische König in Schloß Versailles. Le roi s'amuse. Punkt 11 Uhr sprangen die Wasserspiele, und der König wandelte zwischen den hochaufspringenden Fontainen. Natürlich kam viel Publikum, nicht nur wegen des Königs, sondern auch des teuren Schauspiels wegen: 50000 Francs kostete das Vergnügen. Die Menge der Schaulustigen verhielt sich diszipliniert. Nur ein paar Versailler Jungen mußten arretiert werden, die hinter dem König herliefen und seinen Gang imitierten ...« Sophie läßt die Zeitung sinken. Wie peinlich. Jungen laufen hinter Ludwig her, ahmen seinen Gang nach! Sie würde diese Kinder mit der Peitsche verprügeln und in Handschellen zu ihren verwahrlosten analphabetischen Eltern zurücktreiben. Laßt Ludwig doch gehen, wie er geht! Wenn jemand das Recht hat, über seinen Gang zu lachen, ist sie es: einmal, als er etwa zwanzig war, pflegte er die Füße nach vorn zu schieben wie ein Anfänger im Schlittschuhlaufen, später hob er die Beine wie ein Hahn. Vielleicht hüpft er jetzt wie zur Echternacher Springprozession? Oder wandelt wie ein König auf der Bühne? Immer hatte er einen sonderbaren Gang, wie viele unsichere Menschen ihn haben, zumal wenn sie fast zwei Meter groß sind.
Abends um acht Uhr setzt er sich in den Zug und fährt zurück ins verhaßte München, zu seinen Regierungsfadessen, in seinen grauen Alltag, und läßt Sophie in dem ihren zurück. Sie verbringt ihre Zeit sinnvoll, wie sie glaubt: morgens streift sie durch das Elend der Vorortsgassen, die Nachmittage verbringt sie im Œuvre Noviciats Dominicains und organisiert einen Bazar. Um Geld für den Orden aufzutreiben, setzt sie Himmel und Hölle in Bewegung, das heißt die Courvoisiers und die Rothschilds und die Léons. Sie hat Beziehungen, und die Dominikaner sind ihr mehr als dankbar. Nie zuvor hat jemand ihrem Orden so viel öffentliches Ansehen und Geld gebracht. Sie will in den Dritten Orden eintreten, sich den Armen und Schwachen widmen. Die Mönche sind begeistert, Alençon ist entsetzt. »Meine Töchter spinnen alle«, tröstet ihn Ludovika in einem Brief. »Abwarten und Tee trinken und vielleicht noch ein Kind! Das wär' das Gescheiteste.«

46

Ein Soldat verfolgt eine junge Frau: »Hallo, wie heißen Sie?« Die Frau wendet sich um. Es ist Sophie in einem ärmlichen, zerschlissenen Mäntelchen.
»Marie Madeleine.« Sie eilt weiter.
Er versucht mit ihr Schritt zu halten.
»Woher sind Sie, Marie Madeleine?«
»Aus Zürich. Da können die Frauen studieren.«
Der junge Kerl legt lachend den Arm um sie: »So sehen Sie aber nicht aus, wie'n Blaustrumpf.«
»Wie denn? Wie seh' ich denn aus?«
»Wie eine ... so eine ... du weißt schon ...«
Sophie kichert in sich hinein. Da hat sie also das Ordenskleid von Bruder Cocharne erhalten und nach einem Jahr Probezeit das Ordensgelübde abgelegt, ist nun Schwester Marie Madeleine, lebt nur in Mildtätigkeit und Nächstenliebe, will nur noch dem Herrn in Liebe anhangen, fühlt sich wie eine Heilige im Glorienschein – und dann hat sie auf diesen grünen Jungen eine Ausstrahlung »wie eine ... wie eine ... du weißt schon ...« Sein Arm sinkt tiefer. Er preßt ihre Hüfte. Was er von ihr will, ist ziemlich klar. Und was will sie?
»Was werden Sie tun, wenn man Sie aus der Armee entläßt?« Der Soldat bleibt stehen, kratzt sich verblüfft am Kopf. »Weiß nicht. Die Zahl der Arbeitslosen vermehren.«
Er packt sie wieder und streichelt ihre Hüfte abwärts. Zwei Ordensforderungen mangeln ihr vollkommen: Sittenreinheit in Gedanken und Liebe zum Tod.
»Wissen Sie, wie alt ich bin?«
»Das is' mir schietegal.«
»Fünfunddreißig ...«
»Mensch Marie, so siehste aber nicht aus.« Er preßt sich nah an sie ran, sieht schnell nach rechts und links, zieht sie in eine dunkle Gasse.
Diese unverbesserlichen Eitelkeiten! Sie ist nicht fünfund-

dreißig, sondern neununddreißig Jahre, vier Monate und sechs Tage alt. In einem Anfall von Courage will sie ehrlich sein, ... und dann kann sie's nicht! Wenn man auch immer noch jung aussieht und schön! Sie wird zu den Typen gehören, die ihre Jugend ewig konservieren, um dann plötzlich über Nacht zum alten Weib zu schrumpfen. Sie bleibt vor einer Bildertrommel stehen, die kolorierte Zeichnungen aus dem Siebziger Krieg im steten Wechsel zeigt. Ein Moritatensänger grölt die passenden Geschichten dazu, vom großen Mut der Soldaten, der Penelopetreue der wartenden Frauen und dem feigen Vandalismus der Feinde. Plötzlich zischt Sophie den Jungen an, der ihr mit der Hand über den Rücken und tiefer streicht: »Hände weg, du Idiot – «

Eine Kutsche rattert an ihnen vorbei über den kleinen Platz. Eine Frau winkt aus dem Fenster. Sie hat Ähnlichkeit mit Ludovika.

Der Soldat ist erstaunt. »He, Marie? Was ist los?«

Sophie zittert: »Ach, ich dachte, es wär' jemand ...« Sie lehnt den Kopf an seine Schulter und weint. Die Tränen verwischen den Puder in ihrem Gesicht.

Sie sind in eine düstere Gegend gelangt. In einem stinkenden Abfallhaufen wühlen zerlumpte Menschen. Ein alter Arzt und eine Frau in Ordenstracht helfen einer Gebärenden, die auf der Straße liegt und schreit.

Sophies Kutsche steht im Rinnstein. Vor einer Stunde ist sie hier ausgestiegen, hat der Frau, die auf der Straße zusammenbrach, ihren Mantel gegeben. Der Kammerdiener Jean, der neben dem Kutscher sitzt, springt aufgeregt vom Bock, »Frau Herzogin! Gott sei Dank! Das wird mir der Herzog nie verzeihen! Wo waren Sie denn die ganze Zeit?« Er ist blaß vor Schreck.

Sophie deutet vage in die Gegend.

Der Arzt flucht leise vor sich hin, »Nehmen Sie bitte Ihren Zobel zurück«, sagt er höflich, aber energisch und zieht der Frau den Pelz unter dem Rücken weg. »Er wird ihr nur gestohlen.«

Stumm und brav wie eine Schülerin zieht Sophie das Mäntelchen aus, das sie mit ihrem Pelz vertauscht hat, steckt noch ei-

ne Börse in die Manteltasche, dann ruft sie energisch: »Kommt, packt an, wir bringen sie ins Spital!«
Jean, der Arzt und der Kutscher heben die Schreiende in den Wagen hoch.
Der Soldat, der die Szene mit offenem Mund beobachtet hat, verschwindet wortlos um die Ecke.

47

Es ist der Mittwoch nach Pfingsten, ein trister Regentag. Gestern lag sogar Morgenfrost über den Gärten von Vincennes, so daß Sophie den Gärtner gebeten hat, den Jasmin abzudecken, den sie um den Teich hat pflanzen lassen.
Am Nachmittag sitzen Sophie, Alençon und die beiden halbwüchsigen Kinder am Kaffeetisch. Alençon ist eben erst vom Dienst gekommen, öffnet die Briefe.
Louise erzählt von einer mißlungenen Arie gestern in der Oper. Der Sänger hatte ein solches Tremolo wie ... Sie will es beschreiben, findet keine Worte dafür und macht es vor. Alle lachen, selbst Alençon, obwohl er diese typisch Wittelsbachsche Übertreibungslust nicht schätzt. »Und hinter uns war ein Bauer, der aus allen Poren nach Knoblauch und Undefinierbarem gestunken hat! Wie sich der nur in die Oper verirrt hat?« schließt Louise und kratzt sich am Arm, wie um sich von etwaigem Ungeziefer zu befreien.
Emanuel deutet auf seine Schwester und ruft mit gespieltem Entsetzen: »O eine Laus! Auf Louises Arm läuft eine Laus! Maman war wieder unter den Brücken!«
Der servierende Diener tritt indigniert vom Tisch zurück. Die Geschwister lachen.
»Ich will ja nicht von meinen Gefühlen als Ehemann sprechen«, sagt Alençon, während er einen neuen Brief öffnet und liest, »aber Sie sind auch die Schwester der Kaiserin von Österreich, was soll ich sagen, und vagabundieren mit ein paar bürgerlichen Ordensfrauen durch die Pariser Unterwelt. Hatten Sie wenigstens Frau von Wimpffen und etwas Spaß dabei?«
Sophie schüttelt lächelnd den Kopf, schiebt Emanuel die Gebäckschale zu: »Muffin? Oder Petits Fours?« Ihr Sohn spielt das Ungezieferspiel weiter und weicht entsetzt jeder Berührung mit ihr aus.
Alençon reicht ihr einen Brief: »Von Ihrem Vater.« Und

während Sophie das Kuvert öffnet und den Brief liest, fährt er fort: »Wenn man die Herzogin von Alençon-Orléans ist, was soll ich sagen, ich wiederhole mich. Ihre gesamte Ordensbettelei geht auf mein Konto, und das ist übervoll! Ich muß eine Beförderung begünstigen oder irgendeinen Sohn auf die Kadettenschule bringen und bei der Prüfung eines Idioten beide Augen zudrücken. Dürfen wir Sie wenigstens heute auf dem Ball der Lignes bewundern? Oder haben Sie Wichtigeres vor – Säuglinge wickeln, geschlagene Weiber trösten, als – was soll ich sagen – erotisches Surrogat«, schließt er bitter.

Sophie stößt einen Schrei aus und krümmt sich vornüber, als hätte sie einen Schlag auf den Kopf erhalten. Der Brief fällt auf den Boden. Sie steht schwankend auf, am ganzen Körper zitternd, und geht hinaus.

»Aber es war doch nur Spaß, Maman«, ruft Emanuel ihr erschrocken nach »Maman!«

Alençon will ihr folgen, doch zuvor hebt er den Brief vom Boden auf und liest: »...noch ist es nicht offiziell, denn die Lutzens und Luitpolds wollen den furchtbaren Fehler nicht eingestehen. Ludwig ist tot, im Starnberger See ertrunken. Endlich haben sie Ruh' vor ihm! Sie haben ihn nach Berg geschafft wie einen Strafgefangenen, wie einen räudigen Hund. Und weißt du, warum? Weil er die seltene Gabe hatte, sich alle mächtigen Gruppen zu Feinden zu machen: die Presse durch seine Wagner-Verehrung, die Minister und Rüstungshändler durch seine Schloßbauten, zuletzt hat er noch die gesamte Ärzteschaft durch sein Verbot der Vivisektion zur Weißglut gebracht ... Ludovika sagt, sie hat es kommen sehen, natürlich ...« Der Brief entgleitet seiner Hand. Die Kinder bücken sich gleichzeitig danach, so rasch, daß sie mit den Köpfen zusammenstoßen.

Sophie hat sich in ihr Zimmer geflüchtet. Der Wind heult durch ein offenes Fenster. Sophie wandelt durch den Raum, beide Hände an die Schläfen gepreßt. Ein Fensterladen schlägt hin und her. Sie tritt ans Fenster. Da liegt vor ihr der nächtliche See, rechts die Roseninsel und die Abendsonnenberge, links die tiefschwarze Starnberger Bucht. Weiße Schaumschlangen treiben in regelmäßigen Abständen ans Ufer. Plötz-

lich kommt ein Sturm auf, der aus den Bergen ins Voralpenland herabfährt, und das Wasser schwillt und steigt höher und höher. Und Sophie erkennt ein großes Schiff, das aus der Dunkelheit auftaucht und auf sie zusteuert. Sie schreit auf und duckt sich, läuft gekrümmt im Zimmer hin und her und versucht zu fliehen. Sie hört, wie das Schiff die Hausmauer rammt. Der Sturm peitscht durchs Zimmer, aber auf einmal vernimmt sie unter dem Getöse eine Musik, leise, als käme sie vom Schiff, flirrende Sphärenklänge, die wie Silberflitter zitternd im Raum stehen. Sophie hält inne und lauscht: Elsas Traum. Da rafft sie ihre Röcke und springt mit einem gewaltigen Satz hinüber aufs Schiff. Doch das ist schon fortgetrieben, und sie fällt ins Leere.
Als Alençon sie findet, liegt sie in einer Ecke zusammengekauert, wimmert wie ein Kind und erkennt ihn nicht. Sie flüstert: »Was habe ich denn Schlimmes getan? Was habe ich denn Schlimmes getan?«

48

»Na, Schätzchen, ausgeschlafen? Gut geträumt?« Als Sophie wieder zu sich kommt, sitzt Marie an ihrem Bett und lacht.
»Man hat mich entführt. Wo haben sie mich hingebracht?«
»Ins Bett. Wir haben dich alle ins Bett entführt ... aber du hast so dummes Zeug gefaselt. Daß man dir alle Bürgerrechte aberkennen will und du dich nicht mal mehr als Geisel zur Verfügung stellen darfst ... Daß dein Bart dir gehört und daß du ihn wie Thomas Morus behalten willst ... Und dann hast du geschrien, daß du die heilige Maria Magdalena bist und schließlich uns alle gesegnet.«
Sophie streicht sich über die Stirn.
»Und dann hast du uns angefleht«, fährt Marie fort, »dich trotzdem nicht zu erschlagen, denn deine Knochen seien nichts wert, nicht als Reliquien zu gebrauchen, dazu seien sie viel zu sündig. Aber Näheres hast du uns nicht verraten, so neugierig wir auch waren ... Ich glaube, allein deshalb hat dein Ferdinand hier so treulich ausgeharrt, um dich rechtzeitig zum Schweigen zu bringen ... Alle loben hier seine fürsorgliche Treue. Jetzt ist er müde ins Bett gesunken – selbst ein getreuer Ferdinand muß einmal schlafen. Wir hatten große Angst, wir müßten dich nach Bedlam bringen.«
Doch je mehr Sophie zu sich kommt und ihre Situation überblickt, desto kränker wird sie. Zusammengekrümmt drängt sie sich an die Wand und fällt in einen unruhigen Fieberschlaf. Von Ludwigs Tod hat Marie wohlweislich geschwiegen. Vielleicht hat Sophie ihn vergessen?
Sie liegt schweißgebadet und fiebrig im Bett. Alençons Arzt besucht sie und bemüht sich um sie, er will sehen, ob der Ausschlag auf Händen und Armen sich auf den ganzen Körper erstreckt, aber Sophie stößt ihn weg.
»Wahrscheinlich ist es Scharlach. Wir haben ein paar Scharlachherde in Paris ... am Pont d'Austerlitz und um die Bastille herum. Aber eine genaue Diagnose ... Ich müßte der Herzo-

gin auch in den hochverehrten Mund sehen, doch die Patientin weigert sich. Er schüttelt den Kopf. »Lieber Freund, lassen Sie doch einen Kollegen vom dritten Orden der Dominikaner kommen. Diese Leute finden hier sicher mehr Vertrauen.«
Alençon folgt seinem Rat: Doktor Glaser ist achtundzwanzig Jahre, groß und schlank, hat dunkle, gewellte Haare und leuchtendblaue Augen. Oder sind sie grau?
Jean führt ihn die Treppe hinauf. Alençon erhebt sich aus dem Ledersessel im Vorraum des Krankenzimmers. Er hat gewartet, reicht dem jungen Arzt, der sich schon verbeugen wollte, die Hand. »Bitte echauffieren Sie meine Frau nicht unnötig«, sagt er mit gedämpfter Stimme. »Was soll ich sagen ... Seit Jahren ruiniert sie ihre Gesundheit im Dienst für Ihren Orden. Erst vorige Woche hat sie vom Grafen von Paris hundert Goldfrancs für Ihre Ordenskasse erhalten ...«
Der Arzt nickt kurz. »Ich weiß – «
»... und von seiner Schwiegertochter eine Scharlachinfektion, wie ich denke. Und dann der Tod dieses Bayernkönigs«, fährt er flüsternd fort. »Kann ein Schock Scharlach auslösen?«
Ohne auf die Antwort des Arztes zu warten, öffnet er die Tür des Krankenzimmers. »Hier bringe ich Ihnen den neuen Arzt, meine Liebe. Doktor ...« Er sieht den Arzt fragend an.
Glaser verbeugt sich und stellt sich vor.
»Deutscher?«
»Nein. Österreicher.«
Sophie streckt ihm die matte heiße Hand entgegen und flüstert, das Sprechen tut ihr weh: »Ein Untertan meiner lieben Schwester. Wie nett.« Sie mustert ihn überrascht, schließt aber erschöpft die Augen. »Ich weiß nicht ...«
Glaser kennt die Herzogin. Er hat sie als Vorsitzende des Œuvres öfter zu Gesicht bekommen. Er ist an ihr vorbeigelaufen, ohne daß sie ihn beachtet hätte. Natürlich will er ihr jetzt Eindruck machen, noch mehr aber ihrem Mann. Er küßt ihre glühende Hand. »Aber Frau Herzogin, bei offenem Fenster werden Sie sich erkälten.«
Sofort beginnt Sophie zu husten, obwohl das Fenster geschlossen ist. Glaser lächelt und sieht Alençon vielsagend an, aber der Herzog betrachtet ihn nur irritiert und versteht

nichts. Zuvorkommend schiebt er Glaser einen Stuhl ans Bett. Glaser errötet, setzt sich.
»Meine Frau ist hypernervös.«
»Alle bedeutenden Menschen sind nervös, pardon, darf ich?« Glaser zieht prüfend Sophies Lider hoch, um das Augenweiß zu sehen. Sie wehrt sich nicht. »Was glauben Sie, was ein Schubert, ein Schumann an Schlaflosigkeit, Onanien und Selbstmordversuchungen durchstehen mußten, um eine Symphonie zu schreiben. Aber wie ein Nervöser Kunstwerke imaginiert, so kann er es auch mit Krankheiten tun.«
Alençon lächelt seine Frau an. »Was meinen Sie dazu, Frau Schubert?«
»Heißt das, ich bilde mir den Scharlach nur ein?«
Glaser befühlt ihre Stirn. »Sie ahmen täuschend alle Anzeichen nach.«
Das geht Alençon nun doch zu weit. Die Onanien waren ihm schon höchst peinlich, doch jetzt ist er regelrecht empört: »Vierzig Grad Fieber, Hautausschlag, Mittelohreiterung, die Halsentzündung! Das schafft doch keine Simulantin!«
Sophie flüstert matt: »Kann man auch alle Anzeichen des Todes nachahmen?«
»Kann man durchaus. All die vielen Scheintoten, die durch die Grabeskühle wieder erwachen ...« Er fühlt ihren Puls. »Erst vor kurzem wurde ein Frau exhumiert. Sie war eindeutig erst im Grab verschieden.« Er legt behutsam ihre Hand zurück, murmelt an Alençon gewandt: »Puls hundertzehn.«
Sophie stöhnt auf. »Wie grauenhaft! Das ist mein immer wiederkehrender Alptraum: lebendig begraben zu sein!«
Doktor Glaser holt ein Lämpchen aus der Tasche, entzündet die Kerze drin. »Da sollte man schon jede Verwechslung ausschließen. Erschießen. Ertrinken. Verbrennen.«
»Auch da scheint mir nur das Letztere sicher. Nach dem Ertrinken gibt es oft geglückte Wiederbelebungsversuche, beim Erschießen kann man das Gesicht wegsprengen, das Augenlicht verlieren, und ein ›pflichtbewußter Arzt‹ holt einen womöglich wieder ins Leben zurück.«
»Sie sehen«, sagt Alençon mit bitterem Lachen, »nicht nur in Liebesdingen, auch im Tod darf man nicht pfuschen.«

Glaser setzt sein Spiegelglas vors Auge, und Sophie öffnet den Mund. Er betrachtet den Rachenraum. »Der Tod kommt, wenn Sie ihn wollen, wann Sie ihn wollen. Aber seien Sie ehrlich dabei! Machen Sie's nicht wie Ninon de Leclos. Die hat sich geschworen, mit fünfzig bringe ich mich um! Aber als sie fünfzig wurde, sagte sie: sechzig. Und so weiter, bis sie mit achtzig von einem Arzt zum anderen kroch ...« Leise sagt er zu Alençon: »Mandelsepsis«. Er zieht seinen Rezeptblock hervor und beginnt zu schreiben.

»Was verschreiben Sie mir?«

Glaser murmelt mit tiefer Grabesstimme wie Samiel im *Freischütz*: »Das rechte Auge eines Wiedehopfs, das linke eines Luchses ...« Von der Seite her lächelt er sie mit strahlenden Jungenaugen an. Dann reißt er das Blatt vom Block. »So, das nehmen Sie jeden Morgen, jeden Mittag, jeden Abend. Doch ich versichere Ihnen, eine Ostseereise, ein Besuch in der Opéra Comique würde Ihnen weit zuträglicher sein, und Sie würden sofort wieder aufstehen.«

Sophies Hand sinkt matt neben das Bett: »Sagen Sie mir einen Grund, weshalb es sich lohnt aufzustehen?« Alençon lacht bitter auf und will den Raum verlassen.

Sophie sieht ihm nach, tuschelt Glaser zu: »Fällt es Ihnen auch so schwer, sich Leute miteinander im Bett vorzustellen? Ohne Frack ... ohne Korsage ... ohne Hosen ... die schwarzen Haare auf den weißen Schenkeln ... grauenhaft ...«

Alençon ist zurückgekommen. Beunruhigt, was Sophie gesagt haben könnte, setzt er sich wieder ans Bett.

»Operieren Sie auch?« fragt Sophie kühl. Der junge Arzt nickt verwirrt. »Dann sagen Sie mir eins: Sind Sie jemals unter dem Seziermesser der Seele begegnet? Wo steckt sie?«

Glaser lacht: »Die berühmte Frage Napoleons an seinen Arzt Antommarchi ...«

»Er glaubte nicht an die Unsterblichkeit der Seele.«

»Weil die Seele der Entwicklung des Körpers folgt«, antwortet Glaser lebhaft, als wäre das auch seine Meinung. »Die Seele wächst mit dem Kind und nimmt ab mit dem Greis. Das beweist doch ihre Körpergebundenheit.«

»Er meinte wohl den Verstand?«

»Verstand. Gefühl. Seele. Was Sie wollen. Das ist alles eins.«
Sie unterhält sich weiter über Napoleons Aphorismen, die, eben erst veröffentlicht, bereits in aller Munde sind. Sie äußert sich schwärmerisch über den Korsen wie ein kleines Mädchen, das auf den großen mutigen Liebhaber wartet.
Alençon fixiert sie, rot vor Ärger. Sie sieht an ihm vorbei.
Natürlich weiß Alençon und der sogenannte legitimistische Adel, wie kindisch ihr Haß auf Napoleon und die Napoleoniden ist, besonders jetzt, da beide Familien als staatstragende Kräfte ausgespielt haben, Bourbonen und Bonapartes gleichermaßen. Trotzdem besteht für ihn ein gewaltiger Unterschied! Mit spitzem Lächeln wirft er ein: »Für Napoleon hat Christus als Christus nie existiert. Er sagt, wenn das Christentum recht hätte mit seinem einzig wahren Glauben, dann wären ja Sokrates, Platon, Mohammed, die Engländer zu ewiger Verdammnis verurteilt. Und das wäre ja gar zu albern.«
»Das sagen Sie jetzt nur, um mich zu ärgern.«
»Bien sûr, meine Liebe! Alles nur, um Sie zu ärgern! Er meinte, solche Leute wie Christus, die den Messias spielen wollten, habe es immer gegeben. Nur einen einzigen imponierenden Mann habe er gefunden, im alten Testament, Moses.«
»Moses«, sagt im selben Moment auch Glaser. Er will zeigen, daß er's auch weiß.
Alençon fährt fort: »Und an einen rächenden und belohnenden Gott, also an Himmel und Hölle, glaubte Napoleon auch nicht. ›Weil ich sehe, daß die ehrlichen Leute immer unglücklich sind und die Schelme glücklich. Ein Talleyrand stirbt in seinem Bette.‹«
Sophie schüttelt sich im Fieber, das Gespräch quält sie, aber die beiden sind in ihr Thema vertieft und merken es nicht:
»Eine wunderschöne Bemerkung steht da am Schluß des Buches«, fährt Glaser eifrig fort. »›Es gibt weder Glück noch Unglück auf der Welt. Das Leben eines glücklichen Menschen ist wie ein Bild auf silbernem Hintergrund mit einigen schwarzen Sternen. Das Leben eines unglücklichen Menschen ist wie ein schwarzes Bild mit einigen silbernen Sternen.‹ Diesen Satz habe ich mir unter den hypokratischen Eid geschrieben«, flüstert er und errötet vor Begeisterung.

Sophie greift sich fast tastend ins Haar. »Ich habe immer silberne Sterne gehabt. Ludwig hat mir silberne Sterne geschenkt. Platin und Brillanten! Wo sind sie? Hätte er mir lieber schwarze geschenkt. Billige Jettsterne! Vielleicht hätt' ich mehr Glück gehabt ...« Dann legte sie eine glühende Hand auf Glasers Arm: »Wenn ich jetzt stürbe, täte es Ihnen leid?«
Glaser ist erschrocken: »Wir haben Sie überanstrengt, Durchlaucht. Doch Sie sterben nicht. In fünf Tagen werden Sie in Ihrem Garten herumspazieren und in acht Tagen Walzer tanzen.«
Alençon läßt Likör servieren, aber Glaser lehnt ab, woraufhin Alençon auch nicht trinken will. Nur Sophie greift nach einem Glas. Schnell nimmt es ihr der Arzt aus der Hand und sagt: »Nein. Das wäre unverantwortlich.«

49

Das war der erste Besuch des jungen Arztes und Laienbruders der Dominikaner. Als Sophie nach einem kurzen Dämmerschlaf erwacht, sind die Ohrenschmerzen wie durch ein Wunder verschwunden. Sie schlägt auf die Glocke. Die Amme stürzt herbei, so schnell es ihr Alter und ihr Hüftleiden zulassen. Sophie verlangt ein Omelett.
Am nächsten Tag besucht Glaser seine neue Patientin. Sophie hat sich ihr meerblaues Negligée anlegen lassen. Die Amme mußte die Haarflechten öffnen. Zwischen den Haaren, die auf Kissen und Brust drapiert sind, leuchtet ihr blasses, schmales krankes Gesicht. Im hellen Blond sind die weißen Haare nicht zu erkennen: Sophie sieht aus wie ein schönes, unschuldiges, erbarmungswürdiges Mädchen. Sie weiß es, hat sich eben noch im Spiegel bewundert und könnte sich in dieses reizende Gesicht verlieben. Hände und Füße hat sie sich mit Lavendelwasser gewaschen.
Der junge Arzt freut sich über seinen Erfolg: Sophie interessiert sich nicht mehr für ihre Krankheit. Sie erzählt ihm von ihrem Leben, Glaser berichtet von seiner Arbeit in den Elendsquartieren von Paris, die grauenhaft und deprimierend und furchterregend seien – abends sinke er erschöpft und verzweifelt ins Bett. Weitaus befriedigender sei die Arbeit im Hospital, dort würden die Patienten zumindest versorgt und er könne operieren.
Plötzlich rückt Sophie näher zu ihm und flüstert ihm ins Ohr, daß Ludwig gestorben sei.
»Ich weiß, ich habe es in der Zeitung gelesen.« Er rückt ein wenig von ihr ab.
Sophie verstummt. Es erscheint ihr unglaublich, daß jemand so beiläufig in der Zeitung liest, was ihr ganzes Denken und Empfinden ausmacht. Dann flüstert sie wieder: »Er ist tot. Seine Seele ist frei. Ich spüre sie. Sie ist hier um mich herum. Er beobachtet mich auf Schritt und Tritt. Ich wage nicht mehr,

auf die Toilette zu gehen ...« Mit hektisch geröteten Wangen setzt sie hinzu: »... Daß er zu etwas so Profanem fähig ist!«
Wie soll er reagieren? Im Moment fühlt Glaser sich überfordert. Am besten wäre es wohl, einen Kollegen zu Rate zu ziehen, einen Fachmann der Nervenheilkunde. Auch im Œuvre Noviciats Dominicains wird bereits über die Herzogin gemunkelt, über ihre depressiven Anfälle und geistigen Absenzen. Doch keiner spricht aus, was er denkt: für den Orden ist sie das Huhn, das goldene Eier legt.
Alençon betritt den Raum. Er entschuldigt sich, er habe Glasers Kommen überhört, und die Dienstboten hätten vergessen, ihm den Besuch des Arztes zu melden. Glaser ist froh über sein Kommen. Auch Sophie scheint erfreut, lebhaft winkt sie ihn zu sich. »Glaser hält mich schon für halb gesund! Und stellen Sie sich vor, er arbeitet in den finstersten Elendsvierteln, im Weinberg des Herrn. Gott wird es ihm im Jenseits danken.«
Alençon wirft einen raschen Blick zu dem jungen Arzt, ob er sich ein Lachen verkneift. Nein er schaut tiefbesorgt seine Patientin an. Das ärgert Alençon noch mehr. Liebenswürdig und verbindlich bietet er Glaser an, sich unten in der Küche ein gutes Abendessen vorsetzen zu lassen, bevor er wieder zu seiner so verdienstvollen Arbeit zurückkehre.
Sophie fährt zornrot im Bett auf. »Ich bitte um Verzeihung für meinen blamablen Mann«, ruft sie. Ich werde ein Essen für Sie arrangieren, Herr Doktor. Meine Schwester, die Königin von Neapel, wird daran teilnehmen und sich freuen, Sie kennenzulernen.«
Alençon betrachtet seine wohlgepflegten Nägel. Seine Frau ist ihm ein Rätsel. Wie oft hat sie ihn betrogen? Hat sie ihn betrogen? Sie würde es ihm niemals sagen, und er ist dankbar dafür. Er wäre gelähmt vor Entsetzen, über die schamlose Offenheit nicht minder als über den Treuebruch. Sie besitzt alles: Geld, Kinder, einen fürsorglichen Mann, eine beneidenswerte gesellschaftliche Stellung – aber was macht sie daraus? Nichts! Sie hat wirklich keine Begabung zum Glück.
Manchmal überkommt ihn heißes Entsetzen, sie könnte ihn zu einer lächerlichen Figur machen, schon gemacht haben,

und er merkte es nicht. Gestern zum Beispiel, als er nach Hause kam, schwatzte das Personal so laut, daß er es hören mußte, von einem Besuch bei der Gnädigen. Besuch bei der Herzogin? Das kann ja nur wieder diese Glaser sein! Ob er noch da sei? Nein, sagt Jean, es sei schon gegangen. Er stürmte ins Zimmer hinauf. »Liebe Sophie, machen Sie mich bitte nicht vor der Dienerschaft zu einem Hahnrei!« Ich bin nicht eifersüchtig, aber ich habe Angst vor der Lächerlichkeit. Bitte, berücksichtigen Sie das!«
»Aber ich schwöre Ihnen, mein lieber Freund, Ihr Argwohn ist völlig unbegründet.« Sophie faltete innig die Hände. »Er saß dort und ich hier – das ganze Zimmer lag zwischen uns.«
»Trotzdem bitte ich Sie, ihn nicht mehr ohne Zeugen zu empfangen. Es könnte Gerede unter den Dienstboten geben.«
»Gut. Er soll das nächste Mal mit seinem Sekretär kommen.«
»Wie? Mit seinem Sekretär? Von wem sprechen Sie?«
»Vom Nuntius, der mich eben besuchte.«

50

Am Abend kommt Marie. Sie hat das berühmte Medium, die alte Bäuerin aus der Provence, mitgebracht. Sophie reicht ihr die Hand, die Alte tätschelt sie mit ihren harten Pranken, ergreift auch Sophies linke Hand, vergleicht die Innenflächen, legt sie dann behutsam auf die Steppdecke zurück.
»Und? Was sagt sie über deine Zukunft?« ruft Marie aus dem Nebenraum, wo sie vom kleinen Holztisch die Nippsachen und die Brüsseler Spitzendecke forträumt. Die Alte murmelt, sie sei ein Medium und könne nicht Handlesen und sonstigen Hokuspokus. Marie schiebt lachend den Tisch herein: »Glaub ihr kein Wort! Mir hat sie ein Methusalemalter vorausgesagt, und als ich sie fragte, wie ich das finanzieren solle, meinte sie, durch Pump und Schnorrerei!«
Sophie hat nicht zugehört. Unentwegt sieht sie die Alte an, und die weicht ihrem Blick aus. Das sagt ihr alles.
Nach einem kleinen Souper, das an Sophies Bett eingenommen wird und an dem sich auch Alençon beteiligt, setzen sich Marie und Sophie, die Amme und die alte Bäuerin an den Holztisch. Der Raum ist dunkel, im Nebenzimmer schlägt die Uhr die volle Stunde. Sie legen die gespreizten Hände auf den Tisch, daß sich die acht kleinen Finger berühren, und schließen so den magischen Kreis.
»Ludwig! Ich rufe Ludwig!« Sophie konzentriert sich so ausschließlich, so stark, so intensiv darauf, daß Ludwig sich wieder materialisieren möge, daß sie zu zittern beginnt. Nach einer Weile höchster Anspannung bricht sie ab. »Ich kann nicht mehr. Selbst im Tod verweigert er sich und läßt niemanden an sich heran. Er ändert sich nicht! Ludwig, wie er leibt und lebt!«
»Ach, das ist zu schade!« ruft Marie enttäuscht und schlägt auf den Tisch, als wollte sie Ludwig schlagen.
»Was willst denn du von ihm wissen?« fragt Sophie erstaunt.
»Ob es wirklich Selbstmord war. Ich glaub's nämlich nicht. Und es kursieren wilde Gerüchte. Ich bin vorige Woche nach

Berg gefahren, inkognito, hab' mich in die Geschäfte gestellt und Semmeln gekauft. Manche Einwohner haben Schüsse gehört. Um so mehr wundert man sich, daß die Suchaktion erst in der Dunkelheit begann. Weißt du, wann am 13. Juni die Dunkelheit beginnt?« Sophie schüttelt stumm den Kopf, sie wird immer blasser. »Um neun! Um sechs Uhr dreißig haben Ludwig und Gudden den Spaziergang angetreten, sogar etwas früher, weil sich Ludwig nach dem langen Eingesperrtsein endlich die Beine vertreten wollte. Spätestens um halb acht hätte man sich Sorgen machen müssen. Die Suchaktion begann aber erst in der Dunkelheit mit Laternen und Fackeln. Ludwigs Hut lag weithin sichtbar im Kies, und im Wasser trieben die beiden Leichen. Ich glaube, irgend jemand wollte verhindern, daß man sie genauer betrachten konnte. Der Leichnam des Königs wurde gleich aufgebahrt, und der Starnberger Arzt, der den Totenschein ausfüllte, Mack oder Muck heißt er, hat nichts gesehen, nichts gehört und nichts gesagt. Er beruft sich auf die ärztliche Schweigepflicht. Dabei gibt es nichts Geschwätzigeres als Ärzte ...«

»Was? Was? Du meinst, sie haben Ludwig ermordet, das Wachpersonal, die Soldaten, die ihn eigentlich beschützen sollten, oder wer auch immer, haben ihn ermordet?«

»Ja. Das denke ich. Da muß jemand einen Schießbefehl gegeben haben. Von selbst schießt kein Wachsoldat auf einen König. Der Befehl muß von höchster Stelle ausgegangen sein. Denn auf einen Geisteskranken, der fliehen will, schießt man nicht, wenn man ihn wirklich für krank hält. Aber das war ja nicht der Fall. Die Krankheit war nur ein Vorwand fürs Volk. Einem Kranken läßt man auch den einzigen Gefährten, den er noch hat. Als nämlich Graf Dürckheim von der Verschwörung gegen den König erfuhr, ist er sofort nach Neuschwanstein geritten, um Ludwig zu helfen, weil der ihn einmal aus einer schlimmen Duellsache gerettet hat, und Ludwig ließ in seiner Angst den Prinzregenten bitten, daß ihn Graf Dürckheim auf seinem schweren Weg nach Berg begleiten dürfe. Daraufhin wurde Dürckheim vom Kriegsministerium sofort nach München zurückbeordert und, kaum angekommen, wegen Hochverrats verhaftet. Er durfte nicht einmal mehr mit seiner Fa-

milie sprechen. Jetzt sitzt er in Festungshaft. Nein, wenn du mich fragst, die wollten keinen Zeugen in Berg. So haben sie Ludwig gehaßt und gefürchtet. Einen Kranken haßt man nicht, fürchtet man nicht, den bemitleidet man. Tage vorher war die Miliz in Berg. Überall bewaffnete Soldaten. Die Berger haben sich gefürchtet. Und dann sind die Soldaten von Haus zu Haus und haben den Bergern bei strengster Strafe verboten, nachts ihr Haus zu verlassen, solange der König in Berg sei. Glaubst du, das hätten die jahrzehntelang durchhalten können? Ludwig war ja erst zweiundvierzig und körperlich völlig gesund. Nein, die haben mit einem kurzen Aufenthalt gerechnet. Jetzt reiß dich gefälligst zusammen, Sophie, sonst erzähl' ich dir nie mehr was! Und sag deinem Mann nichts davon«, setzt Marie im gedämpften Ton hinzu. »Ich hab' ihm versprechen müssen, dir nichts zu sagen, weil's dich aufregen könnte! Also bittschön, reg dich ab.«
In der Nacht tritt Sophie wie die Weiße Frau mit einem zweiarmigen Leuchter in Alençons Zimmer. Der schreckt aus dem Schlaf hoch und greift nach seinem Morgenmantel. »Daß Sie überhaupt noch wissen, wo sich mein Zimmer befindet! Also, was verschafft mir die Ehre?« ruft er und will nach Jean läuten. Sophie umklammert seine Hand. »Sie wissen von den seltsamen Umständen um Ludwigs Tod und haben mir nichts davon gesagt?« flüstert sie.
»Ihre Schwester ist wirklich unerträglich. Wo sie kann, sät sie Unrat.«
»Wir wollen uns doch immer die Wahrheit sagen. Bitte. Wir wollen sie nicht erst durch Dritte erfahren.«
»Aber hier gibt es keine Wahrheit! Kein Mensch weiß, was wirklich geschehen ist an eurem bayrischen See – man kann nur mutmaßen. Soll ich Gerüchte weiterleiten wie ein altes Waschweib? Ich bitte Sie.« Er zieht sich den Morgenmantel über, setzt sich in einen Sessel. »Versuchen Sie doch bitte, Ihren Ludwig zu vergessen, so wie er Sie vergessen hat.«
»Das kann ich nicht«, sagt sie schlicht und setzt sich vor ihn auf einen Schemel, den Leuchter auf den Knien. »Da gab es einen seltsamen König, der sein geheimnisvolles Leben in den Bergen führt, den ich gut kannte und der auch mich kannte –«

Alençon nickt: »Deshalb vermied er die Heirat.«
»Er hätte mir immer geholfen, wenn ich ihn gebraucht hätte. Das weiß ich. Er war wie ein letzter Halt, wenn alles zusammenbricht ...« Sie weint.
»Aber was soll denn zusammenbrechen, meine Liebe?«
»Ich bin so traurig, ich kann es gar nicht sagen ...« Sie weint so heftig, daß die Kerzenflammen auf ihren Knien flackern. »Ich will wissen, wie er gestorben ist. Wenn er erschossen wurde, wird er bis zum Tod nur mit dem Schrecken und den ungeheuren Schmerzen gekämpft haben. Das sagen alle Ärzte. Da war kein Platz mehr für anderes. Hatte er aber den furchtbaren Entschluß gefaßt zu ertrinken – dann wird er an tausenderlei gedacht haben: vielleicht an die *Maximilian,* wie sie in der totenschwarzen Nacht mit der Tanzgesellschaft an Bord auf uns zusteuerte? Vielleicht an Wagners Tod in Venedig? Vielleicht an mich, oder wie er als Kind Nonne spielte und die Münchner ihn nicht erkannten und für ein schönes Mädchen im Nonnengewand hielten ...«
»Ich bitte Sie!« unterbricht er sie äußerst gereizt. »Wenden Sie Ihren Verstand doch wichtigeren Dingen zu! Dem Haushalt zum Beispiel, unserer disziplinlosen Dienerschaft! Ihren zwei Kindern, die Sie brauchen und nie zu Gesicht bekommen! Sie hätten sogar einen Mann, der sich allerdings mit allem abgefunden hat und niemanden benötigt ...«
Unbeirrt spricht Sophie weiter: »Ertrinken ist nämlich nicht so einfach. Besonders nicht für einen so exzellenten Schwimmer. Ludwig hätte an jedem sportlichen Wettbewerb teilnehmen können ... er ist allen davongeschwommen ...«
Die Kirchenglocken von Vincennes läuten dumpf und schwer. Es ist Mitternacht. Sophie friert. Sie rafft den Morgenrock enger um die Brust und verläßt den Raum. Im Hinausgehen muß sie am Wandspiegel vorbei und bleibt erschrocken stehen.
»Mein Gott, wie seh' ich aus! Entsetzlich! So alt«, flüstert sie dem Spiegelbild ins Gesicht und betastet Schläfen, Kinn und Hals. Doch im Nu wendet sie sich lächelnd um: »Ach bitte, lieber Freund, glauben Sie's mir nicht! Überzeugen Sie mich lieber vom Gegenteil!«

»Wir wollen uns doch immer die Wahrheit sagen«, entgegnet er kalt.
»Charmant, charmant«, murmelt sie müde und verläßt den Raum.

51

An einem nach Heu und Akazien duftenden Sommerabend wandeln Sophie und Glaser unter den Bäumen. Er trägt ihren zusammengeklappten Sonnenschirm. Der steinernweiße Mond hängt schon durchsichtig am lichtblauenHimmel. Akazienzweige beugen sich zum Mond hinüber und gleich wieder zurück, als hätten sie ihm nur kurz etwas zugeraunt. Vom Haus her ruft Louise: »Maman! Maman!« Aber Sophie hört nicht, sie lächelt aus den Augenwinkeln zu Glaser hinauf: »Ich sehe alles wie ein gemaltes Schauspiel, und die Menschen wie die Gestalten auf einer Daguerreotypie, die sich bewegen. Ich versuche, das Reale zu verunwirklichen.«
Glaser faßt sie am Arm, als Arzt fühlt er sich dazu berechtigt: »Aber ich spreche mit Ihnen ... und Ihre Tochter ruft Sie gerade durchaus wirklich. Die Sonne geht unter, der Mond steht am Himmel, und nach dem Angelusläuten wird die Nacht kommen. Das läßt sich doch nicht leugnen?«
Sophie macht lächelnd ihren Arm los. »Kulissengeräusche. Jetzt bin ich schon achtzehn Jahre verheiratet, und keines der erwarteten Glücksgefühle ist eingetroffen. Kein himmelhohes Jauchzen, keine Erregung, keine Liebe, kein Haß. Nichts. Mein Mann trägt keine Schuld dran. Ich weiß es und ertrage ihn kaum.« Sie gehen weiter durch Abendlicht und Schatten.
»Wie können Sie so leben?« fragt der junge Mann leise. Aber in Wahrheit kommen ihm ihre Probleme recht künstlich vor. Und da sie wie er die Elendsviertel von Paris kennt und die katastrophale Armut dieser Menschen, wundert er sich sehr.
»Oh, ich lebe ganz ausgezeichnet!«
Sie sind am Teich angelangt, an dem die Jasminbüsche blühen. Ein Kuckuck ruft, und es weht ein leichter Wind.
Sophie summt vor sich hin, unbestimmt, dann immer deutlicher die Melodie des Volkslieds »Abendstille überall, nur am Bach die Nachtigall ...« Jetzt singt sie leise den Text, mit ihrer schon leicht brüchigen Stimme, und Glaser fällt in den Kanon

ein. Er kennt das Lied aus seiner Kindheit, von der Grazer Taferlschule. Im Kanon singen sie über den Teich, wie ein wehmütiger Hauch in die Dämmerung hinein. Sophie setzt sich ans Wasser.

»Vielleicht geht das auch mit dem ›Abendstern ...?‹« überlegt sie und beginnt: »O du mein holder Abendstern ...« Sie gibt ihm den Kanoneinsatz hoch. Gemeinsam singen sie: »O du mein holder Abendstern, wohl grüßt' ich immer dich so gern; vom Herzen, das sie nie verriet, grüße sie, wenn sie vorbei dir zieht ...« Glaser wird leiser und leiser und bricht schließlich ab. Es klingt gar zu falsch. Sophie hat plötzlich Tränen in den Augen, aber sie wischt sie nicht weg, nach alter Manier, damit man nicht durch die Bewegung auf ihr Weinen erst aufmerksam wird.

Dann versucht sie zu lachen und ergreift seine Hand. Sie will ihn zu sich hinunterziehen, und wendet sich dann aber schnell ab, so sehr muß sie weinen. Erschüttert sinkt er vor ihr auf die Knie. Sanft löst er ihre nasse Hand von den Augen und küßt sie, und als er die salzigen Tränen schmeckt, überschwemmt ihn eine innige Zärtlichkeit für diese Frau wie noch für keine andere. Er betrachtet die schmale, zarte Hand mit der weißen, welken Haut und dem bläulichen Aderngeflecht. Eine Ader läuft wie eine kleine Schlange über das Handgelenk in den Arm hinein. Sie ist vierzig, ich werde dreißig, denkt er, sie hat ihr Leben hinter sich, ich habe es vor mir. Ich habe noch nie jemanden so geliebt wie diese Frau, wundert er sich. Bin ich verrückt? Ich schätze sie nicht einmal, und doch liebe ich sie, möchte sie auf den Arm nehmen und forttragen, fort von diesem Haus, diesem Garten, weg von dieser Atmosphäre, die sie krank macht. Er sieht sie an, ihr tränenüberströmtes Gesicht, die nassen, matten, blaßblauen Augen, und sehnt sich nach ihrem Körper.

Ja, und was nun? denkt Sophie. Ach, könnte ich nur immer so weinen und niemals, niemals mehr aufhören. Und als sie das denkt, versiegen die Tränen.

»Ah, da sind Sie ja, meine Liebe!« Alençon ist überraschend aus dem Gebüsch getreten.

»Haben Sie Louise nicht gehört? Sie ruft schon seit einiger

Zeit nach Ihnen. Sie will sich Ihre Edelweißsterne ins Haar stecken ... Oh, warum weinen Sie?« Vorwurfsvoll mustert er den äußerst verlegenen Arzt.
Sophie trocknet sich schnell die Augen und steht auf: »Vor allzu großem Glück! Ich hatte mich so nach Ihnen gesehnt ...«
Alençon beachtet sie nicht, sondern sagt zu Glaser: »Meine Frau scheint wieder gesund zu sei. Wir werden Ihre Dienste bald nicht mehr beanspruchen müssen.«
»Was reden Sie da?« ruft sie erschrocken und faßt nach Glasers Hand. »Verzeihen Sie, Herr Doktor. Mein Mann ist manchmal etwas brüsk. Das meint er nicht so. Immer sagt er: ›Hoffentlich kommt heute Glaser, er tut Ihnen so gut.‹« Dabei fixiert sie Alençon zornig beschwörend.
Alençon lacht Glaser ins Gesicht hinein: »Das habe ich niemals gesagt!«
Sophie breitet weit ihre Arme aus, als wolle sie den Arzt umarmen. »In sechs Monaten ist Weihnachten. Werden Sie das Fest mit uns verbringen?«
Alençon fährt sie äußerst gereizt an: »Und wenn Ihnen solche Spontaneinfälle und Fauxpas in den Sinn kommen, schicken Sie bitte nicht immer den Pagen oder die Mädchen zu unserem armen Herrn Doktor! Wahren Sie doch bitte das décor. Mehr verlange ich ja nicht. Was glauben Sie, was die schwätzen. Wenn ich ins Vestibül trete, verstummt das Geschnatter.«
Sophie hat gar nicht zugehört, steht immer noch mit ausgebreiteten Armen. »Und heute ist Johannistag! Mein lieber Doktor« – und nun umarmt sie den äußerst Verlegenen tatsächlich –, »macht es Ihnen etwas aus, wenn ich Sie Ludwig nenne? Wir müßten zusammen übers Johannisfeuer springen, so recht wie verliebte Leut'! Kennen Sie die *Meistersinger*? Meine Hochzeitsoper?« Sie läßt ihn los, ergreift ihren weiten, leichten blauen Rock und tanzt über die dämmerige Wiese und singt dabei den *Meistersinger*-Walzer: »Johannistag! – Johannistag! - Da freit ein jeder, wie er mag! – Der Alte freit – die junge Maid – der Bursche die alte Jungfer –«
Alençon steht fassungslos: »Sie ist verrückt! Sie ist verrückt. Mon dieu, sie ist verrückt!«

52

Glaser sitzt in seiner ärmlichen Praxis, die er zusätzlich zu seiner Arbeit unter den Brücken und dem Dienst im Hospital betreibt. Seine Hände zittern. Er hat Angst. Sie ist Herzogin, immens reich, und er hat einen akademischen Titel und hundert Francs auf der Bank. Sie ist verheiratet. Er auch. Ein Verhältnis zwischen ihnen darf er nicht einmal denken. Es ist zu lächerlich! Aber diese Mischung aus großer Dame, kleinem schüchternem Mädchen und barmherziger Schwester, mit einer gewissen Dosis Freizügigkeit und Frivolität, etwas brennend Unausgelebtem, das sie selbst nicht wahrhaben will, und dazu ihre blasse welkende Schönheit – diese Mischung hat es ihm angetan. Er geht zum Fenster, schlägt mit der Stirn gegen die brüchige Scheibe.

Er als der Liebhaber der Herzogin von Orléans? Nein! – es ist zu lächerlich! Er muß fort von dieser Frau, sie ist gefährlich.

Das Mädchen, das er als Hilfe im Haus und in der Praxis angestellt hat, betritt den Raum und reicht ihm eine silberbedruckte Karte. »Draußen warten noch drei Patienten«, sagt sie und zieht sich zurück.

Glaser liest: »Der Herzog und die Herzogin von Alençon-Orléans geben sich die Ehre, Sie für den 9. Juli um 19 Uhr zu einem Geburtstagsempfang für Prinzessin Louise zu laden.« Und darunter steht mit schwarzer Tinte schnell hingeworfen: »Schreiben Sie Ja oder Nein und übergeben Sie die Antwort meinem Pagen.«

»Lise! Lise!« ruft er das Mädchen zurück. »Wer hat den Brief gebracht?«

»Ein Junge! Er lungert draußen herum.«

»Bring ihn rein!« befiehlt Glaser, während er schon auf den Rezeptblock seine Antwort schreibt.

Gleich darauf tritt der Page ein. Glaser versiegelt das Kuvert und reicht es dem Jungen. »Hier, für die Herzogin.« Der Bursche nimmt den Brief und reißt ihn auf.

»He, was fällt dir ein?« ruft Glaser und will ihn schlagen.
»Warum ›Nein!‹« fragt der Page empört, und seine blauen Augen funkeln ihm böse ins Gesicht.
»Frau Herzogin!« stammelt Glaser entsetzt.
»Warum ›Nein‹?« schreit Sophie zornig. »Warum ›Nein‹?«
Der junge Arzt stottert: »Frau Herzogin ... Sophie ...«, während er gehetzt zur Tür sieht – die Patienten, Lise, alle werden alles hören!
»Bitte kommen Sie«, fleht Sophie, mit einemmal sanft, nimmt seine beiden Hände und preßt sie an den Mund. »Verlassen Sie mich nicht. Bitte ...«
»Nein, nein.« Er schüttelt heftig denKopf.
»Sie werden also kommen?«
Da nickt er wie ein Automat und sagt: »Ja.«
Sophie zieht ihn leidenschaftlich an sich, umarmt ihn, küßt ihn. Vorsichtig erwidert er ihre Küsse. Sie klammert sich an sein Jackett , sinkt plötzlich in die Knie – die Knöpfe seiner Jacke springen ab, ihre Pagenmütze fällt zu Boden. Im Überschwang der Gefühle löst sie ihren Haarknoten, und die langen gelben Haare überfluten die Schultern und den jungen Arzt, der halbohnmächtig in ihren Armen liegt. Sophie wirft sich über ihn.
Vorsichtig schiebt Glaser mit dem Fuß den Türriegel zu.
Später tritt Sophie in ihrer Pagenverkleidung wieder auf die Straße hinaus, winkt der Droschke, die auf der Straßenseite gegenüber wartet, steigt ein und fährt an der Bastille vorbei, an den Ufern der Seine und der Marne entlang, zurück nach Vincennes.
Jeans Kutsche folgt treulich wie schon auf der Herfahrt.

53

Am Abend des Geburtstagsempfangs steht Sophie in der Halle, um die Gäste zu begrüßen. Sie umarmt ihre Schwester Marie und sieht dabei zur Treppe im Vestibül, als würde sie jemanden erwarten.

Die Musiker stimmen ihre Instrumente. Sophie sieht sich unruhig um und entdeckt den Baron Edouard, einen Freund von Alençons. »Wo ist denn das reizende Geburtstagskind?« fragt er sie.

»Sie finden Louise mit meinem Mann nebenan!« Und als der Baron sich zum Gehen wendet, ruft sie ihm nach: »Sie können über alles mit ihm sprechen, nur nicht über den Bayernkönig und die Judenfrage!«

Marie hält Sophie noch im Arm. »Aber das sind doch die zwei einzig interessanten Themen! Hams' ihn jetzt ins Wasser gestoßen? Oder ned? – Und geben die Rothschilds Kredit oder geben sie nicht?«

»Leih dir doch von uns, wenn du was brauchst, Marie.«

»Oh non«, schüttelt die lachend den Kopf. »Pump niemals Verwandte an!«

Alençon wird in einer Nische des Palmengartens von mehreren Herren umringt.

Louise wars langweilig geworden und ist mit ein paar Freundinnen in den Wintergarten verschwunden. Man drückt dem Baron Edouard ein Champagnerglas in die Hand. »Was sagen Sie zu dem armen Bayernkönig?« fragt er Alençon leise.

»Jaja, furchtbar. Aber was will er mehr? Bis jetzt war er le roi de fées. Nun wird er le roi légendaire ... was soll ich sagen ... le roi immortel.«

»Glauben Sie an Selbstmord?«

»Nein. Solche Leute kokettieren mit dem Tod, aber dann fehlt ihnen doch der Mut.«

»Er fürchtete sich vor Attentaten und vor der Nacht«, sagt Marie, die mit ihrem Champagnerglas dazutritt.

»Und doch ging er nachts spazieren. Ist das kein Widerspruch?« meint eine Dame.
»Wir bestehen aus Widersprüchen, meine Liebe.«
»Und er war schließlich wahnsinnig.«
»Von wem haben Sie denn das?« fragt Marie lachend. »Ich kannte keinen Menschen, der normaler war. Außergewöhnlich, ja! Wenn das schon als wahnsinnig gilt? Dann bitte. Was für Beweise hatten denn dieser anmaßende Monsieur Gudden und die intrigante Ministerriege? Auf ein entsprechendes Ersuchen hin, ich will gar nicht einmal sagen: ein entsprechendes Honorar, hätte dieser Irrenarzt und Kleinbürger Jean Paul, Heinrich Heine, Mozart und Wagner, Beethoven und mich und uns alle hier sofort für irrsinnig erklärt.«
Der Nuntius ist hinzugetreten, hat den Champagner abgelehnt und sich einen Châteauneuf du Pape bringen lassen.
Jemand sagt: »Er nannte seine Mutter ›eine preußische Gebärmaschine‹.
»Bei nur zwei Kindern? Keine übermäßig funktionstüchtige Maschine.«
»Und er hat sie vor den Dienern in den Orkus gewünscht.«
»Halten Sie mich für normal?« fragt der Nuntius und schwenkt seinen Bauch kokett in die Runde. Man bestätigt es ihm lachend.
»Nun, ich habe meine Mutter hundertmal in den Orkus gewünscht.«
Marie wendet sich ab, um nach Sophie zu suchen, und sieht sie mit abwesendem Blick durch die Räume huschen. Sophie trägt heute keinen Schmuck außer einem Jasminzweig im Haar und einen auf der Brust.
»Meine Mutter gab mir eine Ohrfeige und meinte, ich würde sicher vor ihr in der Hölle landen.« Der Nuntius erhebt lächelnd seinen fetten Kopf und das rotfunkelnde Glas, »Gott hab' sie selig.«
Die Musiker spielen den *Delirienwalzer*.
Baron Edouard berührt den Jasminzweig in Sophies Haar. »O pardon, liebe Sophie – ich weiß, das waren seine Lieblingsblüten. Im ›Figaro‹ stand, daß ein Jasminzweig Ihrer kaiserlichen Schwester jetzt seine tote Brust ziert.«

»Ich hatte auch einen Zweig geschickt«, murmelt sie traurig, »doch Ludwig war schon eingesargt. Sie hatten es sehr eilig.« Alençon ist schnell hinzugetreten: »Nun, es ist Sommer ...« Er klemmt sein Monokel ins Auge und funkelt seinen Freund empört an. »Was wollen Sie, wir bringen ihn nicht mehr ins Leben zurück. Und ich bezweifle, daß er's unter den gegebenen Umständen noch wollte. – Darf ich nun zum Diner bitten. Das Soufflé ist ein kompliziertes Ding. Es fällt zusammen, wenn man ihm nicht rechtzeitig die Ehre erweist.« Verstimmt sieht er Sophie nach, die mit Marie in den Wintergarten verschwunden ist. »Doch vor allen Dingen, lieber Edouard, nichts mehr davon zu meiner Frau! Es genügt, daß ihre kaiserliche Schwester erkrankt ist. Jede Nacht erscheint ihr der arme König als Wassermann ...«, die Vorstellung scheint ihn zu erheitern, er lacht. »Wenn er nun auch noch zu meiner Frau müßte, hätte der Ärmste viel zu tun ... Was soll ich sagen?«
Die Musiker spielen den »Holzschuhtanz« aus der *Fille mal gardée.* Und wie um sich von schweren Gedanken zu lösen, tanzt Sophie um Marie herum. Louise und Emanuel, die eben aus dem Wintergarten kommen, kichern und schämen sich.
Sophie unterbricht ihren Tanz und sagt etwas atemlos zu Marie: »Die Meilhaus hat Ludwig und mir etwas prophezeiht – da war ich sechs und er acht – aber frag mich nicht, was. Sicher was ganz Grauenhaftes. Daß wir mal sterben müssen, oder so – « kichert sie und sieht sich unruhig um. Er ist nicht da. Er ist nicht gekommen.
Sophie beobachtet die Treppe, über die alle Gäste eintreffen müssen. Wenn er nur endlich käme. Sie will nicht, daß man schon bei Tisch sitzt, wenn er kommt, und alle Lorgnons und Monokel ihm entgegenblitzen: »Wer ist denn das!?« – »Kennen wir ihn?« – »Muß man ihn kennen?« – »Kann uns denn niemand aufklären?« – »Ah – der junge Arzt der Herzogin...« – »Soso, aus Dankbarkeit für die glückliche Gesundung!« – »Das ist ja rührend!« Während sie jetzt mit ihm untertauchen und sich in Nischen verstecken könnte.
Deshalb hat sie auch für diesen Empfang den »Beller« abgeschafft, den Herold im Vestibül, der die Namen der ankom-

menden Gäste in die Beletage heraufruft. Und als Alençon sich über ihre Anordnung wundert, ruft sie: »Mein Gott, wir kennen uns doch sowieso alle! Und ein Fürst Ligne weiß, daß er Fürst Ligne ist. Dazu braucht er uns nicht. Man muß doch nicht alle diese strohdummen Riten in alle Ewigkeit konservieren!?«

Marie drängt ihre Schwester zum Speisesaal, in dem die meisten Gäste bereits versammelt sind: »Weißt du noch die Geburtstage in Possenhofen?« Sophie nickt und blickt trübe um sich. Marie hat die Spannung zwischen Alençon und seiner Frau längst gespürt. Er will endlich essen, er hat Hunger, erwartet ungeduldig das Zeichen seiner Frau. Warum Sophie es partout nicht geben will, ist auch Marie ein Rätsel, aber was auch immer der Grund dafür sein mag, sie hält zu ihr.

Lachend wendet sie sich an die Gäste und deutet auf Sophie: »An ihrem dritten Geburtstag saß sie vor den Schneeglöckchen im Gras. Es taute, und der Schnee tropfte von der Birke auf ihr rotes Kleid. Sie saß da und weinte. Ich fragte: ›Sopherl, warum weinst du?‹ Und sie sagte: ›Die Schneeglöckchen sind viel lieber als ich!‹ – ›Aber Sopherl, wie kommst du denn darauf?‹ Da ruft sie ganz leidenschaftlich: ›Ja, schau sie doch nur an!‹« Die Gäste lachen höflich, und Marie fühlt sich ermuntert, fortzufahren: »Oder – weißt du noch, als Gackel dir deinen schönen Kreisel kaputtmachte. Er fiel mitten auseinander – und du hast dagestanden, ganz erschrocken, und hast geschluchzt: ›Mein armer Kreisel! Er war so jung und morgenschön!‹ Und einmal standen wir auf dem Kalvarienberg – zwei warst du damals, hast lange und tief versunken zu Christus am Kreuz hinaufgeschaut. Schließlich hast du tief aufgeatmet und gesagt: ›Armer, armer Nackedei!‹«

Der Nuntius lacht. Marie steigen Tränen in die Augen. »Und weißt du noch, Vaters jährlicher Faschingswagen! Die Pappmachésphinx, die mit der Nase wackeln konnte? Und einmal ließ er in den Forstenrieder Park eine regelrechte Lichtung schlagen, weil er ›lebende Bäume‹ für seinen Wagen brauchte! Und seine Artusritter haben sich als Jungfrauen verkleidet –«

»Ja, seine Schnapsideen!« lacht Sophie und schwelgt nun auch

in Erinnerung. »Die Leberblümchen auf dem Hügel ... über und über war er davon blau ... und die vielen Pfützen auf den Wiesen und Wegen, in denen sich der Himmel spiegelte. So hatten wir den Himmel auf Erden! Und der Starenkasten an der Birke –« »An der Buche!« korrigiert Marie.
»Birke" – Und die Stürme überm See – der Himmel wurde so schwarz, so böse und dick wie mein Schlafzimmer in der Nacht – oder wie die schwarze Röhre, in der man gefangen liegt – und der See schwoll zum Meer an – aber wenn man genau hinsah, war unter dem Wasser ein mittelalterliches Königreich – «
Betretenes Schweigen. Alençon nimmt Sophie an der Hand und will sie wegführen, aber sie macht sich los. Da lacht der Nuntius gutmütig auf: »Es muß wirklich ein phantastisches Land sein, dieses Bayern!« Auch Louise versucht den peinlichen Eindruck zu überspielen: »Davor kann sich Frankreich nur verstecken, wenn man Mamans und Tante Maries Geschichten hört ...«
Sophie will sich nicht fortführen und nicht zum Schweigen bringen lasen – »Und weißt du noch, Marie, die Maikäfer? Einmal war der ganze See bedeckt von den zappelnden braunen Flügeln, und die Möwen pickten sie im Sturzflug auf! Grauenhaft!«
»Ich glaube, meine Frau muß sich etwas zurückziehen. Sie wissen ja, sie war vor kurzem schwer an Scharlach erkrankt.«
»O nein, ich fühle mich ausgezeichnet«, versichert Sophie freundlich ihrem Mann und fragt dann leichthin: »Haben Sie Glaser gesehen?« Sie löst sich von ihm und geht suchend durch die Menge der Gäste.
Die Musiker spielen eine Orchesterfassung zu: »Glücklich ist, wer vergißt, was doch nicht zu ändern ist...«
Alençon eilt ihr nach. »Was? Sie haben ...? Sie hätten tatsächlich ... diesen österreichischen Doktor ... diesen Obskuransky ...« Er küßt ihre Hand. »Wie spät ist es?«
Alençon bedrängt sie mit erstickter Stimme: »Bitte keinen Skandal, Sophie ... keinen Skandal ... ich flehe Sie an ...«
Sophie hat sich schon an eine Dame gewandt: »Können Sie mir bitte sagen, wieviel Uhr es ist?«

»Es ist halb zehn, Frau Herzogin.«
»Danke.« Sophie eilt davon.
»Sophie. Bleib ...«
Alençon steht, immer noch mit seinem Champagnerglas in der Hand und sieht entsetzt, wie die Leute der davoneilenden Sophie einen Korridor öffnen. Die Musiker spielen eine Barkarole.
Er winkt Jean herbei, der mit anderen Dienern Champagner serviert. Alençon kann ihm kein Wort sagen, sondern wedelt nur stumm mit der Rechten in Richtung Treppe. Er ist am Rand eines Nervenzusammenbruchs. Aber Jean begreift, setzt das Tablett ab und nimmt die Verfolgung auf, während Louise die Rolle der Hausherrin übernimmt und die Gäste zum Diner bittet.
Ohne Mantel und Hut läuft Sophie die Freitreppe hinunter zu den wartenden Droschken und rüttelt einen gähnenden Kutscher wach: »Sind Sie frei?«
Der Kutscher nickt, steigt vom Bock, um ihr in den Wagen zu helfen. Doch Sophie ist schon eingestiegen und schlägt die Türe hinter sich zu: »Paris, Rue Gretry! Schnell! Schnell!«
Kurzentschlossen hat Jean sich auf den Kutschbock geschwungen, und ehe der Kutscher reagieren kann, preschen Pferde und Wagen davon.
Im gestreckten Lauf rasen die Tiere durch den Bois de Vincennes, vorbei am Haus der Rothschilds, an der Bastille durch die nächtlichen Straßen – und sind endlich angelangt. Sophie bleibt im Wagen sitzen. Sie hat sich über Jean als Kutscher nicht gewundert. Sie wundert sich über gar nichts. Sie will nur zu Glaser, ihrem Freund, ihrem Liebhaber, ihrem Mann!
Sie hat den Vorhang ein Stück beiseite geschoben, um die offene Eingangstüre des alten Mietshauses zu beobachten; sie sieht Jean mit der Concierge verhandeln, und murmelt dumpf vor sich hin: »Lieber Gott, laß ihn da sein ... lieber Gott, laß ihn da sein ... ich flehe dich an ...« Beschwörend starrt sie auf das Haus und sieht die Concierge den Kopf schütteln. Sophie schlägt die Hände vors Gesicht, sie kann nicht mehr hinübersehen, aber sie hofft noch immer: »Lieber Gott ... laß ihn die Treppe herunterkommen und zu mir in die Kutsche steigen ...

lieber Gott verlaß mich nicht! Wenn's dich wirklich gibt, läßt du jetzt die Concierge die Treppe hinaufsteigen und Glaser holen... das wäre ein Gottesbeweis! Nütz diese Chance! Ich glaube sonst nie mehr ... nie mehr ... Gott ... verzeih mir!« Sie hört Jean auf die Kutsche zu kommen und flüstert: »Großer Gott, ich hasse dich!« Sie öffnet das Kutschfenster, und bevor Jean etwas sagen kann, fragt sie mit ersterbender Stimme: »Haben wir eigentlich noch genügend Vorräte im Haus?«
Jean verbeugt sich korrekt: »Holz müssen wir nachbestellen. Mehl und Trockenfrüchte.«
»Dann veranlassen Sie das.«
»Ist schon geschehen.« Jean entfernt sich mit einer Verbeugung, um den Bock zu besteigen.
Sophie ruft halblaut hinterher: »Und Glaser?«
»Er ist abgereist. Die Concierge sagt, in seine Heimatstadt Graz. Er wird nie mehr wiederkommen.«

54

Die Gäste sind fort, der Salon dunkel, wüst und leer. Zwei übernächtige Dienstmädchen kommen hereingeschlurft, wollen die Gläser abräumen, zumindest die Scherben aufkehren, die ein russischer General verursacht hat, als er beim Whistspiel verlor.
»Ich sagte doch, wir wollen allein sein!« Alençon schiebt die beiden Mädchen energisch hinaus. Dann geht er zum Tisch zurück, an dem Sophie mit bleichem Gesicht und glühenden Augen sitzt. Er schenkt ihr Likör ein. Er sieht sie an. In all den Ehejahren ist ihm diese müde, blasse, schonungsbedürftige Frau ans Herz gewachsen, doch wenn sie zur Furie wird, zur kreischenden Megäre wie vorhin, als sie mit Jean zurückkam, die Gäste aus dem Haus jagte, die weinende Louise an den Haaren zog und vor allen Zeugen schamlos ihre schrille Exzentrik austobte, dann haßt er sie aus tiefstem Herzen und bringt es dennoch fertig, in leichtem Plauderton zu sagen: »Ihrem Musiklehrer gab ich tausend Francs, damit er verschwindet ... Das wußten Sie nicht? Nun, jetzt wissen Sie es! Glaser war billiger. Ich gab dem Œuvre Noviciats Dominicains zu verstehen, daß es keinerlei Zuwendungen mehr von mir zu erwarten hätte, wenn es diesen Doktor nicht auf der Stelle ... was soll ich sagen, man hat ihn auf der Stelle fortgejagt.« Alençon lacht. »Ihren so aufopferungsvollen Mitarbeiter fortgejagt. Beim Geld hört auch beim Pfaffen der Spaß auf. Tja, was soll ich sagen ...« Er reicht ihr den Likör. Sie stößt das Glas zurück, sein Inhalt ergießt sich über Alençons Hosen, ungerührt fährt er fort: »Durch die Ehe gerät der Mann gesellschaftlich in eine Verteidigungsstellung. Sie müssen sich für Ihr unglaubliches Benehmen bei unseren Gästen entschuldigen und auch bei Louise, deren Fest Sie gründlich verdarben. Und nicht nur das Fest, auch die Chancen einer glücklichen Verehelichung. Denn wer will schon die Tochter einer solchen Frau?«

»Wissen Sie, was Sie getan haben?« kommt es dumpf und mühsam, als müsse sie erst wieder sprechen lernen.
»Euch beiden einen großen Gefallen, nehme ich an. Denn wenn es Ihnen gefallen hätte, zu ihm zu fliehen, wäre der arme Kerl dazu verdammt, sich mit mir zu schlagen, und, was noch schlimmer wäre, Sie zu heiraten.«
Sophie ist auf den Teppich gesunken. Dort liegt sie und rauft sich die Haare.
Alençon kann ihren Anblick nicht ertragen und geht zur Tür. »Daß Sie sich nicht schämen. Er ist zehn Jahre jünger als Sie!«
Sophie murmelt gurgelnd in den Teppich hinein, und der Speichel läuft ihr aus dem Mund: »Ich hasse Sie, hasse Sie – ab-grund-tief –«
Lächelnd wendet Alençon sich um: »Ach, wir wollen uns doch nicht in die schütteren Haare geraten ...«
Sophie sieht zwischen den Arabesken des Teppichs ein butterverschmiertes Messer liegen, kriecht darauf zu, ergreift es, springt auf und stürzt sich auf Alençon.
Alençon hört sie kommen, aber er dreht sich nicht um. »Nur zu«, sagt er gelassen. »Stoßen Sie zu. Sie können mich gar nicht treffen, denn ich bin schon gestorben.«
Ruhig verläßt er den Raum. In ohnmächtiger Wut rammt Sophie sich das Messer in die Brust.
Draußen vor der Tür sagt Alençon zu einem Diener: »Schauen Sie nach Madame! Ich glaube, sie hat sich weh getan.«

55

Louise schreibt am nächsten Morgen in ihr Tagebuch: »Der arme Papa ist wirklich zu beklagen, daß Mamans Selbstmordversuch nicht besser geglückt ist – das Messer hat nicht mal ihre Haut geritzt…«
Die Atmosphäre im Haus ist gedrückt. Emanuel hat sich Freunde eingeladen, er hält die einsame, eisige Stimmung im Haus nicht aus. Alençon hat seine Versetzung in die Provence beantragt. Sophie ist kaum mehr zu Hause. Jean berichtet, daß sie die meiste Zeit im Œuvre Noviciats Dominicains verbringt, manchmal bei den Armen in den Elendsvierteln und unter den Brücken, einmal ging sie in eine Bank und einmal zu einem Pfandleiher. – Bank? Pfandleiher? Alençon horcht auf. »Haben Sie den Pfandleiher gefragt, was die Dame wollte?«
»Ich hab' ihm sogar zwanzig France unter die Nase gehalten – nichts zu machen! Er sagte nur: Welche Dame? Hier war keine Dame.« – »Also verdient er durch die Herzogin mehr als zwanzig Francs!« folgert Alençon und läuft die Treppe hinauf in Sophies Räume. Die Schmuckschatulle ist verschlossen, aber er will nicht die Amme um den Schlüssel bitten, das wäre ihm gar zu peinlich. Alençon bleibt in Sophies Zimmer sitzen, um sie nicht zu verfehlen. In den paar Tagen seit Louises Geburtstag lebte sie vor sich hin und neben ihnen her. Er hatte das Gefühl, sie meidet ihn und die Kinder, fürchtet die Aussprache. Dabei hat er sie gefürchtet – jetzt aber muß es sein! Alençon läßt sich das Essen auf ihr Zimmer bringen. Dann legt er sich auf ihre Récamière.
Am Morgen wacht er erschrocken auf: er ist hier eingeschlafen und seine Frau nicht nach Hause gekommen. Aber er wagt nichts zu unternehmen – dieser Skandal! Daß sie ihm das antut, diese Hexe! Seine Hände zittern unkontrolliert, und er hat die Stimme verloren, kann nur noch flüstern. Er muß sich krank melden. Er ist krank.

Eine Woche wartet er wie gelähmt. Dann kommt ein Brief. Jean bringt ihn und verläßt sofort diskret den Raum. Alençon entfaltet das Papier mit zitternden Händen und liest nur wirres Gestammel. Liegt es an ihm? Oder an dem Geschriebenen? »... Bitte verfolgen Sie uns nicht ... Vergessen Sie mich ... ich bin Ihrer nicht würdig ... Liebe gehört zu den elementarsten Dingen des Lebens, und endlich befinde ich mich in meinem Element ... Gönnen Sie mir mein Glück ... Ich weiß, Sie können großzügig sein ... Nach allem, was ich Ihnen antat, wird eine Scheidung auch Ihr größter Wunsch sein... Bitte bedenken Sie doch, wie nichtig gesellschaftliche Position, Karriere, guter Ruf, ein großer Name angesichts einer großen Liebe sind. Segnen Sie uns, so wie ich Sie und meine Kinder segne! Sophie.«

Alençon telegraphiert nach Possenhofen und schaltet eine diskrete Detektei ein. Auch die Possenhofener wenden sich an ein Münchner Detektivbüro, und dieses wiederum beauftragt einen Grazer Detektiv. Der meldet schon tags darauf nach Vincennes, daß auch Glaser geflüchtet ist und von seiner Frau polizeilich gesucht wird.

Sophie weile mit ihrer Schwester Mathilde in einem Seebad in Nordafrika, erklärt Alençon das Verschwinden seiner Frau. Das kann man zwar anzweifeln, aber nicht nachprüfen. Freilich, nach Sophies letztem Auftritt, angesichts ihrer sichtbar schlechten Verfassung glaubt ihm jeder, daß diese Frau eine Heilkur dringendst nötig hat. Und Mathilde ist auch nur noch ein Schatten ihrer selbst: ihr Mann hat sich vor kurzem umgebracht, und nicht still und bescheiden, im Wald und auf der Heide oder zu Hause, sondern ein Hotelzimmer im Ritz mußte es ein! Er hing am oberen Fensterkreuz und drehte sich im Windzug. Die Leute starrten von unten hinauf und hielten ihn erst für einen Anzug, der gelüftet wurde. Es war ein großer Skandal. Die arme Mathilde!

Also sind die beiden Schwestern auf Kur. Aber sie kommen nicht wieder! Der Sommer vergeht, der Herbst, der Winter beginnt ...

Sophie und Glaser wissen natürlich, daß sie von Alençons und Karl Theodors Detektiven verfolgt werden. Im Villacher No-

belhotel brachen die Burschen, ohne zu klopfen, in ihre Suite ein, und sie konnten auf dem Rückweg vom Restaurant im letzten Moment durch die Küche und den Lieferantenausgang fliehen. Beinahe hätte man sie wie gemeine Verbrecher geschnappt, wären sie nicht vom Hausknecht mit einer leeren Holzfuhre aus dem Hotelhof herausgefahren und kurz vor dem Villacher Bahnhof abgesetzt worden, auf dem ebenfalls Polizisten patrouillierten.
Seither wohnen sie in den einfachsten Gasthäusern. Sophie trägt nur noch Kleinbürgerkleidung, Dirndl mit Strohhut, graue Kattunmäntel und böhmische Kopftücher. Sie flüchten in die Wachau, dann hinüber ins Egerland, vom Egerland an den Mondsee, vom Mondsee nach Meran. Sie lieben sich und flüchten.
Sophie holt bei Glaser alles nach, was sie Alençon verweigert hat, sie spielt die unersättliche Messalina. Anfangs war der junge Arzt sehr stolz, eine Frau aus dem Hochadel verführt zu haben. Es beeindruckt ihn, daß sie ihm zuliebe ihre ganze Existenz aufgegeben hat und ihn heiraten will, daß eine Herzogin von Orléans eine Frau Glaser werden will, seine Frau. Doch allmählich empfindet er sich als Witzfigur. Er fürchtet, die Leute sehen in ihm den Gigolo einer vierzigjährigen alternden Herzogin oder den schäbigen Nutznießer ihrer Dummheit. Der anfängliche Rausch ist verflogen, und so groß ist seine Liebe nicht, daß er darüber hinwegsehen könnte. Seit einem halben Jahr hat er nicht gearbeitet, nichts mehr verdient, muß von ihrem versetzten Schmuck leben. Diese Liebe kann doch nicht der Zweck seines Lebens sein? Er kommt sich nutzlos vor.
Er bewundert sie, er ist fasziniert von ihrer Unbedingtheit, ihrer von einem wunderbaren Fanatismus durchglühten Liebe zu – Ludwig! Ja, zu Ludwig, nicht zu ihm. Sie versucht, diese ewig brennende Wunde zu heilen.
In einer Dorfschenke in Mähren spielt sie ihm die *Gralserzählung* vor und die *Rheingold*-Ouverture, die beiden Stücke, die Ludwig so oft hören wollte, daß sie keine Noten mehr braucht. Sie haben das kleine kaputte Klavier auf dem Speicher gefunden, auf dem jeder Ton falsch klingt.

Als sie sich abends ausziehen und Glaser fieberhaft überlegt, wie er dem Beischlaf entkommt, flüstert sie plötzlich: »Siehst du die Wolke neben dem Mond?« Wie in Trance tritt sie ans Fenster. »Wenn sie jetzt über den Mond zieht, ist alles verloren. Wenn sie am Mond vorbeifliegt, sind wir gerettet ...«
Glaser stellt sich neben sie und betrachtet den Mond am Nachthimmel, eine kleine Wolke in einiger Entfernung.
Er legt sich ins Bett, Sophie wartet voll Spannung. Plötzlich jauchzt sie auf: »Sie geht am Mond vorbei! Sie geht am Mond vorbei!« – »Psssst!« flüstert Glaser, schlaftrunken, obwohl die Biergesellschaft unten recht laut ist, und kommt wieder zu ihr ans Fenster. »Nun wird alles gut! Alles gut!« Sie umarmt ihn, steigt mit ihren nackten Füßen auf seine Füße. So gehen sie in der kleinen Kammer herum. »O Ludwig«, ruft sie, »ich werde immer bei dir sein!« Sie sieht lachend auf ihre Füße hinunter.
»Wo du hingehst, da werd' auch ich hingehen ...« Glaser läßt sich aufs Bett fallen. »Nein, weiter weiter!« Sie küßt ihn, quer über ihm liegend. »Mein Lieber, mein Guter. Du warst lang genug Armenarzt! Ich werde dich ganz groß machen. Reich und berühmt. Ich werde dir eine Praxis einrichten! Jetzt wird mir alles gelingen! Die Wolke ist unter dem Mond vorbeigezogen. Wir werden leben ... leben ... leben! Ich hab' ja soviel versäumt! Wir werden ein Häuschen kaufen ... in China ... in London ... oder Stettin!
»In Amerika ... in Afrika ... oder Bruchsal!« Er lacht.
Sophie springt aus dem Bett. »Wie heißt deine Frau?« fragt sie.
Glaser seufzt: »Therese.«
Sophie holt Tinte, Feder und Papier. »Also schreib! ›Liebe Therese, die Herzogin von Alençon-Orléans, Schwester der Kaiserin von Österreich, und ich wollen heiraten. Bitte stelle Dich unserem jungen Glück nicht in den Weg und gib Deine Einwilligung zur Scheidung! Dein Ludwig – äh – Glaser.‹ So und jetzt noch die Anschrift!«
Während Glaser schreibt, kramt Sophie im Kamin herum. »Jeden Tag liegen da so phantastische Kohlenstücke. Gestern waren's zwei betrunkene Dämonen ... oder war es die Jungfrau Maria mit dem Kinde ...«

Sie öffnet das Fenster.
»He, es zieht! Mach lieber Feuer im Kamin!«
»Ach, ich stell' doch nur die Kohlestücke aufs Fensterbrett. Mal sehen, ob sich die Spatzen davor fürchten.«
Glaser schreibt, das Kuvert vor der Zugluft festhaltend, die Anschrift und aus alter, früher Gewohnheit den Absender: »Zum Kronenwirt, Hauptgasse 10, Oetz.«

Oft will er mit ihr sprechen, ihr seine Lage klarmachen. Jedesmal lacht sie ihn aus. Er scheitert an der Oberflächlichkeit, mit der sie seinen Versuchen begegnet. Er würde sie ja heiraten! Aber er ist Arzt, er will in seinen Beruf zurück. Er hat nicht jahrelang studiert und gearbeitet, um als Mann einer Herzogin sein Dasein zu fristen. Aus ihrer Art, die Sache leicht zu nehmen, erkennt er, daß sie nicht begreift.
Ihre Augen glühen. Nachts liegt sie neben ihm und bewacht mit brennendem Blick seinen Schlaf. Aber auch er schläft nicht, sondern denkt, das Beste wäre, sie ginge zu ihren Mann zurück!
Doch er täuscht sich. Sie kennt seine Lage, weiß aber auch, daß ihre tausendmal schlimmer ist. Sie ist hoffnungslos kompromittiert, hat ihren Mann, ihre Familie, ihrenRuf zerstört! Sie hat den Lebensnerv ihrer Welt getroffen. Wäre sie wenigstens mit einem standesgemäßen Liebhaber durchgebrannt! Es ist tödlich demütigend für ihren Mann! Er kann sich nicht einmal duellieren. So ein powerer Arzt ist für einen Orléans nicht satisfaktionsfähig. Nie im Leben wird ihr das vergeben werden. Für sie und für ihre Kinder wäre ihr Tod das Beste. Sie will nicht mehr zurück. Denn sie kann nicht mehr zurück.
Irgendwo splittert plötzlich Glas, es poltert gegen Türen. Männerstimmen. Glaser springt aus dem Bett und wirft sich den Morgenmantel um. Sophie fährt auf. Schon seit einer Weile haben sie Schritte im Haus gehört, aber keiner hat den anderen darauf aufmerksam gemacht, wollte ihn nicht erschrecken. Vor der Tür ist leises Getuschel zu hören. Sophies Herz rast. Sie reißt ein Streichholz an und will die Lampe entzünden, aber Glaser zischt: »Kein Licht!« und schlägt ihr auf die Hand. Erschrocken läßt sie das Streichholz fallen. Und dann, leise, wird von außen der Schlüssel ins Schloß gesteckt, und sie sehen voll Entsetzen, wie sich die Tür lautlos öffnet.
»O Gott, sie haben uns gefunden ...«

Sophie stürzt aus dem Bett zum Fenster und stößt es auf, aber sie wird von hinten gepackt. Sie reißt sich los und will an der feixenden Wirtin vorbei ins Treppenhaus fliehen. Zwei Männer ergreifen sie, zerren die Schreiende, sich Sträubende mit sich, schlagen Glaser, der sich ihnen entgegenstellt, mit einem Fausthieb zu Boden.
Feuer! Die Wirtin wirft sich aufschreiend übers Bett und löscht die Flammen, die Sophies Streichholz in diesen kurzen Momenten verursacht hat.
Sophies Schreie gellen durchs Haus.
Es ist eine schwarze, stürmische Nacht. Aus den Fenstern starren die bleichen, grinsenden Gesichter der Gäste und Knechte: Das war gewiß die Sittenpolizei? Man hat ja schon immer geahnt, daß diese beiden Logiergäste ...
Die Kutsche wartet. Die beiden Männer zerren Sophie aus dem Haus, treten der Schreienden auf die nackten Füße, werfen sie in den Wagen, dessen Türen schon offenstehen. Einer schwingt sich zum Kutscher auf den Bock, der andere springt hinten auf den Tritt. Ein Pfiff. Die Pferde ziehen an.
Sophie liegt in ihrem dünnen Nachthemd auf dem Boden der Kutsche, so, wie sie hineingeworfen wurde. Zwei Männer ziehen sie hoch und setzen sie zwischen sich: ihr Bruder Karl Theodor und Alençon. Sophie beginnt zu schreien, sie schreit, so lange, bis ihr die Stimme versagt und nur noch der Mund offenstehen bleibt.
»Komm, du erkältest dich ja«, sagt Karl Theodor fürsorglich und zieht ihr eine weiße Jacke an. Folgsam hebt sie die Hände. Er hilft ihr in die Ärmel, besorgt, daß das Seidenhemd darunter nicht zurückrutscht und unangenehm bauscht. Dann knotet er sie sorgfältig hinter ihrem Rücken zusammen. Sie steckt in einer Zwangsjacke und hat die Falle nicht geahnt.
»Wohin bringt ihr mich?« flüstert sie heiser.
»Nach Döbling.«
»Döbling – ?«
»Zu einem Kollegen von mir, einem guten Freund. Professor von Krafft-Ebin«, versucht Karl Theodor sie zu beruhigen.
»Dem Irrenarzt?«
»Dem Nervenspezialisten.«

Da wendet Sophie sich matt an Alençon: »Soll ich wahnsinnig gemacht werden? Wie der arme Ludwig. Wollt ihr mich auch erschießen?«
»Aber Sophie, der ist doch ertrunken«, berichtigt ihr Bruder.
»Weißt du das genau? Warst du dabei?«
»Außerdem war er irrsinnig. Du bist bloß nervös.«
»Irrsinnig. Mußt du alles nachbeten, was die andern sagen? Warst doch mal ein so gescheiter Bub.«
Lange Zeit Stille und das Rattern der Räder. Einmal pfeift ein Sturmwind über sie hinweg und bricht sich in der Ferne.
»Was wird mit Glaser?« flüstert Sophie.
Alençon zuckt die Achseln: »Vielleicht fährt er zu seiner Frau und seinen Kindern zurück – was geht uns das an?«
»Kinder?« fragt Sophie und nach einer Weile erneut: »Kinder?«
Plötzlich stürzt sie sich trotz ihrer gefesselten Arme auf Aleçon, beißt in seinen Oberschenkel, versucht mit dem Fuß die Tür aufzustoßen. Karl Theodor reißt sie zurück. Alençon schließt die Türe, reibt sich das Bein. Der Mann neben dem Kutscher blickt erschrocken durchs Vorderfenster. Fast wäre die Kutsche gestürzt. Alençon winkt, man solle weiterfahren. Sie fahren. Sie schweigen. Sophies Kinn und Lippen zittern.
Karl Theodor schiebt den Vorhang zur Seite und deutet hinaus auf die vorbeiziehenden schwarzen Büsche und Bäume: »Schau, Sopherl ... ein Frühlingssturm ... Es wird wieder Frühling!«
Erst sagt sie gar nichts, dann murmelt sie dumpf: »Frühling... Also haben wir bald Herbst.«
Die Kutsche hält vor einer großen Villa, der Klinik des Professors Krafft-Ebing. Ein paar Fenster sind erleuchtet, in der Auffahrt hängen zwei schwankende Laternen. Fetzen von Klaviermusik mischen sich in das Heulen des Sturms. Alençon hebt Sophie aus der Kutsche und trägt sie ins Haus.
Noch niemals hatte sie irgendwo einen derart peinlichen Auftritt gehabt. Halbnackt, in Nachthemd und Zwangsjacke, auf dem Arm ihres Mannes. Manchmal träumt man so etwas, doch jetzt ist der Zeitpunkt gekommen, an dem man aufwachen sollte.

Es fehlen nur noch der Knebel und die Augenbinde, denkt Sophie und beschließt, die Situation zu genießen, während sie an der Wahnsinnigen, die am Flügel sitzt, vorbeigetragen wird. Als die Frau sie erblickt, streckt sie ihr die Zunge heraus; Sophie erwidert ihr mit einer Grimasse. Alençon stellt sie auf den Boden. Die beiden Männer stützen die Schwankende.
Da erhebt sich die Klavierspielerin spöttisch lächelnd und ahmt Sophie in jeder ihrer unbeholfenen Bewegungen nach.
Sophie murmelt Karl Theodor zu. »Siehst du die da? Nicht hinschaun.« Daraufhin murmelt die Klavierspielerin: »Siehst du die da? Nicht hinschaun.«
Alençon und Karl Theodor führen Sophie durch die Halle.
Sophie dreht sich um: »Eine Verrückte!«
Und gleich das Echo: »Eine Verrückte!«
Alençon führt Sophie ins Arbeitszimmer des Professors. Krafft-Ebing erhebt sich von seinem Arbeitstisch. Am Abend hat er Karl Theodors Depesche erhalten und die ganze Nacht gewartet.
»Na, da bist du ja, alter Freund! Wie war die Fahrt?« Er wendet sich ausschließlich an Karl Theodor und schlägt ihm auf die Schulter. Also ungeschliffen und tumb, denkt Sophie geringschätzig und blickt Alençon an, der offensichtlich dasselbe denkt. Sie zwinkern sich zu, obwohl sie einander hassen.
Karl Theodor begrüßt den Arzt, stellt ihn seiner Schwester und seinem Schwager vor.
»Ich kann Ihnen leider nicht die Hand reichen«, sagt Sophie lächelnd und weist mit dem Kinn auf ihre Zwangsjacke. »Ich bin untröstlich.«
Doch der Rüpel, wie sie ihn innerlich schon nennt, nimmt sie ihr nicht ab, sondern geleitet sie zum Sessel. »So, nun erzählen Sie mir mal, was Ihrer Meinung nach so trostlos ist.«
»Was meiner Meinung nach so trostlos ist?« wiederholt Sophie. Dann sagt sie äußerst liebenswürdig und arrogant: »Mein lieber Professor, das werde ich Ihnen erzählen, wenn ich Sie zum Tee in meinen Salon bitte ...«

57

»Das hast du wirklich gesagt?« fragt Elisabeth lachend, als sie mit Sophie den Krankenhausgang entlanggeht.

»Natürlich!« Sophie hebt den Finger. »Und meine Jours, cher ami, sind Dienstag und Donnerstag, von sechzehn bis achtzehn Uhr! Frackzwang!«

Elisabeth biegt sich vor Lachen. Doch plötzlich verstummt sie und starrt Sophie an, die barfuß über den gekachelten Boden läuft und streng dem Muster folgend immer nur auf einen bestimmten, sich wiederholenden blauen Stein tritt. Sophie öffnet die Tür zum nächsten Gang, hebt den Mantel und steigt vorsichtig über die Schwelle, als wäre die ein meterhohes Hindernis. Prüfend sieht sie in Elisabeth entsetztes Gesicht und lacht: »Du glaubst auch alles!«

Vor einem Monat hat Elisabeth die Nachricht erhalten, daß Sophie aufgespürt und in die Nervenheilanstalt des berühmten Krafft-Ebing gebracht worden ist. Alençon hat es ihr geschrieben und sie gebeten, Sophie zu besuchen, wenn es ihr möglich sei. Vielleicht könne Elisabeth ihr klarmachen, daß ihr Scheidungswunsch nur mit ihrer Entmündigung enden werde – ihm glaube es Sophie nicht. Sie müsse einsehen, daß sie keine Rechte mehr habe und daß es für die Familie bequemer sei, sie für immer in der Irrenanstalt zu verwahren – jeder Arzt könne bestätigen, daß ihre geistige Gesundheit zerrüttet sei. Und bei einer Entmündigung sei natürlich auch ihr Vermögen dahin. Wenn er, Louise und Emanuel sie wieder aufnähmen – was noch sehr fraglich sei, denn Emanuel schäme sich seiner Mutter und wolle sie nicht mehr sehen –, wäre das ein reiner Akt der Gnade und Barmherzigkeit, und um ihn zu erlangen, müsse sie sich zu einer anderen Haltung bequemen.

Alençons Brief hat Elisabeth in große Aufregung versetzt. Sie hat Mitleid mit ihrer Schwester. Gleichwohl kann sie ihr Verhalten nicht billigen. Einfach mit ihrem Arzt davonzulaufen,

Mann und Kinder zu vergessen – sie muß tatsächlich verrückt sein! Gewiß, solche plötzlichen Liebesanfälle sind Elisabeth nicht fremd, doch sie hat sie immer sublimiert, in Wahnsinnsritten ausgetobt, ›durch die Rippen geschwitzt‹, würde Vater Max sagen. Man kann sich doch nicht einfach so vergessen.
Dann hat Sophie ihr Briefe geschrieben und ihre Verzweiflung, ihre Zustände geschildert und ihre törichte Hoffnung, Sisi könnte ihr die Freiheit verschaffen. Täglich hat Elisabeth sich geschworen, ihre Angst zu überwinden und Sophie zu besuchen. Nun ist es ihr endlich gelungen.
Sie fand Sophie im Bett liegend und schlafend.
»Frau Herzogin, wachen Sie auf! Ihre kaiserliche Schwester! Frau Herzogin ...« Die Krankenschwester rüttelt die Patientin und hat vergessen, daß sie ihr vor einer Stunde Morphium verabreicht hat.
Sophie bewegt sich. Elisabeth ist eingetreten, schwarzgekleidet, überschlank, das schöne Gesicht von Falten durchfurcht. Mit vielen Knicksen tastet sich die Schwester rückwärts, trifft die Tür nicht, prallt gegen den Wäscheständer und läuft davon.
»Sie wünschen?« murmelt Sophie im Halbschlaf.
Elisabeth lacht: »Ach, Sopherl, du machst vielleicht Sachen!«
»Sisi, daß du kommst!« ruft Sophie erfreut trotz ihrer Benommenheit.
Elisabeth setzt sich ans Bett und streichelt Sophies Gesicht. »Alle deine Briefe waren so voller Unglück und Geheimnisse. Was hast du denn? Liebeskummer? Ohrensausen?«
»Sexuelle Abartigkeit!« antwortet Sophie kurz und bündig.
Elisabeth ist entsetzt: »O pfui!«
»Weißt du denn überhaupt, was das ist?« fragt Sophie lächelnd.
Elisabeth nickt.
»O pfui!« ruft Sophie spöttisch, als wäre sie schockiert. Plötzlich fährt sie auf, zeigt auf die Messingköpfe auf den Pfosten des eisernen Bettgestells und flüstert heiser: »Das sind die Konduktoren einer Elektrisiermaschine ...« Sie springt aus dem Bett und zeigt Elisabeth ihre Matratze, die sie an einer Stelle angebohrt hat, so daß die Sprungfedern aus Kupferdraht

durch das Roßhaar ragen, sieht sich nach allen Seiten um und flüstert: »Das ist eine Rhumkorffsche Induktionsrolle. Kannst du mir helfen, daß ich ein anderes Bett bekomme?«

»Nein, nein, damit bestätigst du nur ihren Verdacht.«

»Welchen Verdacht?«

»Daß du ... Alle Irren haben so einen Elektrizitätswahn.«

»Du auch?« fragt Sophie, und ohne auf Elisabeths Irritation zu achten, fährt sie fort: »Es braucht nur ein Gewitter loszubrechen ... das Eisen zieht die Blitze an, und ich liege auf einem Kondukto ...«

Elisabeth tritt ans Fenster, zieht die Vorhänge zur Seite und deutet auf den klaren blauen Nachmittagshimmel. »Sieht das nach Gewitter aus?«

Sophie krabbelt aufgeregt auf ihrem Bett herum. »Am zehnten September tobte ein Zyklon über Paris. Er begann in völliger Windstille hinter Saint-Sulpice, riß fünfzig Meter Eisengitter nieder und erschlug einen Bäckermeister, der Brote ins St. Ludwigs-Krankenhaus bringen wollte ...« Sie verstummt und deutet durchs Fenster zum Himmel hinauf: »Siehst du die Wolke neben dem Mond? Wenn sie über den Mond zieht, ist alles verloren. Wenn sie am Mond vorbeifliegt, bin ich gerettet ...«

Während Elisabeth am hellblauen Himmel nach dem Mond sucht, schlägt sich Sophie mit den Fäusten gegen den Kopf: »So ein Idiot! So ein ... Kannst du dir das vorstellen? Die Wolke ist unterm Mond vorbeigezogen, alles war in Ordnung, aber er setzt doch tatsächlich unsere Adresse aufs Kuvert! Wo Papas und Alençons Detektive seit einem halben Jahr hinter uns her sind! Ist das zu fassen?« Sie schlägt sich derart heftig, daß Elisabeth eingreifen muß. Während sie miteinander kämpfen, schreit Sophie: »Geistige Absenzen! Ein Vollidiot! Bei uns könnt' man's ja eher verstehen – alte Weiber, die wir sind!« Elisabeth zuckt zusammen und läßt los. Sophie lacht: »Verbrauchte Gehirnmasse, Degenerationserscheinungen – soll ja in unseren Kreisen schon vorgekommen sein! Aber so ein junger, gescheiter Mensch! Schreibt einfach die Adresse aufs Kuvert!«

»Vielleicht war's gar keine Absenz, sondern ...« Sophie stürzt sich wie ein Raubtier auf ihre Schwester und hält ihr den Mund zu. Elisabeth wehrt sich mit Händen und Füßen und versucht sich zu befreien. Die Hofdame kommt hereingestürzt. Elisabeth stößt mit den Füßen nach ihr. Sie soll verschwinden, will sie damit ausdrücken.Und die Hofdame versteht es sogar.

»Hörst du mein Herz? Wie's klopft?« Sophie, die Elisabeth gegen ihre Brust gedrückt hat, gibt ihr den Mund für eine Antwort frei. Elisabeth horcht: »Nein, ich hör' nur mein eigenes«. Sophie läßt los, nimmt eine Medizinflasche vom Nachttisch und schüttelt sie.

Elisabeth ordnet ihr Haar, steckt ein paar zusätzliche Klammern in die schwarzbraune Masse mit den grauen Strähnen drin. »Zuerst war es ein König! Dann ein Herzog! Jetzt ein ›junger, gescheiter Mensch‹. Du mußt nur noch einen Gärtner und dann einen Bock suchen. Du Hänsin im Glück!«

Sophie schüttelt das Fläschchen und hat nur halb zugehört: »Komisch. Krafft-Ebing sagt, Ludwig hatte ›einen Mangel an geschlechtlicher Empfindung dem anderen Geschlecht gegenüber‹. Der Grund war eine ›Anomalie der zerebralen Organisation‹.«

»Unsinn. Ludwig hat mich geliebt.«

»Ach was«, stößt Sophie geringschätzig hervor. »Das glaubst du nur, weil du auch eine Anomalie der zerebralen Organisation hast.« Sie lacht nervös. »Was gäb' ich drum, wenn ich ihn noch einmal ... nur noch einmal ...«

»Ich auch.«

»Mein Leben lang die bösen Geister, und jetzt ist er tot ...« Sophie beginnt zu weinen, hört aber nicht auf, das Fläschchen zu schütteln.

Elisabeth packt ihre Hand und schreit sie entnervt an: »Muß das sein?«

Sophie reißt sich los: »Ja, das muß sein. Fünfzigmal! Fünfzigmal muß ich sie schütteln! Nicht mehr und nicht weniger ... sechsunddreißig, siebenunddreißig, achtunddreißig ... und dann muß ich drei Tropfen nehmen. Das hilft.«

»Gegen was?«

»Es hilft.«

»Das nenn' ich einen präzisen Aberglauben.«
»Vierzig, einundvierzig, zweiundvierzig ...« Sophie läßt das Fläschchen sinken, nimmt einen Spiegel vom Nachttisch und betrachtet sich.
Elisabeth lacht ihr kurzes trockenes Lachen, das wie ein Schnauben klingt: »Zuletzt war er furchtbar fett. Einsdreiundneunzig groß und fett. Ich dachte, sein goldener Schlitten bricht, wenn er sich hineingewuchtet hat.«
Sophie spricht in den Spiegel hinein: »Ebing sagt, der Eßzwang sitzt hier«, sie greift sich an den Hinterkopf, »und meine Musikalität hier! Meine Leichtfertigkeit hat ihren Sitz hinter den Ohren, und mein Selbstmordwunsch steckt da unten ...« Sie greift in den Nacken, fixiert sich mit dämonischem Blick und bleckt die Zähne gegen das Glas.
»Du auch?« flüstert Elisabeth. »Ich hab's versucht ... im Starnbergersee, ... aber ich kann's nicht. Erst tauch' ich unter und halte mir die Nase zu ... aber dann spring' ichjedesmal wie ein Korken wieder hoch ... und dann hab' ich die Nase nicht zugehalten, bin einfach unten geblieben ... hab' Wasser geschluckt ... und dann bin ich aufgetaucht und ans Ufer geschwommen. Ich bin ein feiger Hund. Man müßte den Körper überlisten, der partout nicht mitmachen will.«
Sophie legt den Spiegel in den Schoß, flüstert: »Wie heißt denn dieser Mensch in der Tonne? Der hat einfach die Luft angehalten. Er wollte nicht mehr leben. Da hat er die Luft angehalten. Schluß. Aus. Exitus.«
Sie sitzen beide wortlos da. Als sie sich kurz ansehen, merken sie, daß sie beide dasselbe versuchen: nicht mehr zu atmen. Sie sitzen still, dann drehen und winden sie sich, strampeln verzweifelt mit den Beinen.
Elisabeths Hofdame kommt herein, durch die Stille erschreckt, wie sie behauptet, um nachzusehen. Sicher hat sie die ganze Zeit durchs Schlüsselloch geschaut. Elisabeth bedeutet ihr mit einem hektischen Winken, zu verschwinden. Die Hofdame steht hilflos im Raum.
Sophie und Elisabeth können nicht mehr, halten sich Mund und Nase zu, doch dann reißen sie sich die Hände von den Nasen, japsen lauthals nach Luft.

Die Hofdame schleicht hinaus.
»Und außerdem ist es eine Todsünde«, flüstert Sophie fast unhörbar und sieht aus dem Fenster. »Nein.«
Elisabeth legt stöhnend die Hände vors Gesicht: »Oh Herr, laß es Abend werden!«
»Oder wenigstens Nachmittag. Dann gibt's Kaffee und Kuchen und keine Visite.«
Sophie greift wieder zum Spiegel und drapiert sich ihr langes Haar über die Schultern.
»Was stellen sie denn mit dir an?«
»Man behandelt meine ›sexuelle Abartigkeit‹.«
»Und wie geschieht das?«
»Durch suggestive Hypnose. Sie sagen mit unter der Hypnose, was ich zu fühlen habe.«
»Und was sollst du fühlen?«
»Glaser ist eine Wahnidee, Glaser ist eine Zwangsidee, Glaser ist eine Schnapsidee, er ist ein krankhafter Trieb, eine Degenerations- und Entartungserscheinung ...« Sophie lächelt sich im Spiegel an: »Nach jeder Sitzung wird er mir widerlicher.«
»Und Alençon?«
»Kannst du nicht eine Frau für ihn finden?«
»Was?«
»Eine Freundin! Eine Mätresse! Marie hat mir geschrieben, daß du für deinen prüden Casanovagatten endlich die Richtige gefunden hast. Schlatt oder Schratt? Wie ist sie denn?«
»Nett. Fett. Kommod. Einfach ideal.«
Sophie betrachtet mit dem Handspiegel ihr Haar und ist offensichtlich zufrieden damit. »Madame Guiche hat ihre Kutsche mit allen ihren Kindern darin gegen einen Baum gelenkt, daß sie zerschmettert ist.«
»Und? War der Baum verletzt?«
Sophie fällt lachend über ihre Schwester her: »Du seelenlose, zynische Person!« Sie kichern und lachen. Sophie wirft sich über Elisabeths Schulter und trommelt gegen deren schmalen Rücken. Elisabeth packt sie und setzt sie ordentlich aufs Bett zurück, hält ein imaginäres Lorgnon vors Auge und spricht im Proffessorenton: »Hat das Weib eine Seele?«
»Natürlich nicht«, antwortet Sophie artig.

Elisabeth hebt die wackelige Professorenhand: »Dafür hat es aber viele andere aparte Details.« Dann springt sie unvermittelt auf und läuft nervös durch den Raum: »Ich brauche Bewegung«, sagt sie. »Komm, zieh dich an, wir gehen in den Park, ich muß jetzt laufen!«
Sophie erhebt sich sofort. Der Handspiegel rutscht zu Boden.
»Und du glaubst nicht«, fragt Elisabeth, »daß dieser Glaser vielleicht mit Absicht eure Adresse ...«
Sophie hält sich die Ohren zu und läuft kreischend auf Elisabeth zu. »Nein, nein, niemals!« Wütend stampft sie auf und tritt dabei in den Spiegel. Das Glas splittert, Sophie hüpft auf einem Bein im Zimmer herum, hält den blutenden Fuß Elisabeth entgegen, die gleich nach Taschentüchern sucht und murmelt: »Wenn man sie braucht, kommt sie natürlich nicht, die Gans. Typisch ...«
»Nein! Nein! Niemals!« ächzt Sophie matt und wirft sich aufs Bett zurück. »Er hat mich nicht verraten!« Sie krümmt sich und dreht sich mit dem Gesicht zur Wand.
Ganz langsam, weil ihr das Denken und das Sprechen so schwer fallen, murmelt sie: »Ich muß so schnell wie möglich nach Hause.«
»Jaja, wenn du wieder vernünftig bist«, sagt Elisabeth ungeduldig, denn sie will endlich hinaus in den Park.
Sophie flüstert gegen die Wand: »Mag sein, daß ich in Possenhofen meine Seele wiederfinde, und in Paris mein Gehirn ... und im Himmel vielleicht ... was mein Herz war ...«
Elisabeth muß lachen. »Du warst schon immer eine Kitschjule!«
»Kannst du dir vorstellen, daß du in ein paar Jahren oder Stunden in einem zugelöteten Sarg liegst, die Augen zugepreßt, die Nase plattgedrückt« – Sophie nimmt Elisabeth nicht mehr wahr, sondern flüstert zu sich selbst. »Zwei Meter fünfzig tief, zentnerweise Erdbrocken auf dir drauf, und so bis ans Ende aller Tage, das nie kommen wird – ich werde darüber wahnsinnig ...«
»Aber warum denn jetzt erst? Früher standen die Aktien auch nicht besser.«

58

Später hat sich Sophie doch noch aufgerafft, und sie laufen durch die Gänge der Krafft-Ebingschen Anstalt, wobei Sophie jede Schwelle als hohes Hindernis nimmt und vor jedem Kreuz an der Wand einen so tiefen Bückling macht, daß sie fast das Gleichgewicht verliert. Dann wandeln sie durch den Park. Nein, nur Sophie wandelt, setzt sorgfältig den blutenden Barfuß vor den nichtblutenden Barfuß, auf dem Seitenstreifen des Kieswegs, wo schon Grasbüschel wachsen. Elisabeth läuft wie ein unruhiger Hund voraus, kehrt wieder um und läuft wieder vor – dieselbe Strecke mindestens dreimal. »Laß doch deinen Veitstanz«, murmelt Sophie mürrisch und tritt auf einen Krokus, sieht sich im Weitergehen um, ob sich die Blume wieder aufrichtet oder endgültig geknickt ist. Kranke laufen mit ihnen oder kommen ihnen entgegen. In einigem Abstand folgt die Hofdame. Es ist ein sonnenfunkelnder Frühlingstag.
»Könnten wir vielleicht eine Laube finden oder eine versteckte Bank, wo man nicht Gefahr läuft, einen Napoleon oder Cäsar zu treffen?« fragt Elisabeth, die atemlos zu ihr zurückkehrt.
Sophie lächelt: »Es gibt hier eine alte Vettel, die sich für dich hält! Sie steckt sich Hosenknöpfe ins Haar.«
Elisabeth lacht konvulsivisch auf: »Und? Wie fühlt sie sich?
»Schlecht.«
»Das glaub' ich.«
Ein hagerer Alter tänzelt mit seinem Stöckchen eitel vor Elisabeth her, um von ihr gesehen zu werden. Sophie tuschelt ihr zu: »Der alte Geck, der dich so verzweifelt grüßen will – nicht hinsehen – da, er geht an der Weide vorbei – nicht hinsehen! Also, der alte Depp hat seine Güter verkauft, alles, was er besaß, verkauft, sein Geld von der Bank geholt und zu Hause in einem großen Autodafé verbrannt. Er hat auf der Bank jede Münze verweigert, wollte nur Scheine. Seine Kinder haben ihn eingeliefert.«

»Wahrscheinlich, um ihn zu schützen, denn eigentlich wollten sie ihn erschlagen. Da! Jetzt hat er's doch geschafft, mich zu grüßen ... Nichts wie weg!«
In dem Augenblick läßt ein Vogel seine Ausscheidung auf Elisabeth fallen. Sophie kreischt auf und kann sich nicht halten vor Lachen, auch die übrigen Patienten juchzen vor Wonne. Elisabeth ist erschrocken über die Wiese an einen Bach gelaufen. Die Hofdame stolpert ihr nach, tritt in jeden Maulwurfshaufen.
Elisabeth winkt sie fort. »C'est tout naturel! Ne faites pas de scandale!«
Sophie ist träge herbeigeschritten und scheucht die Patienten und die Hofdame fort: »Kusch, kusch! Weg da! Schleicht euch! Pack!«
Die beiden Schwestern versuchen kichernd, das sich schnell weiß verfärbende Exkrement mit dem Bachwasser wegzuputzen. »Weißt du noch, Nene auf dem Possenhofener Dampfersteg und die Möwe? ... Und Nene so etepetete! Hat sich gar nicht beruhigen können ...«
Elisabeth lacht und putzt und reibt, schielt seitwärts auf ihre Schulter – »Und wie Mamas alter Spitz kurz vor seinem Tod Durchfall hatte und sich auf der Chaiselongue erleichtert hat und Papa dachte, es sei geschmolzene Schokolade ... geschmolzene Zartbitterschokolade ... sehr bittere Schokolade«
Sie kreischen vor Lachen. Plötzlich sagt Sophie leise: »Hol mich hier raus.«
»Das kann nur dein Mann. Stell dich gut mit ihm«, antwortet Elisabeth.
»Ich kann nicht. Er hat mir zuviel angetan.«
»Wie? Was? Hatte er auch einen Glaser?«
Sophie hört nicht hin, reibt an Sisis Schulter, obwohl dort nichts mehr von dem Exkrement zu sehen ist. »Ganz schön unmoralisch, was du da tust mit deinem Mann und dieser Schratt. Die beiden zur Sünde verführen. Dafür wirst du in der Hölle schmoren.« Sophie gibt der Schwester einen Kuß auf den gouvernantenhaft hochgezogenen Kragen und flüstert ihr im Verschwörerton ins Ohr: »Und wenn ich von hier fliehe?« Elisabeth erschrickt: »Bloß nicht! Wovon willst du

denn leben? Du hast ja nicht einmal mehr deinen Schmuck. Wer soll dir Geld geben?«
»Du.«
»Nein.«
»Warum nicht?«
»Franz-Joseph würd's nie erlauben –«
»Was hat er gegen mich?«
»Nichts. Aber auch nichts gegen Alençon.«
»Ich würde schweigen wie ein Grab.«
»Wer's glaubt.«
»Großes Ehrenwort.«
»Du weißt doch selbst nicht, was du morgen wieder anstellst.«
Sophie weint und rupft weinend ein paar Krokusse aus dem Gras, gelbe, weiße und blaue.
»Alençon hat geschrieben, du wolltest ihn ermorden? Mit einem Messer.«
Sophie winkt ab, als wär's eine Lappalie, und wirft die zerfledderten Blüten fort: »Das hab' ich mir selbst in die Brust gestoßen. Aber das Messer ist abgerutscht.«
»Wie das mit Messern so ist.« Elisabeth geht lächelnd weiter. »Er wird dich entmündigen lassen. Du bekommst keine Scheidung, kein Geld, nichts. Nur einen festen Platz in der Klapsmühle. Und du kannst noch froh sein! Wärst du nicht adlig, wärst du im Narrenturm gelandet. Und nach deinem Tod wird er gerührt deine Locken an die Kinder verteilen. Tja, das ist von euerer lieben Maman.«
Sophie läuft ihr aufgeregt nach: »Niemand wird auch nur ein einziges Haar bekommen! Niemand! Das habe ich ausdrücklich untersagt! Meine Haare werden abgeschnitten und verbrannt! So steht's in meinem Testament! Und ich will in einen schlichten Fichtensarg wie die Nonnen ... auf dem Dorffriedhof neben der Maria-Magdalenen-Kapelle ... Steht alles im Testament ... und kein Haar –«
»Jaja, diese Leichenfledderei!« fällt ihr Elisabeth ins Wort. »Eine Locke für die Mizzi und eine für den Strizzi! Die braune am Hinterkopf für den besten Freund, die graue an der Schläfe für den treuen Gatten. Die Fanny Elßler lag ganz gerupft im Sarg!«

»Beethoven war kahl.«
»Dem Haydn ham's gleich den Kopf abgeschnitten.«
»Dem Schiller auch.«
Elisabeth zittert. »Grauenhaft. Grauenhaft. Die Menschen sind grauenhaft ... Übrigens, Papa geht's sehr schlecht«, fährt sie unvermittelt fort. »Er wird bald sterben, sagt die Mama. Ich weiß aber nicht, ob es stimmt oder ob sie's nur hofft. So sehr hat er sich über deine Eskapaden aufgeregt, sagt die Mama.«
»Was!« Sophie packt die davoneilende Schwester an der Schulter und rüttelt sie: »Was? Jetzt wollt ihr mir Papas Tod in die Schuhe schieben! Nein! Nicht mit mir! Mit mir nicht! Ihr gemeinen ... ihr Hunde! Ihr ... ihr ...« Sie sucht nach passenden Worten.
»Mama will dich nicht besuchen!« Sisi streift die Hand der Schwester von ihrer Schulter, »Sie sagt, du hast ihr schon genug Scherereien gemacht!«
Sophie bleibt stehen. »Ja, das ist Mama, ganz die Mama ....«
»Außerdem ist sie zu alt! Ich würde es niemals zulassen!«
»Was? Du würdest es nicht zulassen?!« Sophie ist zunächst ganz verblüfft. Doch dann schreit sie, außer sich vor Zorn: »Ja, spinnst denn du, Frau Kaiserin?! Sind Sie von allen guten Geistern verlassen?! Meine Mutter! Sie soll kommen! Ich will meine Mutter sehen!« schreit sie zu den Bäumen hinauf, daß die balzenden Amseln verstummen. »Ich soll wahnsinnig sein?! Ich bin's ebensowenig wie Ludwig!« Sie läuft wütend hinter Elisabeth her, will sie aufhalten. »Paß auf, daß sie's dir nicht anhängen! Deine Hungerkuren! Dein Korfu! Dein Heine! Das ist doch genauso wahnsinnig! Daß du Bäume liebst! Wahnsinn! Nur Krieg ist normal. Das Kriegshandwerk meines Gatten ist normal. Daß dein Gatte Aufständische hängt, ist sogar vernünftig! Bismarck ist normal! Daß er eine Million Menschen auf dem Gewissen hat, ist normal! Nur wir sind's nicht! Ludwig nicht! Du auch nicht, mein Mädchen! Dann sperren's dich ein und schlagen dich!«
Elisabeth bleibt erschrocken stehen. »Schlagen Sie dich?«
»Die sollen es wagen!« Sophie hebt drohend die Hand, ihre Stimme überschlägt sich vor Wut. »Die sollen nur kommen!

Ich bring' sie um! Ich bring' alle um! Dich, mich, Mama, Papa! Alençon!«

Sie läuft auf den Teich zu, stößt unterwegs den alten Irren, der sein Vermögen verbrannt hat und Elisabeth bis hierher gefolgt ist, zur Seite. »Weg, du Idiot!« schreit sie ihn an. »Du Ebenbild Gottes!«

Sie läuft zum Teich und stürzt sich hinein.

Die meisten Patienten lachen, manche sehen betreten beiseite. Einer will Sophie nachspringen und sie retten. Die Wärter kommen angerannt, Elisabeths Hofdame steht schon bis an die Knöchel im Wasser.

»Sie werden sich einen Schnupfen holen, meine Liebe!« ruft ihr Elisabeth lächelnd zu, und dann gleichmütig in die Runde: »Laßt sie doch! Laßt sie! Sie kann hervorragend schwimmen!«

Die Wärter haben Sophie an den Armen, Beinen und Haaren gepackt. Während sie sie aus dem Wasser zerren, ruft Sophie lächelnd der Schwester zu: »Weißt du noch – ›Soll und Haben?‹ Erinnerst du dich an die Stelle, als die Leonore aus dem Wasser steigt und ihr Busen sich unter dem Hemd abzeichnet, und der arme Bernhard sieht ihren Busen unter dem nassen Hemd sich abzeichnen und kann an nichts anderes mehr denken als an den nassen Busen, der sich unter dem Hemd abzeichnet, wenn die Leonore aus dem nassen Wasser steigt...«

Und als sie endlich an ihrer Schwester vorbeigetragen wird, flüstert sie ihr mit hohler Stimme zu: »Ach Sisi, jetzt kommt die Armut des Lebens auf uns zu. Ab jetzt wird's grauslich...«

Aber schon sind die Wärter vorbeigejagt und eilen mit Sophie auf den Schultern aufs Haus zu. Die Patienten laufen lachend hinterher.

59

Der Sommer kommt. Da ist an schönen Tagen ein solches Gezänk um jede Bank und jeden Wegbreit, daß Sophie den Park meidet. Vor allen Fenstern hängen Blumenkästen, in denen Kapuzinerkresse blüht. Manchmal weht der Wind die roten und gelben Blüten in ihr Zimmer, und der stechendsüße Duft erfüllt sie mit solcher Wehmut, daß sie weinen muß.
Auf dem Feld jenseits der Anstaltsmauern blüht der Raps schon zum zweiten Mal im Jahr. Krafft-Ebing vertröstet sie von Monat zu Monat. Doch erst im Herbst darf sie nach Hause. Der Winter liegt schon in der Luft.
Es ist ein weißer windiger Tag mit wehenden Wolken und dichtem schwarzem Blättergestöber aus den Gärten und Parkanlagen und dem nahegelegenen Wald. Der erste Frost hat die regenweiche Erde gehärtet. Sophie fährt in der Kutsche durch die kahlen Alleen von Vincennes. Jean sitzt auf dem Bock, Alençon neben ihr, besorgt um jeden Windhauch, der sie treffen könnte, aber auch wachsam jede ihrer Bewegungen belauernd. Wer weiß, was dieser Frau alles in den Sinn kommen könnte? Die Türen der Kutsche sind von außen verriegelt.
Als sie das Landhaus erreichen, wird es dunkel. Gerade noch kann Sophie die Laubgewinde erkennen, die die Eingangspforte umkränzen. Entlang dem Weg zum Haus brennen Fackeln, in der Vorhalle sind alle Kerzen entzündet.
Doch als Sophie, schwer an Alençons Arm hängend, die Treppe heraufkommt, jedem einen sanften Kuß auf die Stirn drückt und dann zum Wald von Vincennes hinüberblickt und die Rechnung aufstellt: »Wolke mal Wald ist Himmel ...«, da sinkt allen das Herz und der Mut.
Louise und Emanuel haben ein Festessen vorbereitet. Ganz unter sich wollen sie sein, die Verfassung der Mutter erst einmal ohne Zeugen erkunden. Nicht einmal Tante Marie wurde geladen. Es gibt Kerbelsuppe, Semmelknödel mit Pfifferlingen, die extra aus Böhmen geliefert wurden, und rote Grüt-

ze – Sophies schlichte Lieblingsspeisen. Die alte Amme stand der Köchin bei, die bayerische Spezialitäten wie Semmelknödel nicht zu bereiten wußte.
Sophie sieht über die schön geschmückte Tafel hin, lacht und freut sich und setzt sich. Dann richtet sie die blassen Augen schräg zum Himmel hinauf und flüstert: »Wenn man nicht bekommen kann, was man will, muß man eben wollen, was man bekommt«, und beginnt zu essen. Louise und Emanuel sehen sich an. Was soll das bedeuten? Einerseits würden sie gern so tun, als wäre nichts gewesen, der Mutter das Wiedereinleben erleichtern, andererseits werden sie nie vergessen, daß sie ihre Kinder seelenruhig wegen eines Gigolos verlassen hat und in Kauf nahm, sie nie mehr wiederzusehen.
Am schwersten ist es für Emanuel, der zwar wie jeder Sohn sofort verstehen kann, daß die Mutter den Vater verläßt, doch niemals, daß sie es übers Herz bringt, den einzigen Sohn zu verlassen.
Sicher. Im Moment ist nichts zu machen. Ruhe. Ruhe und Geduld. Sie müssen Sophie zugute halten, daß sie durch die Folgen der Hypnose wahrscheinlich noch sehr verwirrt ist, daß sie nicht weiß, was sie fühlen, denken, empfinden soll. Doch was wird geschehen, wenn die Wirkung nachläßt, wenn sie wieder wie früher empfindet? Wird das Chaos wieder ausbrechen? Die nächste Verzweiflung? Die nächste blinde Liebe?
Sie hören Schritte. Kommt da jemand die Treppe herauf?
»Seht!! Da kommt die schwarze Parze mit der Nasenwarze!« zitiert Marie mit hoher, durchdringender Stimme. Sie steht plötzlich und unangemeldet in der Türe. Sie trägt ein enganliegendes schwarzes Kleid mit einer leuchtendroten Boa. »Gell, da schaugt ihr?« lacht sie. »Ihr könnt mich doch nicht einfach übergehen wie die arme dreizehnte Fee von Dornröschen? Sonst verhex' ich euch noch ... O fein!« ruft sie und tritt an den Tisch. »Knödel und Schwammerl, meine Lieblingsspeise!«
Alençon ist aufgesprungen und hat ihr persönlich den Stuhl zurechtgerückt: »Entschuldigen Sie, Schwägerin. Sie sind natürlich immer gebeten! Wir haben Sie nur nicht benach-

richtigt, weil wir dachten, Sophie wird zu erschöpft sein – die lange Fahrt von Döbling hierher ...«
Sophie lächelt ihre Schwester an: »In Ulm haben wir übernachtet ... Im ›Goldenen Rad‹ ... wie Marie Antoinette.«
Marie läßt sich zuerst Suppe servieren, obwohl alle schon beim Hauptgang sind: »Ja, warum eigentlich in Döbling?« Sie blickt Alençon herausfordernd ins Gesicht. »Was hatte sie in Döbling zu suchen? In einer Anstalt?«
»Das überlassen Sie bitte meinem Urteil und dem Ihres Bruders Karl Theodor.«
Marie schüttelt den Kopf. »Im Grunde macht ihr nur deshalb so ein Theater um die arme Frau, weil sie ehrlicher ist als wir alle.« Sie zeigt mit dem Suppenlöffel auf Alençon, während ihr der Hauptgang aufgelegt wird. »Lieber Schwager, was macht denn Ihr schwarzhaariges kleines Liebchen aus dem Midi oder gar aus Hebrons süßem Tal? Allen Respekt vor Ihrem Geschmack! Ich hatte Sie bis dato für einen Rassisten und Antisemiten gehalten. Doch jetzt nehme ich beides feierlich zurück. Mmmmm, die Pfifferlinge sind exquisit. Wo habt ihr sie her? In Paris gibt's keine. Der Herbst ist zu trocken, hat man mir gesagt ... Von meinen Affären will ich schweigen: heute Pedro, morgen Paul, übermorgen Jean oder Maurice. So ist das nun mal. Aber Sophie, die so ehrlich ist und schwerfällig, daß sie jeden gleich heiraten will, in den sie sich verliebt, die beschimpft ihr, die nennt ihr wahnsinnig, oder eine Hure!«
»Niemand hat mich je so genannt.« Sophie sehnt sich auf einmal in die Anstalt zurück, so peinlich ist ihr die Situation.
»Nein, nein, nicht ins Gesicht hinein«, beruhigt sie Marie, »nur hinter deinem Rücken.«
Alençon stößt seinen Stuhl zurück und springt auf. »Manchmal denke ich, Sie allein sind Schuld an unserer peinlichen Misere!« brüllt er. »Ich bitte Sie jetzt sofort zu schweigen!« Louise kichert hysterisch, Emanuel verläßt den Raum. Er mag Pilze ohnehin nicht und Tante Marie, die alternde Heldin von Gaeta, noch weniger.
Sophie ergreift müde Maries Hand: »Ich glaube, allmählich müssen wir uns ins Fleisch schreiben, liebe Schwester, daß es

besser ist, sich in neutrale Farben zu kleiden, an stillen Wassern zu wandeln und unsere Seele in Schweigen zu hüllen.«
Marie rückt von ihr ab. »Wen meinst du? Dich oder mich – oder Alençon?« fragt sie kühl. »Weißt du eigentlich, daß im Moulin Rouge nackte Weiber tanzen? Du weißt es nicht, aber dein Mann ganz genau!«
Während Marie dem Diener winkt und sich den Rest der Pilze servieren läßt, sehen Alençon und Sophie sich an. Das Gerede hat sie müde gemacht. Sie möchte nur noch schlafen.

60

So vergehen die Jahre. Alte Alleebäume müssen Elektromasten weichen, die mit Hilfe von Porzellanköpfen und Drähten die seltsame neue Energie quer durchs Land tragen. In einsamen Nächten surren und singen die innewohnenden Geister und wollen in die Nacht hinaus bersten. Unheimliche Laute einer neuen, fremden Zeit.
Emanuel darf als erster zusammen mit der erschrocken kichernden Köchin den Schalter drehen und die weißgekachelte Küche von Vincennes in ein gleißendes 20-Watt-Licht tauchen.
1894. Frankreich hat seinen großen Skandal. Marie dankt Gott für den armen Dreyfus, denn in diesem haßgeladenen antisemitischen Klima buhlen die Rothschilds um jeden hochadeligen Schmarotzer.
Paris hat eine Weltausstellung und wird von der Métro unterwühlt.
Und Sophie lebt immer noch. Die Haare sind grau geworden. Doch sie ist nach wie vor eine schöne Frau. Sie ist ruhig, sanft und melancholisch geworden. Die Wirkung der Krafft-Ebingschen Behandlung hat nicht nachgelassen und wird aller Voraussicht nach weiter anhalten. Meistens blickt sie zu Boden. Und wenn sie einmal aufschaut, dann zum Himmel hinauf, um Gott zu loben.
Natürlich, wenn die Verzweiflung sie überkommt, die Leere und das furchtbare Grauen, dann kann niemand für sie haften, auch Sophie nicht.
Emanuel verläßt sein Elternhaus. Er heiratet eine belgische Prinzessin. Und auch Louise strebt fort, sie will ihren vielgeliebten Münchner Vetter Alfons zum Mann. Den allerdings lieben noch viele andere, Schauspielerinnen, Huren, Tänzerinnen. Doch da Alfons die alle nicht heiraten kann, wäre ihm seine Cousine am liebsten.

»Seht, da kommt der Prinzregent,
Prinzregent, Prinzregent!
Schaugts eam o, wia er grad rennt,
trägt a Kerzen in dä Händ,
die wo nimmer brennt!«

So singen die Münchner zum Fronleichnam. Nicht nur »Großer Gott, wir loben dich ...« und »Fest soll mein Taufbund immer stehen ...«

»Und da kommt der Prinz Alfons,
Prinz Alfons, Prinz Alfons!
Vom Theater is sei Gschpons,
in der Au drauß' wohnts! ...

Sophie hat es von der Straße zum Hotelzimmer herauf grölen hören, soeben sind sie und Alençon in München angekommen. Ausgerechnet den hat sich Louise in den Kopf gesetzt, diesen offenkundigen Hallodri und vom Volksmund besungenen Herzensbrecher. Louise scheint ihr nachzueifern in ihren extremen Neigungen.
Alençon und Sophie sind wegen der Ehevertragsverhandlungen nach München gereist. Bismarck hatte nämlich für Alfons eine preußische Prinzessin in petto, und da wollen die bayerischen Beamten in vorauseilendem Gehorsam die Heirat mit Louise verhindern. Schließlich spricht der Prinzregent ein Machtwort, das der Verbindung von Louise und Alfons den Weg freimacht. Sophie ist erfreut und traurig.
In tiefer Nacht geht sie mit Alençon durch die Münchner Straßen. Sie sind jetzt beleuchtet. Sie zeigt Alençon die Post in ihrem pompejanischen Rot gegenüber der Residenz und der droschkensegnenden Statue des Großvaters. »Da hinten – sehen Sie das Fenster? Das war Ludwigs blaues Kinderzimmer mit dem unglücklich rasenden Eichhörnchen und der liegenden Sanduhr und den Porzellanhänden, die Diebe vertreiben sollten.« Alles zeigt Sophie ihrem Mann, immer sagt sie: Sehen Sie? und Dort! Dort! Sehen Sie dort das Maximilianeum, das Andersen so lobte. Dieses Haus in der Brienner Straße

war einmal Richard Wagners Haus. Hier am Wittelsbacher Platz gab es eine unterirdische Remise. Das interessiert auch Alençon.
Sie gehen am Hanfstaenglschen Geschäft vorbei. Sophie bleibt stumm. Das Geschäft hat sich entwickelt, mit seiner vergrößerten Front, dreimal so breit wie früher. Ob sie noch Schloß Pähl besitzen? Ach, es ist unwichtig, es ist aus einem anderen Leben.
Aus einem plötzlichen Impuls heraus küßt Alençon Sophies Hand, streicht zuvor aber noch den Ärmel seines Ulsters glatt, der sich verknittert hat.
Ein alter Mann schwankt ihnen entgegen, stößt gegen Sophie, so daß sie fast stolpert. Ein grauer Hund trottet trübsinnig neben ihm her. War das nicht der Nachtwächter aus ihrer Kinderzeit? Da! War das nicht der Klang seines Nachtwächterhorns? So einsam wie Kurwenals Ruf? Woher kam der Ton? Das Dampfschiff *Maximilian* taucht aus der Dunkelheit auf. Es steuert durch die enge Theatinerstraße geradewegs auf sie zu. Rechts und links zersplittern die Häuser. Riesengroß zieht das Schiff an ihr vorbei und verschwindet hinter der Ruhmeshalle.
»Was haben Sie? Ist Ihnen nicht gut?« Alençon stützt seine Frau und winkt nach einer Droschke.
Da ist Musik. Diese blaue Chevauxlegeruniform. Sie sieht nur seinen Rücken. Die Menge weicht vor ihm zurück und bildet eine schwankende Schneise die Stufen hinab. Am Fuße der Treppe steht eine chinesische Festung. Edgar rückt sein Stativ und die Lampen in die rechte Position und macht die vom Außenministerium teuer bezahlten Aufnahmen. Ludovikas Spitze springen kläffend an ihm hoch. Er tritt nach ihnen. Sie selbst ist es, die um sich tritt. Aber nicht nach den Hunden ihrer Mutter, sie ist auf Mückenjagd in ihrem Possenhofener Zimmer. Die Mücken verstecken sich in den dunklen Ritzen und Mulden, hinter den Schränken, wo sich auch die Schlangen verbergen. Endlich wird es lichter, und sie sitzt mit dem jungen Ludwig beinebaumelnd in der Esche. Die Berge stehen nah und fern, und sie freuen sich beide auf ihre goldene Zukunft ...

Die Droschke ist da. Alençon öffnet den Schlag und schiebt seine Frau, die nicht bei sich zu sein scheint, ins Dunkel des Wagens. Immer diese Exaltationen! Plötzlich hatte sie das Bedürfnis, nachts durch die Straßen zu gehen! Er wollte nicht, hat sich dann doch widerwillig dazu aufgerafft. Wenn sie ihre verrückten Einfälle wenigstens durchstehen würde!
Am nächsten Morgen reisen sie ab.
In Paris kehrt Sophie wieder ins ruhige Leben ihrer Ordensarbeit zurück. Sie ist jetzt Präsidentin des Œuvre Noviciats Dominicains geworden. Ihre Aufgabe und ihr Verdienst sind vor allem das Spendeneintreiben und die wunderbare Vermögensvermehrung des Dominikanerordens. Die Anerkennung und Dankbarkeit, die sie dabei findet, ist wie eine goldgestickte Decke, unter der sie sich in ihrer Einsamkeit verkriechen kann.

61

Es sind die Ostertage 1897. Louise und Emanuel sind fort, Alençon verbringt seine Zeit mit Arbeit, Freunden und Liebschaften. Sophie ist allein, verstört vor Verlassenheit, ausgehungert nach Zuneigung.
Der Frühjahrsbazar des Ordens fand sonst immer in der Dominikanerkirche im Faubourg St. Honoré statt. Dieses Jahr hat Sophie eine etwa neunzig Meter lange ebenerdige Fabrikhalle in der Rue Jean Goujon gemietet. In diesem früher gewerblich genutzten Bau ist viel mehr Platz für die Verkaufstische und Stände als in der Kirche. Auch können sie hier mit Hilfe von Vorhängen separate Räume schaffen, zum Beispiel den Vorführ- und Zuschauerraum für die Hauptattraktion des diesjährigen Bazars: die Brüder Lumière sollen ihre bewegten Bilder zeigen, die ersten Filme der Welt. Das ist Sophies Idee. Diese Sensation wird zusätzliche Einnahmen bringen.
Reiche und vornehme Pariser Familien haben Waren gespendet, die von ihren Töchtern verkauft werden sollen. Wer weiß, auf so unorthodoxem Weg hat schon manche ihren Mann gefunden. Diese Elevinnen stehen unter Sophies ganz besonderem Schutz.
Sophie hat alle ihre Freunde zur Kauf- und Spendenfreudigkeit aufgefordert. Marie von Neapel hat nur laut aufgelacht: »Wenn man mir spendet, komm' ich gern!« Und auch der päpstliche Nuntius, den Sophie überredet hat, den Bazar und die Elevinnen zu segnen, meint, sein Segen habe zu genügen.
Es ist Dienstagnachmittag, der 4. Mai. Die Blütenbäume wehen. Es geht ein leichter Wind. Auf einem kleinen künstlichen Teich neben dem Eingang der Fabrik trudeln abgerissene Blumen. Vergißmeinnicht und Aurikeln hängen schräg über die Böschung halb ins Wasser. Wo die Sonne hinscheint, glänzt es golden, das Gras, das Moos, das braune Wasser und auch die vandalierenden, blumenzerfetzenden Kinder.
Menschenmassen strömen in den Bazar und drängen zu den

Verkaufstischen. Und keiner will natürlich die Filmvorführung in dem mit schwarzen Samtportieren verhängten Raum versäumen. Er ist zum Bersten gefüllt. Die Leute drängen sich in den Gängen zwischen den Sitzen und warten auf einen freien Platz. Die meisten haben die Filme zwar bereits ein dutzendmal gesehen, trotzdem sind sie wie gelähmt vor Staunen.

Auch Sophie. Sie steht in einer schwarzen Seidenrobe mit einem koketten kleinen Samtumhang im Vorführraum neben dem primitiven Projektionsgerät, das heißgelaufen zu sein scheint: kleine Rauchwolken steigen daraus auf, die niemand beachtet. Auch nicht die Brüder Lumière.

Fasziniert starrt Sophie auf die Leinwand. Da verlassen ruckend und zuckend Arbeiter die Lumièrsche Fabrik. Sobald sich das wimmelnde Leben verlaufen hat und der Platz vor der Fabrik leer liegt, kommt der nächste Film: der Gärtner und der Rasenschlauch. Der Gärtner sprengt den Rasen. Plötzlich versiegt das Wasser, denn ein Junge hat sich heimlich auf den Schlauch gestellt. Der Gärtner blickt überrascht in den Schlauch, um zu ergründen, wo das Wasser bleibt. Da nimmt der Junge den Fuß vom Schlauch, und das gestaute Wasser spritzt dem Mann ins Gesicht. Brüllendes Gelächter. Die Luft im abgedunkelten Zuschauerraum ist zum Schneiden.

Sophie fachsimpelt mit den beiden Lumières: »Ich kannte als Kind die Laterna Magica. Ein gewisser Hanfstaengl bemalte die Glasplatten.«

»Jaja, der bayerische Hofphotograph. Doch das kinematographische Geschäft hat er versäumt.«

Sophie lächelt verächtlich: »Er hat noch viel mehr versäumt ...«Vorn auf der Leinwand füttert eine Mutter ihr feistes Kleinkind. »Als kleines Mädchen sah ich noch die alte Robertson-Vorführung, wo Brutus Cäsar ermordete und Napoleon auf St. Helena spazierenging. Und zuletzt sagte eine Grabesstimme aus dem Hintergrund: ›Nun bekommen Sie etwas zu sehen, das uns allen noch bevorsteht!‹ und dann erschien ein Skelett in der Magica, und der Vorführer hat am Gerät gerüttelt, so daß man die Knochen hat klappern sehen.

Die Leute haben geschrien vor Angst.« Sophie lacht und rüttelt an dem Projektor.

Auguste legt schützend beide Hände auf den Apparat. »Die Magica ist eine alte Kunst. Ich glaube, schon die Römer und die Ägypter kannten sie.« Louis hält den Projektor von der anderen Seite. »Freilich fehlte ihnen die Linse.«

Die Zuschauer sehen sich erstaunt um und dann wieder nach vorn zur Leinwand, ob das Baby bei diesem Gerüttel nicht den Brei auskotzt.

»Wer weiß?« mutmaßt Auguste, während er den qualmenden Apparat wieder justiert. »In den Trümmern von Ninive hat man Lupen gefunden ... Kaiser Nero soll sich bekanntlich eines sehr gut geschliffenen Monokels bedient haben, wenn er sehen wollte, wie Agrippina in ihr Milchbad stieg. Jedenfalls kannten sie die Projektion.«

»Ganz sicher«, stimmt Sophie bei, »mene tekel upharsin ... wie hätten sie sonst die Flammenschrift an die Wand gebracht? Zu schade, daß mein Vater Ihre kinematographischen Vorführungen nicht mehr erleben konnte? Und Ludwig erst. Sie kannten den bayerischen König? Sein Gesicht hätt' ich sehen wollen! Keine einzige Vorstellung hätte er versäumt. Er wäre Ihnen durch ganz Europa nachgereist ...«

Draußen vor dem Zuschauerraum spielt eine kleine Kapelle Walzer und Polonaisen, im Augenblick die Barcarole aus *Hoffmanns Erzählungen.* Sophie hört die Menschen mitsingen: »Schöne Nacht, o Liebesnacht ... o stille das Verlangen ... la la la la la ...« und dann, den Gesang übertönend, Alençons zornige Stimme: »Gibt es hier irgendwo irgendjemanden, der für irgend etwas zuständig ist? Bitte, sagen Sie meiner Frau, daß Seine Eminenz gekommen ist und seit geraumer Zeit auf sie wartet!«

Sophie nickt den Brüdern Lumière zu und eilt nach draußen. »Hier bin ich, mein Lieber«, sagt sie und ergreift seine Hand. »Bitte sehen Sie sich das doch an. Kommen Sie – ich bitte Sie – das ist phänomenal!« Sie zieht den Herzog zum Eingang des Zuschauerraums.

Vorn auf der Leinwand untersucht der Gärtner erstaunt die Spitze des Wasserschlauchs. Wieder nimmt der Junge den Fuß

vom Schlauch, und der volle Wasserstrahl spritzt dem Mann ins Gesicht. Sophie tupft sich die Lachtränen aus den Augen.
»Ja, wir beginnen ein neues Zeitalter.« Fasziniert dreht Alençon sich zu seiner Frau um. »Das ganze Leben in der Nußschale. Stellen Sie sich vor, jetzt könnte man jede Ihrer Bewegungen notieren und der Nachwelt vorführen.« Sophies Haare leuchten im magischen Licht. »Schade, daß die Lumières nicht schon vor zweittausend Jahren ihre Erfindungen machten. Ich hätte zu gern Christus am Kreuz gesehen. Ob er wirklich so aussah wie auf dem Feldafinger Kalvarienberg. Und wie war es, als Maria Magdalena seine Füße mit ihrem Prachthaar trocknete?«
»Ihr Coiffeur wird anschließend zu tun gehabt haben.«
Alençon und Sophie lachen. Er reicht ihr den Arm. Langsam wandeln sie in die große Bazarhalle zurück, vorbei an den Ständen.
Viele Gäste grüßen den Herzog und die Herzogin, die Schirmherrin des Bazars.
Ein Herr fragt Sophie besorgt, wie sie sich fühle.
»Ganz ausgezeichnet, mein Lieber. Ich fühle mich prächtig und sehr glücklich.«
Alençon drückt ihr dankbar die Hand.
Mit offenen Armen kommt ihnen der Nuntius entgegen. »Meine liebe Herzogin! Man hat mich hier reichlich mit Speis' und Trank versorgt, aber wo bleiben Sie? Ich war schon beunruhigt ...«
Sophie küßt seinen Ring. Dann schiebt sie ihre weißgekleideten eleganten Verkäuferinnen zu ihm hin. »Bitte, segnen Sie meine mir anvertrauten Kinder, Eminenz.«
Sofort sinken die jungen Damen in die Knie. Der Nuntius hebt die Hand und macht das Kreuzzeichen: »Euer Leben möge glücklich, erfüllt und gottgefällig sein! Und den Bazar stelle ich unter den besonderen Schutz der alleinseligmachenden römisch-katholischen Kirche.« Augenzwinkernd fragt er Sophie: »Wie hoch sind denn die Einnahmen?«
»Unsere Haupteinnahmequelle sind die bewegten Bilder der Brüder Lumière. Gerade nimmt ein Säugling seine Mahlzeit ein. Wollen Sie ihm nicht dabei zusehen?«

Der Nuntius sieht die Menschenmenge, die sich in einer langen Schlange vor dem Zuschauerraum drängt, und hebt entsetzt die Hände: »Um Gottes willen, Herzogin! Ich leide jetzt schon unter Klaustrophobie! Genauso stelle ich mir die Hölle vor«, setzt er halblaut hinzu.
Alençon ergreift lachend seinen Arm und schiebt ihn zum Ausgang: »Kommen Sie Eminenz. Ich denke, wir wissen auch so, wie ein Säugling speist.«
Madame Epinay strahlt. Sie ist eine Mitarbeiterin des Œuvre und hat die Verkaufstische geordnet. Selig drückt sie Sophies Hände: die Einnahmen brechen alle Rekorde.
Plötzlich verstummt die Musik. Beide Damen wenden sich irritiert zur Kapelle.
»Aber das können die doch nicht machen – das geht doch nicht – mitten im Stück!« Madame Epinay ist empört.
»Ach, sie müssen auch einmal verschnaufen – «
»Wir sollten die Fenster öffnen. Finden Sie nicht? Die Luft ist zum Schneiden.«
»Ja, wir hätten die Kamine säubern lassen sollen.«
Die Musiker drängen an Sophie und Madame Epinay vorbei. Sie halten ihre Instrumente an die Brust gepreßt.
Was ist los? Was ist denn los? Sophie blickt verwirrt umher. Auch am einzigen Ausgang, der zur Straße führt, herrscht hektische Unruhe.
Jemand ruft: »Sarah Bernhardt ist gekommen!« Andere nehmen die Nachricht auf. »Sarah Bernhardt! Sarah Bernhardt!«
»Oh, wie schön«, sagt Sophie und rückt ihren Samtumhang zurecht. »Das wird den Bazar in die Zeitungen bringen.«
»Wissen Sie, daß sie nur ein Bein hat?«
Sophie wendet sich zum Eingang.
Da: ein vielfach aufgellender Schrei. Sophie blickt sich um.
Eine prasselnde Feuerwand wälzt sich ihr entgegen, vor ihr her die flüchtenden brüllenden Menschen. Beißende Rauchschwaden nehmen ihr fast die Sicht. Menschen, die eben noch feilschend an den Tischen standen, rennen aufgeregt und konfus durcheinander. Ein kleines Mädchen reißt sich von der Hand des Vaters los, aber im Anprall der panisch vor- und zurückdrängenden Menge wird es zu Boden gerissen. Die

Masse trampelt wie eine Walze über es hinweg. Selbst wenn es noch lebte, könnte man es nicht retten. Der Vater sucht brüllend nach seinem Kind.

Nun haben auch die Neugierigen die Gefahr erkannt und drängen zu dem einzigen Ausgang, aber der ist blockiert. Sophie fühlt etwas Weiches unter ihrem Fuß und sieht einen Fetzen des roten Wolljäckchens der Kleinen. Und nun schreit auch sie, weil die Menschen sie nicht zu dem zertretenen Kind sich niederbeugen lassen. Sie befiehlt, schlägt um sich, aber nichts kann die Rasenden bändigen.

Auf der Straße vor dem Fabriktor ist der Nuntius in seine Kutsche gestiegen. Alençon wirft mit einem letzten Gruß und Dankeschön den Wagenschlag zu. Der Nuntius schiebt das Fenster auf, um ihm noch einmal zuzuwinken – doch auf einmal erstarrt sein lächelnder Mund, und seine Augen öffnen sich weit und blöde. Im selben Moment setzen sich die Pferde in Bewegung. So fährt der Nuntius davon.

Alençon hat sich erschrocken umgewandt: Was wohl diese seltsame Katalepsie des sonst so gewandten Diplomaten ausgelöst hat? Und nun bleibt auch ihm der Mund vor Entsetzen offen stehen. Aus allen Ritzen des langgestreckten, ebenerdigen Ziegelbaus dringt ein schwerer schwarzer Qualm, und aus einem Fenster, das man wegen des Rauchs aufgerissen hatte, lodern gewaltige Flammen: die frische Luft läßt das Feuer erst so richtig aufleben. Die Backsteinwände des Fabrikgebäudes zittern und schütteln sich, daß die Schindeln vom Dach springen. Durch den offenen Dachstuhl stoßen schon die Flammen hoch ins dämmrige Dunkelblau.

Alençon kämpft sich zum Eingang vor, aber der Weg ist ihm von Leichen und panisch herausdrängenden Menschen versperrt.

»Die meisten glaubten, Sarah Bernhardt sei gekommen. Wer das Gerücht aufbrachte, weiß ich nicht. Alle wollten Sarah Bernhardt sehen«, berichtet später eine Augenzeugin. »Der erste Tote war ein Kind. Die Masse hörte nicht seine Schreie, trampelte über es hinweg. In ihrer panischen Angst zerdrückten und zertrampelten die Stärkeren die Schwächeren. Ein Leichenberg verstopfte die Türschwelle des einzigen Ausgangs. Irgend jemand hatte ein Fenster aufgerissen. Pechschwarz wirbelte der Rauch auf. Ich hatte jede Orientierung verloren ...«

Drinnen zwischen Flammen und Rauch und Gewühle treibt Sophie ihre Mädchen zu einem Fenster, das von fliehenden Kavalieren umdrängt wird. Die Männer stoßen die Mädchen zurück. Doch als sie die Herzogin erkennen, siegt die Konvention über die Todesangst – die Herzogin von Orléans muß gerettet werden. Man will sie zur Fensterbrüstung heraufziehen. Doch Sophie wehrt ab: »Zuerst die Mädchen!« und hebt mit Hilfe der Kavaliere die halbohnmächtigen Elevinnen zum Fenster hinaus. Dann drängt sie die Kavaliere hinauszuspringen.

»Als sich der letzte von uns gerettet hatte und wir ihr dann vom Fenster aus helfen wollten, wandte sich die Herzogin ab und ging ins Inferno zurück«, berichtet später einer von ihnen. Madame de Claer kann sich erinnern, daß sie die Herzogin durch den Feuersturm gehen sah, als ginge sie durch ihren Salon. »Sie wich keiner Flamme aus. Sie war wie in Trance. Rechts und links verbrannten die Tische und Stände und die Töpferwaren, die sie selbst mit den Mädchen auf den Gestellen geordnet hatte, zerschellten klirrend im Rauch. Die Herzogin hatte die Hände gefaltet, die Augen zur Decke gerichtet und betete laut.«

Ach, Amme, liebe Amme, ich friere! Hol doch einen Ziegelstein aus dem Küchenofen und leg ihn in mein Bett. Mir ist so kalt. Ich möchte schlafen.

Madame Beauchamps, eine Dame der besten Gesellschaft, rennt blindlings an Sophie vorbei. Wo man sich sehen kann, wo man gesehen wird, ist sie dabei. Ihre Boa und ihre Federn sind verbrannt. Der andere Kopfputz hat sich mit dem brennenden Schleier gelöst und segelt in feurigen Schlangenlinien zu Boden, ihr Haar steht in allen Richtungen vom Kopf ab und qualmt. Jetzt müßte Poccis Kasperl Larifari ihr mit der Pritsche eins über den Schädel geben, daß der graue Puder aufstaubt, denkt sich Sophie und betet.

Der Kopf der Beauchamps dreht und wendet sich, und sie röchelt und winselt und schlägt ohnmächtig um sich, quer über den Kopf und die Haare und die angesengten Ohren. Plötzlich zischt ihr Haar zu einer roten Lohe auf, brennt um den ganzen wirren Kopf, der nach hinten knickt, als hätte sie sich den Halswirbel gebrochen. Der rauchgraue Kopf schlägt auf den Steinboden. Ein Arm flackert noch.

Ein brennendes Mädchen taumelt auf Sophie zu. Das Kleid ist schon vom Körper gebrannt, und die Knochen scheinen dunkel durch das feurige Fleisch. Dicht vor Sophie sinkt sie tonlos in die Knie.

Sophie stolpert über zwei auf dem Boden liegende Kinder, die betäubt sind vom Rauch. Sie packt sie und schleift sie mit übermenschlicher Kraft zum offenen Fenster. Hände zerren durch den Qualm die zwei Bündel hinaus in den Garten und tauchen sie in denTeich. Die Kinder überleben.

Plötzlich schlägt der Fensterladen hart gegen den Rahmen, und Sophie sieht wie im Traum durch das Fenster den See ansteigen und zum Meer werden. Da hebt und senkt sich ein großes Schiff am Horizont und gleitet übers Meer auf Sophie zu. Sie sieht die Galionsfigur und den großaufgemalten Namen *Maximilian* aus dem Nebel auftauchen und hört den warnenden Klang des Nebelhorns. Oder sind das die Feuerglocken?

Alençon ist in die Halle vorgedrungen. Er sieht in die erstickten oder verbrannten Gesichter. Verzweifelt schreit er: »Sophie! Sophie!!«

Sophie taucht aus dem Rauch auf, als hätte sie die Rufe gehört. Eine Frau folgt ihr in altmodischer Tracht. Sie sieht aus wie Ludovika.

Eine Kinderstimme schreit: »Mais non! Mais non! Des flammes! Pas devant les enfants!!«

Sophie will das Kind sehen. Ihre Augen sind blind vom beizenden Rauch, die Wimpern versengt von der Hitze. Durch ihre brennenden Augenschlitze sieht sie eine gellend schreiende Nonne, in Flammen stehend.

»Mais non! Pas devant les enfants! Non! Non! S'il vous plaît, ad usum delphini!«

Da reißt sie sich den Umhang von der Schulter und wirft sich mit dem ausgebreiteten Tuch auf die lodernde, wild um sich schlagende Nonne.

Das schmerzverzerrte schreiende Gesicht hat sich ihr zugewandt. Die Nonnenhaube ist herabgerutscht. Es ist der junge Ludwig, der sich als Nonne verkleidet hat und sich jetzt hilfeflehend an Sophie klammert. Er öffnet den Mund. Da glühen seine Zähne kupfern auf im schwarzen Rauch, und seine Augen verdampfen schmatzend in den Höhlen.
Ach Ludwig, da bist du ja! Ich dachte schon, ich hätte dich auf ewig verloren. Hast du dich endlich loseisen können? Darfst du mich besuchen? Aber du weinst ja, Ludwig? Wie kann man ohne Augen weinen? Hast du wieder Zahnweh? Warum hast du dich als Nonne verkleidet? Das ist sehr ungünstig. Der schwarze Wollstoff brennt wie Zunder, viel schneller als weißer. Jetzt trennen wir uns nicht mehr! Siehst du, jetzt brenne ich auch! Du hast mich angesteckt. Ja, leg den Kopf nur ruhig auf meine Schulter. Siehst du, jetzt sind wir zwei eine Fackel. Jetzt sind wir endlich eins.
Sie halten sich umarmt, schwanken hin und her, den Kopf auf der Schulter des anderen, als wollten sie sich gegenseitig wiegen und trösten. In dem Moment lösen sich die lodernden Dachbalken und begraben die beiden unter tonnenschweren Trümmern. Sophie wird der rechte Arm abgerissen und ein Bein zermalmt, der Nonne Kopf und Brust zerquetscht. Beide verbrennt das Feuer bis zur Unkenntlichkeit.

62

Ein prunkvoller, mit weißer Seide ausgeschlagener Sarg steht in der Aussegnungshalle. Dominikanerinnen betten Sophies verkohlte Leiche hinein. Sorgsam legt die alte Amme den abgerissenen verbrannten Armknochen, den rechten Unterschenkel mit dem zertrümmerten Fuß dazu und flüstert in grimmigem Schmerz: »Da müssen sie den Zahnarzt herankarren, damit er meine Sophie identifiziert ... ich hätte mein Mädchen immer erkannt.« Sie hebt das Rubinkreuzchen an, das um den verkohlten Hals hängt. »Den Rosenkranz hat's Tag und Nacht getragen, Tag und Nacht.«
Eine junge Dominikanerin flüstert: »Wollte sie nicht einen einfachen Fichtensarg?«
Die Amme nickt: »Eine ganz schlichte Beerdigung bei der Kapelle von Vincennes« und schlägt mit bäuerlicher Geschicklichkeit nach einer Fliege, die sie schon längere Zeit stört.
Sie arbeiten weiter, stecken Maiglöckchensträuße an die weiße Seide ...
Plötzlich murmelt die Amme mit rauher Stimme: »Aber ein Wille ist ihr erfüllt worden. Wenigstens einer.«
»Welcher?« flüstern sie.
»Ihre Haare. Sie wollte doch, daß sie verbrannt werden ... Das wenigstens haben's ihr nicht verweigern können ...«
Eine Novizin breitet liebevoll das weiße Habit der Dominikanerinnen über den verkohlten Körper. Die flüstert ironisch: »Ja, dieser Wunsch wurde peinlich genau befolgt ...« Zärtlich streichelt sich durch das weiße Tuch die kaum mehr spürbare Gestalt, und die Amme legt sorgsam einen Schleier über das verbrannte Gesicht.

Günter Albrecht

Seine Majestät der König

Aus dem Leben Ludwigs II. von Bayern.
Mit einem Vorwort von
Prinz Luitpold von Bayern.
152 Seiten. Geb.
ISBN 3-431-03430-6

Stellen wir uns eine Dame bei Hofe vor: Clara von Lichtenfels, erst Gouvernante und dann Hofdame im Gefolge der Mutter Ludwigs II., der bayerischen Königin Marie. Claras Schwester Fanny ist vor Jahren mit ihrem Ehemann nach Amerika ausgewandert, und jetzt schreibt Clara ihrer Schwester Briefe ins unbekannte Pennsylvania. Briefe über all den Klatsch und Tratsch, den sie am Hofe mitbekommt – Informationen, Spekulationen, Sensationen. Und hier und da legt Clara diesen Briefen einen Zeitungsausschnitt bei, ein Bild, einen Theaterzettel, eine Proklamation, ein Gedicht, die Person betreffend, die im Mittelpunkt aller ihrer Briefe steht: Seine Majestät der König, Ludwig II. von Bayern.

Ein Lesevergnügen besonderer Art, unterhaltsam und informativ, in dem das Leben des „Märchenkönigs“ und die Besonderheiten seiner Zeit lebendig und anschaulich werden.

Ehrenwirth Verlag München